The Practical

Methods and

Skills Training of

Social Survey

主　编：罗清萍　余　芳
副主编：王春艳　余　戎

# 实用社会调查
## 方法与技能训练
### ——从选题到实施的工作过程

经济管理出版社
ECONOMY & MANAGEMENT PUBLISHING HOUSE

图书在版编目（CIP）数据

实用社会调查方法与技能训练/罗清萍，余芳主编 . —北京：经济管理出版社，2013.9
（2020.1重印）
ISBN 978 - 7 - 5096 - 2626 - 9

Ⅰ. ①实… Ⅱ. ①罗…②余… Ⅲ. ①社会调查—调查方法—高等职业教育—教材
Ⅳ. ①C915

中国版本图书馆 CIP 数据核字（2013）第 202904 号

组稿编辑：杨　雪
责任编辑：张巧梅　杨　雪
责任印制：杨国强
责任校对：超　凡

出版发行：经济管理出版社
　　　　　（北京市海淀区北蜂窝 8 号中雅大厦 A 座 11 层　100038）
网　　址：www. E - mp. com. cn
电　　话：（010）51915602
印　　刷：三河市延风印装有限公司
经　　销：新华书店
开　　本：720mm×1000mm/16
印　　张：20. 75
字　　数：383 千字
版　　次：2013 年 9 月第 1 版　2020 年 1 月第 3 次印刷
书　　号：ISBN 978 - 7 - 5096 - 2626 - 9
定　　价：49. 00 元

# 前　言

"社会调查"课程过去采用的教材所依据的理论主要是传统学科式课程理论（以下简称"传统课程理论"），它们以系统知识学习为导向，重在提高学生社会调查的理论知识水平。这与职业教育的培养目标不一致。职业教育的主要任务是要让学生学会工作，因此教学应实现工作与学习一体化，真正做到"学习的内容是工作，通过工作实现学习"。一些十分重视职业教育的发达国家，为此提出了一些改革传统课程的新理论。其中德国普遍实行的"基于工作过程课程理论"（以下简称"新课程理论"）深受人们的欢迎。自20世纪90年代后期以来，我国高职院校在教学改革中推广这一理论，并取得丰硕成果。根据这一理论已开发、编写了200余门教材，但绝大多数是理、工、农、医类专业课程教材。人文社科类课程教材能不能也采用新课程理论组织教学和编写教材，是一个还在探索的课题。某些实践性很强的人文社科课程也开始运用这一新课程理论组织教学和编写教材。

2008年以来，我们在社会调查课程教学中尝试采用新课程理论组织教学，受到学生的普遍欢迎，取得了显著成效。因此，编写一部按新课程理论要求、以工作过程为导向的教材，势在必行。根据2003年教育部发布的《职业院校技能型紧缺人才培养培训指导方案》的精神，我们认为新课程理论的实质是，"通过综合的和具体的职业技术实践活动，帮助学生学习实际工作中迫切需要的知识技能并积累初步的实际工作经验"。它同传统课程理论的区别集中体现在以下四个方面：第一，价值观不同。传统课程理论强调课程是一种以获得系统知识为目的，封闭的、脱离不断变化发展的社会需要和社会实践活动的单纯求知型价值观；新课程理论是以学会工作为目的，开放的、适应不断变化发展的社会需求和社会实践活动需要的知行统一的价值观。第二，主体观不同。传统课程理论认为教学主体是掌握知识的教师，因此，一切应以教师为中心；而新课程理论认为教学过程的主体是学生，因此，一切应以学生为中心。第三，知识观不同。传统课程理论体现的是科学主义和经验主义的知识观，认为人们理性和经验证明的知识是外在于人的至高无上的权威，是不容质疑的真理，知识成为统治人的"神"；新课程理论认为知识是在人与客观世界相互作用的实践过程中不断建构、不断发展的，没有绝对权威的、永恒不变的知识。第四，教学观不同。传统课程理论是教与学的分离观，认为教学就是"教"，"学"是从属于"教"的，"教"就是老师利用体现系统知识的课本，向学生灌输知识的过程；新课程理论是教与学的统一观，认为教学过程首先是"学"，"教"是为"学"服务的，因此，教学目的、内容、方法和手段等都必须与学生的需要、不断变化的条件相适应，教学过程中的"教"本身就是不断"学"的过程，而"学"又会不断促进"教"，真正体现了教学相长。

从上述对新课程理论本质和特点的认识出发，在教学实践中我们对社会调查课程的教学目的、内容、形式、方法等各个方面进行了反复的改革试验。首先，我们不再把"社会调查"作为知识体系来看，而视为一项工作、一项实践活动。教学目的就是让学生获得从事这项工作的基本知识和技能，并积累初步的实际工作经验。然而，这不是问题的关键，最困难的是通过怎样的途径才能在教学全过程中真正做到知识、能力和素质教育的有机统一。采取怎样的方式和办法，才能使学生既能学习现有知识，又能建构新知识；既能提高基础能力或核心能力，又能掌握具体的专业技能；既能培养文化素质，又能培养思想品德素质。新课程理论要求所有这些方面都不可偏废，因为每一项社会工作、社会实践活动，都是这些方面的综合体现。因此，我们认为只有通过以实践活动，即实际工作情景为主要方式的教学才能把这些方面的培养、教育有机统一起来。编写一本有效提高大学生、各级干部以及各行各业社会工作者工作能力的、实用的、有特色的社会调查教材和读本，是我们一直在探索的一项研究工作。

本书就是这项工作的成果。它的特色是：既可供高职院校相关专业的社会调查课程教学使用，又可供广大从事社会调查工作者自学；力求紧密联系实际，使理论知识的学习与实际技能的训练有机统一起来；从内容和形式上力求做到简明、通俗、实用，且操作性强。为此，我们采用了案例分析、情景训练、项目式学习和合作式学习等多种方法，将学习、训练和工作成效的测评与考核有机统一起来。此外，对教学内容的组织则借鉴了工作过程课程理论，严格按社会调查工作过程进行安排。全书共十章。每章都对应掌握的知识、能力以及应培养的素质做了明确、具体的安排，并设计了教与学的过程和方法。每章教与学分三个阶段进行。第一阶段是知识要点。知识的内容和形式力求简明扼要、通俗易懂。第二阶段是案例评析，案例覆盖了主要知识点、能力点，通过现有社会调查实践活动案例的学习、讨论，帮助学生理解和掌握相关知识，提高认识、分析、操作、评价等多方面的能力。第三阶段是能力训练，重在提高学生实际技能和综合素质。训练题经过认真设计，覆盖了主要内容，既有单项性训练，也有综合性训练。

　　实践证明，无论是在学校社会调查课程的教学中，还是在校外举办的社会调查培训班的学习中，本书的宗旨和内容的编排与设计是符合教与学需要的，并受到大学生和社会自学者的欢迎，有利于提高他们的学习兴趣，有效地指导他们从事实际的调查活动，帮助他们掌握从事社会调查的基本方法，提高社会调查技能。

　　我们希望本书能真正成为大学生、各级干部和各行各业社会工作者、企事业单位调研人员的朋友，成为他们从事社会调查活动常备于案头的读本和工具书。由于我们水平有限，书中不足之处在所难免，敬请广大读者批评指正。

编者

2013 年 7 月

# 目　录

# 导　论

## 一、社会调查的内涵、特点和意义

### （一）社会调查的内涵与特点

社会调查是指一项为了一定目的，通过调查直接从研究对象获取信息，弄清对象的特性、本质和规律，为决策和行动提供依据的社会工作。它有以下主要特点：一是以社会现象为对象，主要研究人们的交互活动。社会调查与科学调查不同，它们虽然都采用调查方法，但前者以社会为研究对象，后者以自然为研究对象。社会，用马克思的话说，它"是人们交往活动的产物"。① 对社会现象进行调查的目的是为了认识人与人之间复杂的交互关系，这比认识自然现象要复杂、困难得多。二是有明确的目的性。社会现象与自然现象的区别，表现在社会现象是人的有目的的活动。社会调查本身就是一种社会活动，它总是以人的需要为出发点和归宿。恩格斯说，在自然界中"没有任何事情是作为预期的自觉的目的发生的。相反，在社会历史领域进行活动的，是具有意识的、经过思虑或凭激情行动的、追求某种目的的人；任何事情的发生都不是没有自觉的意图，没有预期目的的"。② 正因为如此，社会调查的成功与否，人的主动性、积极性以及是否具备相关的知识、能力和素质是具有决定性作用的因素。三是直接对认识和研究对象进行的调查，能掌握与对象有关的各种第一手材料。进行社会调查，也要采用文献研究方法，但这不是主要的，收集研究文献在社会调查中主要是为更好地开展调查工作。调查研究与文献研究的最大区别是，前者是对研究对象的直接考察，因此它能获得大量研究者直接观察到的情况和问题，即第一手材料；而文献研究获取的主要是已经由别人整理和研究过的第二手材料。四是要找出规律性的东西。通过调查获得大量信息是找出规律的基础，关键是要通过对大量材料、信息的研究，发现各种社会现象之间的内在联系。这才符合"调查"一词的本义。"调"本来是计算、统计的意思；"查"本来是查究、查核、考

---

① ②　《马克思恩格斯选集》第 4 卷，人民出版社，1995 年。

查的意思。可见要做好社会调查工作，一定要尊重事实，科学地计算和分析，并具有刨根问底的精神。

## （二）社会调查的意义

社会调查作为单位和企业的一项必不可少的工作，它的意义主要体现在三个方面：第一，有利于直接从实践中获得大量真实可靠的第一手材料或信息。知己知彼，才能百战不殆。从事任何一项改造社会的实践活动，都必须先弄清情况，不然，一定会瞎子摸象，百战百败。第二，有利于弄清问题的关键所在，找到出现问题的原因。获取大量信息后，通过对这些信息的比较、分析，就可以弄清各种现象之间的关系。这样我们就不仅"知其然"而且"知其所以然"，为实事求是地解决问题找到可行的办法。第三，有利于对发展趋势进行比较科学的预测。通过定量和定性相结合的研究，可以认识和发现一些比较深层的本质和规律，在这个基础上可以对今后工作的目标、任务作出正确决策和布置，并找到一些行之有效的完成任务的措施和办法。所以一般来说，任何一项重要工作在制定行动计划之前，都应当根据工作任务的大小和复杂程度开展必不可少的社会调查。

此外，社会调查对一个人的成才也具有十分重要的意义。一是它可以将学习的理论知识与社会实践更紧密的结合。毛泽东说："一切实际工作者必须向下作调查。对于只懂得理论不懂得实际情况的人，这种调查工作尤有必要，否则他们就不能将理论和实际相联系。"① 二是经常参与社会调查工作可以培养人的多方面才能。胡锦涛说："调查研究是我们的谋事之基、成事之道"，通过调查研究，有利于"切实提高思想认识水平，切实提高政策水平，切实提高工作水平。"② 三是有利于人格的发展和人的素质的提高。因为参与社会调查必须深入群众，深入社会生活，这将大大开阔我们的眼界，丰富我们的社会关系；同时，现代社会调查一般都是群体性的工作，需要很多人相互支持和协同努力才能完成，整个过程都有利于培养人的合作与团结友爱精神。

---

① 《毛泽东著作选读》下册，人民出版社，2006 年，第 46 页。
② 胡锦涛：《2005 年 2 月 21 日在中共中央政治局第十二次集体学习时的讲话》，新华社北京 2005 年 2 月 22 日电。

# 二、社会调查的类型和一般过程

## （一）社会调查的类型

社会调查类型是指适应各种不同需要，具有不同特点的调查研究方式。任何一项调查工作，都要根据特定的目的和需要，选择与之相适应的调查类型。

（1）根据调查对象范围的大小，可以选择普遍调查或抽样调查。普遍调查简称普查，它是对构成调查对象总体中的个体逐一进行的调查方式。如人口普查。其特点，一是范围广、对象多；二是工作量大；三是收集的资料丰富、全面，避免了抽样可能有的误差。抽样调查是从调查对象总体中，按照一定抽样规则选取一部分个体进行的调查，并通过对部分个体调查结果的研究反映总体状况的调查方式。它的特点有：一是运用范围广泛，成本较低，所以一般调查大都采用这种方式；二是由于样本数量有限，调查的项目都可以比普查更多、更深入；三是能较迅速地获得相关资料。

（2）根据调查内容，可以选择社会背景（又称基本状况）调查、社会行为和活动调查、意见和态度调查等类型，或是兼有以上内容的综合性调查类型。社会背景调查，是对某一人群的基本社会特征的调查，如性别、年龄、职业、文化程度的调查等。一个完整的调查项目，一般首先要确定对这类背景情况的调查范围。社会行为和活动的调查，是弄清调查对象"做了些什么"、"怎样做的"的调查，它一般是调查内容构成的主体。意见和态度的调查，就是弄清调查对象"想什么"、"如何想的"的调查工作。"民意调查"就是以弄清"老百姓怎么想"为主要目的的调查类型。

（3）根据对调查结果呈现的状况以及研究工作的深度，可以选择描述性调查、解释性调查和预测性调查等不同类型。描述性调查，是通过初步的分析，对调查对象"是怎样的"作出客观陈述的调查，有人称为情况调查类型。这类调查的目的是为了了解基本情况。解释性调查，是通过对调查结果的分析研究，弄清调查对象"为什么是这样的"调查类型，重在对结果的原因进行探讨，也有人称为经验总结型调查类型，其加工深度高于描述性调查。预测性调查，是通过更深入的研究，弄清调查对象"将会怎样"、"应该怎样思考和行动"的调查类型，重在对较深层次的普遍本质和规律的探索，有人称为研究性调查类型。有些重大的综合性调查项目，往往兼有这三种类型的内容。

（4）根据调查采取的方法，可以选择问卷调查、访谈调查等。问卷调查是研究者根据调查目的和任务，设计统一、规范的问卷，由调查对象回答后，获得调查对象资料、开展分析研究的一种调查类型。这是现代主要的调查方式。其特点是，标准化程度高，可以有效地避免研究的盲目性和主观性；可以在较短时间内收集大量资料，并集中用于由计算机进行统计分析，因此，是目前运用最广、最有效率，也是最具代表性的社会调查方式。本书将以学习和研究这种调查方式为主。访谈调查，即访问与谈话的调查类型，有两种，一是当面访问和交谈，二是通过电话等现代通信工具进行访问和交谈。前者是传统调查经常采用的方式。这种方式多用于定性研究。在定量的问卷调查中，它是一种重要的辅助性调查方式，所提供的典型个案资料，往往对保证研究结论的真实性、可靠性、丰富性以及深度等有重要的提升作用。

（5）根据调查时间的长短与周期，还可以选择同期调查、追踪调查、滚动调查等类型。同期调查，是一种横向调查，指在同一时间对同一调查对象群体的各个方面进行的调查，这是一般社会调查通常采用的方式。追踪调查，是指研究者在不同时间点，对完全相同的调查对象群进行调查的方式，目的是研究同一调查对象群，在一段相当长的时间内不同阶段的发展变化情况，这类调查难度较大，但具有很高的科学价值。例如，国外有一项对大学毕业生同一群体进行了 30 年的追踪调查研究，获得了极有价值的材料。滚动调查，是按研究者在不同时间采用内容基本相同的问卷，对性质相同但个体组成不同的对象进行反复调查的方式。如由教育部组织的对大学生思想政治状况的滚动调查，已在全国范围内以不同高校大学生为对象，每年进行一次，连续进行了 20 年的调查。这类调查的目的是为了了解和掌握具有相同性质的某一社会群体在较长时间内的变化发展趋势，所以又称"趋势调查"。

此外，根据不同标准，社会调查还可以分为各种不同类型。如根据运用领域可分为民意调查、行政统计调查、生活状况调查、市场调查、社会问题调查、学术研究调查等。

## （二）社会调查的一般过程

社会调查一般分为四个阶段，即准备阶段、调查阶段、资料整理和研究阶段、总结和调查报告的撰写阶段。不同类型的调整报告，由于目的、任务以及所采取的主要方法不相同，因此具体的调查研究过程也不完全一样。本书基于工作过程课程理论，选取问卷调查工作过程的能力培养为主要教学任务，因此，将以问卷调查工作过程为中心，组织全书结构。

进行一项完整的问卷调查工作，其工作过程可以分以下十个步骤：

（1）选择调查课题。就是确定一个有价值的调查题目或主要问题。人们常说找到一个好问题就成功了一半，这说明选择好的课题不是一件容易的事。它往往是一个人综合知识、能力和素质的体现。

（2）制定调查方案。就是根据调查题目，确定调查目标、任务、措施、安排，即制定切实可行的调查计划。调查方案是调查实施的基础，也是组织、检查、落实各项调查工作的依据。

（3）确定测量指标。这是进行社会调查的关键环节，要解决调查什么的问题。为此必须对总的目标和任务进行逐层分解，达到相应目标的任务，并可以进行具体测量的指标体系。

（4）抽取调查样本。这是实施调查前必要的准备工作。调查方式有很多种，可分为普查、抽样调查、典型调查、个案调查等。本书主要讲解的是抽样的方法。抽样就是根据统计学的原则，运用特定的抽样方法从调查对象中确定部分调查个体。科学地进行抽样，才能使调查结果真实、可靠和有说服力。

（5）设计调查问卷。设计一份好的问卷，是问卷调查工作成功进行的保证。问卷质量越高，问卷的回收率就越高，回收问卷的质量就越高，统计、分析和研究的质量也就越高。

（6）实施问卷调查。包括印制和发放问卷、组织填写问卷、回收问卷等工作。

（7）做好访谈工作。一般来说，这个过程是与实施问卷调查同步进行的，但在确定调查方案后的各个阶段，根据需要都可以组织对有关调查对象的访问和谈话，收集和整理个案资料。

（8）整理调查资料。主要工作是对问卷进行审查，淘汰不合要求的问卷，确定问卷回收率，然后将问卷资料录入计算机，并对资料进行初步分析整理。

（9）研究调查数据。主要工作是运用统计软件和计算机其他软件对有效问卷的资料进行分析研究，弄清调查对象的内在联系和规律。

（10）撰写调查报告。通过调查报告，对调查成果进行总结。应该注意的是，以上过程的划分只是相对的，在实际工作过程中，各过程相互交织的情况是常有的事。

# 三、社会调查工作者应具备的知识、能力和素质

社会调查是一项同人打交道的复杂工作，它具有很强的综合性和实践性。因此，一个社会调查工作者必须具备一定的知识、能力和素质。其中，能力是主体，知识和素质是基础。

## （一）社会调查工作者应具备的能力

能力是人们在认识活动和实践活动中表现出的认知和解决问题的本领。

一般将它分为两大类：第一大类是基本能力或核心能力，指各行各业的人共同具有的观察能力、阅读能力、记忆能力、思维能力、表达能力、社交能力、组织能力等。这些能力在人们从事一项具体工作时它们又综合地体现为以下六种基本能力：一是获取资讯的能力，即搜集消化知识和信息的能力；二是决策能力，即将理论与实际结合，发现和把握主要矛盾，确定行动方向和目标的能力；三是制订计划的能力，即根据决策对行动进行组织和安排的能力；四是实施计划的能力，即把计划转化为行动，一步一步达到最终目标的能力；五是督办和检查能力，包括不断根据变化的情况检查目标、计划实行与进展情况，及时解决执行过程中存在的问题，保证工作始终沿着正确方向发展的能力；六是评价能力，即对工作结果的价值、效率、水平给予科学总结、评判的能力。从整体看，问卷调查工作就是这六种基本能力的综合体现，并且每个具体的工作过程都要综合运用这六种能力。也就是说，在调查过程中的每一步，都少不了有资讯、决策、计划、实施、检查、评价等活动，正是在这些活动中，这六个方面的能力才能不断得到提高。第二大类是专业技能，指具体的业务操作能力。如社会调查中的选题能力、调查方案设计能力、问卷设计能力、抽样能力、实施调查能力、统计分析能力、撰写调查报告能力等，都是社会调查工作应具备的业务能力。此外，除了要具有社会调查专业方面的能力外，还要具有一定的社会调查所涉及的相关专业领域的专业能力。如市场调查所涉及的对市场的分析能力、社会阶层调查所涉及的对社会阶层的分析能力等。

### （二）社会调查工作者应具备的知识和素质

知识是人们对实践经验的总结与升华，同时又是指导实践活动的工具。一定的能力总是建立在一定知识基础上的。知识也可分为两大类：一类是基础知识，它包括一般的自然科学知识、社会科学知识、日常生活知识、写作知识等；另一类是专业知识，既包括社会调查中选题的知识、问卷设计知识、统计分析知识等，也包括调查所涉及的各个专业领域的知识，如相关的市场学知识等。要成为一个好的社会调查工作者，既要有扎实的基础知识，也要有过硬的专业知识。学习知识既可以从书本上学，也可以从实践中总结提高，主要方法是理论联系实际。

素质是知识和能力内化所表现出的人的内在的基本品质。它包括思想道德素质、文化素质、身体心理素质。社会调查的成功与调查者的素质也有密切关系。现代社会调查尤其如此。各种素质中最为重要的是思想品德素质。一项现代调查工作仅靠一个人的力量是完成不了的，它需要多方面的配合，往往需要一个团队共同完成。每位参与调查的人能否与整个团队的每个人和谐相处，是否具有善于依靠群众的集体主义精神，以及关心他人、谦虚好学等品格是获得社会调查成功的重要条件。在社会调查课程的学习过程中，不仅要认真学习社会调查方法，提高社会调查能力，更应该重视思想品德等素质的提高。

# 第一章　工作过程一：选择调查课题

> **教学要求**：弄清课题含义与种类，明确选题意义与标准，掌握选题的过程与方法；通过查阅文献、小组讨论、征询他人意见和自己的反复思考，学习如何选题，并确定一个经过不断优化可适宜于本课程学习期间开展实训的调查课题；提高课题选择、优化、评价能力以及查阅文献的能力。

## 一、知识要点

### （一）课题的含义与种类

课题指进行某项社会调查的题目或主要问题。它是调查内容的高度浓缩。一个课题名称一般只用一两句话来表达，由调查对象、调查的主要问题和主要研究方式构成，如"大学生课余生活现状的调查"，"大学生"是调查对象，"课余生活现状"是调查的主要问题，"调查"是主要研究方式。也有将调查的主要内容、调查对象和研究方式分开表达的，如《物价上涨对大学生生活的影响——对××市三所大学学生的调查》。课题的题目用在"调查报告"前做标题时，可以根据特定语境情况省略对象或研究方式，研究的主要问题有时也可省略，如只写为《调查报告》。但作为课题的题目，三个部分都不应该省略。

课题种类有多种划分方法。一般按研究目的分为两类：一是理论性课题，指建立或检验各种理论假设的课题，主要目的是解决理论领域的问题，如《社会转型与职业流动关系的调查研究》。二是应用性课题，指以解决社会生活中实际问题为主要目的的课题，一般用于了解情况，分析现象产生的原因，提出解决问题的对策等。如《当前我国吸毒现象及其防治对策的调查研究》。此外，课题也可按其来源分为自选课题、委托课题。自选课题是研究者根据社会需要以及自身学习、工作需要自己选定的课题。委托课题是由有关机构、部门、单位、老师委托或分配给研究者的课题。课题还可分为综合性课题、专业性课题，以及前面导论中已介绍过的描述性课题、解释性课题、预测性课题等。

## （二）选题的意义与标准

有人把选题比喻为农民"选种"。种子虽小，但它包含了未来作物生长的全部核心信息。种子的优劣，决定着收成的好坏。所以爱因斯坦说："提出一个问题往往比解决一个问题更重要。"[①] 选题的重要意义具体体现在三方面：一是它决定研究的总方向和总水平，决定"研究什么"和研究深度等。二是它决定了调查方案的制定，制约着调查过程的每一个行动。三是选题适度是调查研究取得成功的保证。

评价一个课题有四条基本标准，即有意义、有创新、有条件、有兴趣。前两条是客观需要，即必要性；后两条是主客观条件，即可能性。"有意义"包括两方面：一是理论意义，二是现实意义或实践意义。要针对理论研究领域和实践活动领域的需要选择课题，这是根本原则。不适应这种需要就叫"无的放矢"。"有创新"是对"有意义"的进一步要求，就是不要完全重复已经有过的研究。选择的课题应该是别人没有研究过的，或是对别人已有研究的补充、完善和发展。有不同层次的创新："填补研究空白"是高层次创新；对已有的研究成果提出改进意见也是创新；有一点自己独到的或有新意的看法是创新，没有独到看法却有别人没有的新颖、可靠或更加完整、系统的材料也是创新。"有条件"包括有客观条件和主观条件两个方面：客观条件，主要指客观上能提供的物质、时间、人力等条件。课题越大，对这方面条件的要求就越高。主观条件，主要指自己知识基础、能力素质等状况。俗话说"要量体裁衣"，选题一定要与自己的知识能力结构相适应。"有兴趣"也是一种主观条件，因为它重要而又往往被忽视，所以单列为一条。兴趣是最好的老师，有时其他主客观条件不能完全满足课题的需要时，如果有强烈兴趣，就可能"以勤补拙"，以满腔热情和全身心的投入去克服种种困难，创造条件，争取胜利。不过，兴趣不是天生的，而是后天培养的。如果选择的课题其他条件都比较好，只是自己的兴趣差一点，也可以在边干边学中培养自己的兴趣。

## （三）选题的过程与方法

自选课题一般都要经过两个阶段，即初选阶段和优选阶段。初选阶段的任务是在自己已有知识的基础上，通过与别人讨论，或根据自己的切身经验，

---

① ［美］爱因斯坦：《物理学的进化》，周肇威译，上海科学技术出版社，1962 年。

初步确定一个或几个课题。一般来说初选课题存在的问题：一是可能比较宽泛和一般化，调查主题、对象和范围还不够明确、具体，如"农村青年的价值观研究"就显得大而无边；二是可能过于褊狭，脱离实际，如3G手机刚上市时，就有学生提出"3G手机对中学生学习的影响"研究，后来经过实地考察发现当时大多数中学生还没有3G手机。第二阶段，即优选阶段，是一个不断使初选课题具体化、明确化的过程，它实际上贯穿整个研究过程。选题过程化课题的任务是，择定一个选题，使课题较好符合上述四条标准。这个过程一般要首先查阅文献，同时还要开展讨论或广泛征求他人意见，必要时还要现场考察，最后经过自己的反复思考，才可能获得一个好的选题。

1. 查阅文献资料的方法

文献资料是用文字、声音、图形、图像等形式记录和存储在某种载体上的各种信息的总称。为了获得好选题，一般应该根据已确定的选题方向和范围从各种载体中查找相关文献，通过对文献资料的阅读和思考不断优化选题。查阅文献资料要重视以下方法：一是借助必要的检索工具。纸质载体的检索工具有书目、索引、文摘、年鉴、辞典等。从互联网上可以找到很多数字文献载体的检索工具。目前国内常用的有中国期刊网（CNK1 http：//www.cnki.net）、万方数据数字化期刊（http：//www. periodicals. com. cn）等。向相关网站输入自己初步研究的课题名称，就可以获得大量的相关文献资料，如论文、报告等。可以根据需要下载一些与初选课题相关的资料。二是掌握高效阅读、整理文献资料的方法。首先要有重点，不要面面俱到；其次要泛读与精读结合，既要对相关问题作全面了解，又要抓住重点，反复阅读思考；最后要边读、边思、边记、边写，把阅读感受及时记录下来。三是学会从文献中找问题，围绕问题反复思考。要善于将不同文献的内容和观点进行比较，找出其中的问题、矛盾以及相同、不同之处，然后要善于想象和联系，寻找这些文献与自己要研究的课题的联系，找到修改、优化初选课题的内容和方法。查阅文献要与择定和优化选题紧密结合，并反复、多次进行，直到获得一个比较满意的课题为止。

委托或安排的课题，一般省去了初选过程，但仍需采用查阅文献等方法，按选题标准对委托和安排的课题进行优化，使课题主题更加明确，更加切合实践，更加符合主客观需要。

2. 两种常用思维方法及其在选题中的运用

（1）发散思考。这是一种分析性的思考方法，就是以某一问题为中心，根据收集并阅读的资料，围绕这个中心问题，不受任何约束，自由广泛地进行联想、想象，从各个方面弄清与问题有关的因素。其最大特点是无拘无束，求广、求全、求深。所以又称"联翩思考"、"越轨思考"。发散思考有三种基本方式：其一，多向辐射方式，围绕一点，向四面八方发散；其二，单向层进方式，由一点出发，一环套一环，向纵深发散；其三，反向方式，向与现有发散方向相反的方向发散。

（2）收束思考。是一种综合性的思考方式，是在发散思考的基础上，通过分析、比较、概括、抽象等，将发散思考获得的种种想法进行去伪存真、去粗取精、由表及里的处理，提炼出要解决的主要问题。在这一思维活动中，逻辑思维起着主导作用。所以又称"循轨思考"，即循逻辑之轨思考。收束思考有两种基本方式：一是概括抽象方式，即比较多种想法，寻求它们之间的联系和区别，归纳出它们共同的本质属性；二是筛选方式，即比较多种想法，从中选择主要的有代表性的关键想法，去掉那些与要解决的问题关系不大或没有关系的想法。

社会调查的每一个过程都会用到发散与收束思考方法。在选题中是一种必用方法。一般有以下步骤：第一步，当我们收集到很多文献资料后，就要在反复阅读研究的基础上，围绕初步选择的问题进行发散思考，从各种文献资料中提出一些思想观点，并把这些思想观点记录在一张纸上；第二步，反复比较提出的各种思想观点的共同点，进行收束思考，归纳出几个更值得重视的问题。如果还不够明确，可以围绕归纳出的问题进行第二次发散与收束思考，直到找到几个关键的最有价值问题，即最符合课题标准的问题为止。这个过程可以用图 1–1 表示。

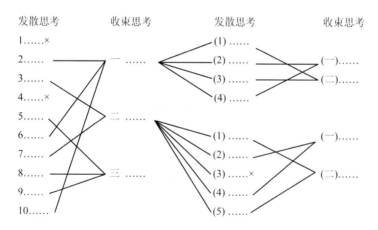

**图 1–1　两次发散和收束思考的示意图**

注："×"表示与要解决的问题关系不大而删去的问题。

# 二、案例评析

## 【案例1.1】

### 发散与收束思维方法在选题中的运用①

1987年风笑天在北京大学社会学系攻读博士时，导师袁方教授给他提出的博士论文的选题是"中国独生子女问题研究"。导师所定的题目，只是确定了研究的方向和比较宽泛的主题。风笑天根据导师为他初步确定的题目，认真查阅和研究了大量有关中外独生子女问题的研究文献。根据这些文献他反复思考，发现独生子女这一主题中包含众多的问题，涉及众多的方面。比如独生子女人口的结构及分布、独生子女家庭的结构与关系、独生子女家庭的生活方式、独生子女的教育问题、独生子女的社会化、独生子女的心理特征、独生子女的家庭老年保障等。因而需要将比较宽泛的导师为他初选课题的主题转化为比较具体明确的研究问题。他对当时国内这一领域中的已有文献和一部分国外文献做了比较深入的分析研究，发现国内还没有关于独生子女家庭基本状况的研究结果，因而从社会学角度讨论各种独生子女问题尚缺乏经验的基础。另外，他还发现独生子女的教育问题是当时最为集中的研究焦点，但运用较大规模的调查资料进行分析和探讨的研究很少，多为一般性的、空泛的议论；而与独生子女家庭密切相关的养老问题则还没有引起人们的注意。根据这一情况，风笑天确定了三个方面的研究问题：第一，独生子女家庭结构、关系等基本方面的特征；第二，独生子女究竟是不是"小皇帝"，独生子女家长是不是更加"望子成龙"，独生子女的出现对当前的教育带来哪些冲击和影响；第三，独生子女家庭养老面临哪些挑战。如果用一句话将这三方面概括起来，最后确定的选题就是"中国独生子女的家庭、教育和未来"。这个题目显然比初步确定的课题的主题和研究对策更集中、更具体、更加符合选题标准的要求。

## 【案例1.1评析】

[案例1.1]不是自选课题。它虽然由导师提供，但还不是主题已经明确的选题，因此必须进一步加工，使其具体化。在这个加工过程中，研究者充分利用了发散和收束两种思维方法。首先，他在大量阅读

---

① 本案例根据风笑天《社会研究方法》一书（中国人民大学出版社，2005年版）中有关内容改编。

和消化文献资料的基础上，进行发散，即对初步设定的问题进行分解、分析，看它包括了哪些问题。这个过程一定不要受条条框框的束缚，要通过查阅研究文献、实地考察等方法客观地实事求是地把有关问题一一找出来。然后，他对这些问题进行了收束思考。收束要根据选题标准进行，特别是要看哪些是当前最需要研究而别人没有研究到或很少研究的问题。最后，根据实际情况，他再进行反复地发散和收束思考，直到获得一个很有价值的题目为止。这个题目也是后来出版的表达这项社会调查成果的专著的名称——《独生子女：他们的家庭、教育和未来》。

## 【案例1.2】

### 一个自选课题是如何确定的

2006 年某高等职业学校人文学院收到所属省教育厅申报研究课题的通知。通知后附有《2007 年度大学生思想政治教育专项研究课题指南》。根据通知和指南精神，老师们根据自己的情况自报选题。该省教育厅的这类研究项目是有数量限制的，竞争很激烈，能否获得批准，关键要看是否有重要研究价值和研究基础与条件。

某老师过去有申报的经验，接受任务后，她首先上网查阅了大量相关的文献，发现近几年来有关高职思政教育研究的文献资料很多，仅论文就有千余篇。通知指南中提供的50 几个选题的参考范围都有很多研究，要使选题有新意很难。怎样才能避免重复别人的研究？她下载了20 余篇有一定代表性的论文，逐篇认真阅读和思考，在不经意中发现由教育部组织的全国高等学校大学生思想政治状况滚动调查的总结报告中调查对象没有高职院校。于是她决定进一步从两方面查找有关资料：一是查该省配合教育部对高等院校大学生思政教育状况滚动调查的对象中有没有高职院校，结果发现没有；二是查全国高职院校是不是有对学生思政状况作过滚动调查的例子，结果发现只有一所学校作过近三年的比较研究，并且不是规范的滚动调查研究。于是她认为如果联合该省一批高职院校像教育部对普通高校大学生思政状况进行调查那样，也进行一年一度的滚动调查，这样就使教育部的这项调查更全面、更有代表性，同时填补了该省还没有一所高职院校开展这类调查的空白。滚动调查将更加有利于反映高职大学生思想政治状况的发展、变化趋势，以便更好地找到提升思政教育水平的对策。

某老师认定这是有一定创新价值的课题，是很有现实意义的课题。在相关讨论会上，大家进一步分析了这个课题的必要性和可行性，并使课题范围越来越明确。大家认为开展这项研究本单位已具有好的条件和基础，因为在这之前，2005年思政课部已作过一次本校大学生思政状况的调查研究，开展滚动调查研究是完全可行的。同时大家认为，应该很好地学习研究已开展十多年的普通高等学校大学生思政状况滚动调查的经验。最后该老师决定在全省联合十所有一定代表性的高职院校开展这项研究。确定的课题题目是："××省高职院校大学生思想政治状况滚动调查研究"。上报后得到批准，经过两年多研究，其成果还获得省以上级别的多项奖励。

**【案例1.2评析】**

　　这个案例给我们如下启发：一是内容和形式都可能是创新的突破口。滚动调查是一种调查形式，但它对调查的内容会有重要影响，它不仅能帮助我们更好地了解现状，而且便于进行现状与历史的对比分析，找出发展趋势以及影响因素。二是找问题、找矛盾、找不足是发现有价值选题的最重要的方法。这个选题的提出就是因为发现了原有类似课题的不足。没有任何事物是十全十美的，如果那样，社会就会停止发展了。三是要多看、多读、多思。有了好的想法，不要轻信，要像提出这个课题的老师那样继续从各方面求证。四是要与他人交流、讨论，集思广益对选题来说特别重要。

## 【案例1.3】

### 首先弄清"为谁选题"和"为什么选题"

　　有位老师先后收到几个单位的申报课题通知，一是高等职业技术教育研究会"十二五"规划课题申报通知；二是教育厅年度人文社科项目课题申报通知；三是学校年度自选课题申报通知。这三个单位在申报指南中都列出了高职院校大学生就业研究这一项目。这位老师根据自己的能力和基础，觉得做就业状况的社会调查研究比较得心应手。她上网查询后发现，大学生就业状况的调查论文有几百篇，很多都是雷同的，缺乏新意。她进行分析比较后觉得如果专门研究就业质量，目标更集中一些。再查资料她又发现研究就业质量的文献也很多。为了要有所创新，她决定以创新能力与就业质量的关系为研究课题。因为专门研究这两者关系的文章尚未被发现。

　　于是她确定了一个选题，题目是《高职学生创新能力与就业质量的关系——基于××职业技术学院调查数据的实证研究》。她先把这个选题报送中国高等职能技术教育研究会，结果未获批准。后来报到学校，也迟迟没有答复。但不料报送省教育厅，却很快获得批准。这时她再仔细查看各个单位的通知要求，才发现三个单位的要求并不相同。中国高等职业技术教育研究会层次高，是"十二五"规划课题，特别提出课题要具有"普适性"。以一个学校的数据为例，显然达不到这种要求。而学校的自选课题虽然层次没有那么高，但要求紧密联系学校实际，而学校当前有关就业问题的研究要解决的当务之急是全面了解目前本校的就业状况，特别是就业的质量状况。于是这位老师马上将课题改为"我校毕业生就业质量调查"送到学校科研处，也很快得到批准。原来的课题之所以得到教育厅批准，因为向教育厅申报的只是一项年度的研究项目，用一个单位的数据进行实证研究，只要达到一定深度，是完全可以的。至此，这位老师才认识到选题时一定要认真分析"为谁选"、"为什么选"，弄清委托和提供初选课题单位的要求。

【案例1.3 评析】

　　这位老师还应该注意一点，就是不要为创新而创新。创新总是具体的，每个单位、每个阶段对同一个问题的创新会有不同的要求。创新的目的就是为了满足特定单位、特定阶段经济、社会发展的需要。同时还要特别注意创新的层次性，这种层次性主要体现在内容的深度和广度上，不能仅从表现上和形式上看。例如，即使很多论文的题目都是关于大学生就业状况的调查研究，但每篇论文研究的深度、广度是不同的。选择同一个题目不一定就不能创新。只要反复阅读研究已发表的论文资料等，就可能从中发现一些新的尚待深入研究的问题，在这个基础上，即使研究的是同一个题目，也是可以创新的。此外，除了研究文献资料，也不要忽视直接深入单位实地考察。如果有可能，应通过各种方式与提供课题项目的单位沟通，直接询问并全面了解他们的目的、要求。这是避免申报少走弯路的好办法。

# 三、能力训练

## （一）团队合作训练

（1）组建课题队伍训练。

企业、单位要开展某一项目的社会调查工作，在大致确定研究课题后，就需要组建调查队伍，开展选择调查人员、进行调查培训等工作。一支好的调查队伍，必须根据调查工作任务的性质、难度等选择调查人员，组成与调查工作任务相适应的调查组。调查组成员在职能结构、知识结构、能力结构、年龄结构、性别结构、地域结构等方面要合理。一是要有一两位总揽全局的领导者和组织者，他们应有较强的组织能力；二是要有一批具有实干精神的调查人员；三是要有一定数量的统计人员和计算机操作人员；四是要有一些理论和文字水平较高的分析人员和写作人员。调查组的成员，最好是老手、新手搭配；老中青结合，以中青年为主体；男女人员搭配，与调查对象性别比例相适应；有些项目的参加成员，最好是外地人和当地人相结合，这会更有利于调查工作的展开。

较大型的调查项目的参加人数较多，需要进行集中培训，提高思想认识，学习相关知识和调查方法。常采用讲授、讨论、阅读、写作、示范、模拟、现场实习等方式进行。有些难度大的社会调查，要分阶段进行多次培训，如人口普查。必要时还要制定相关的规定、制度、规程等。

学习本课程期间要求成立一个课题小组，合作完成一个课题从选题到撰写调查报告的全部任务。小组组成人员和办法可以参考上面介绍的方法进行。具体要求如下：

1）由班长和学习委员负责课题小组组建工作；

2）每组 5~7 人；

3）自愿与协商结合，每个小组尽量做到不同类型知识和能力结构的人相搭配以及男女相搭配；

4）每组协商或选举一位组长和副组长；

5）选举一个小组会议记录员，做好每次小组会议的记录工作。

（2）至少进行两次选择课题的讨论。

第一次小组会在初选课题以前进行。要求每个小组成员事先准备 1~2 个初选题，并想好选择理由。小组开会时，每个小组成员都要将自己的初选课题向小组报告，然后开展讨论，最后每组确定 1~2 个初步的选题，报任课老师。

第二次小组会在查阅文献资料后进行。要求每个小组成员汇报查阅了哪些文献资料，并根据文献资料和四个选题标准重新审定自己对选题的看法。然后开展小组讨论，在充分讨论的基础上，集思广益，确定一个选题报任课老师。

### （二）查阅和整理文献资料训练

（3）上网找出下列论文的出处。

1）高向东、李延生：《新时期大学生思想状况及特征》；

2）王燕红：《网络环境下高职生思想政治工作面临的挑战及对策》；

3）柯羽：《高校毕业生就业质量评价指标体系的构建》；

4）《两成毕业生初就业三年职业有转换——高职高专毕业生中期职业发展报告》。

（4）从以下题目中任选一题，利用 CNK1 网站查找相关文献，并从中选出 20 篇文献，综合概括出它们反映了哪几方面的问题。

1）大学生就业心态；

2）大学生就业能力；

3）女大学生就业现状；

4）高职大学生就业能力；

5）高职大学生就业难的原因。

## （三）发散与收束思考训练

（5）从下列题目中选择 1～2 个进行发散与收束思考练习，在查阅文献的基础上先发散不少于 10 项内容，一一列出，然后进行收束，并归纳出几个问题，并画出示意图。做法见图 1－2。（可先查阅文献）

1）大学生核心就业能力；

2）大学生就业心理表现；

3）高职毕业生就业质量；

4）高职大学生价值观。

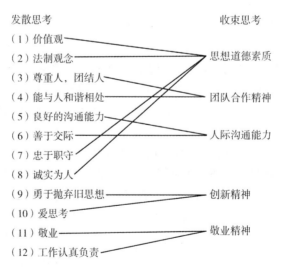

－2　围绕"影响就业的软实力"进行发散与收束思考

（6）从下面两则调查材料中任选一则，对其包含的思想意义进行发散和收束思考。先对其所包含的思想意义进行发散，然后采用收束思考方法，将发散的意义归纳为几个相互联系的方面，最后收束归纳出一个题目。

1）调查材料1：

调查显示：某校某学院有78.76%的学生认为学校设置专业是为培养生产一线的高技能人才，有43.95%的学生认为在校期间所学专业知识对自己将来工作比较有用，有47.45%的学生感觉对所学专业比较有兴趣，将在未来的人才市场有一定的竞争力。有64.65%的学生对现在的新兴职业、热门职业有一点了解，只有2.15%的学生很了解，有21.51%的学生不了解。有52.42%的学生有点了解就业地区的经济发展特点及对工作的影响，有19.62%的学生不了解。有48.92%的学生对各种经济成分企业的不同特点有一点了解，但不是很透彻，他们对地区经济发展特点及各种经济成分的企业特点是比较陌生的。有48.79%的学生对根据自己的个体特征选择适合的职业持一定的了解，只有6.05%的学生表示很了解。

2）调查材料2：

对于如何解决就业难题，某校某学院有42.47%的学生选择寻求家长帮助，有38.31%的学生选择寻求老师、同学和朋友的帮助，仅有9.01%的学生依靠学校就业指导部门。有36.96%的学生认为通过努力就能就业，有32.93%的学生对于就业持比较困难的态度，有23.12%的学生对前途感到比较担忧，仅有6.99%的学生持乐观和胸有成竹的态度。

## （四）课题择定训练

（7）从下面10个题目中初步选择一个你认为比较适合你开展研究的课题（也可以在下面10个题目外，自己初选一个题目），要求根据选题的四条标准分别一一说明选择和不选择的理由。

1）当前我国城市居民生活质量现状及影响因素调查；

2）当前青年结婚消费观调查；

3）城市居民居住方式与邻里关系研究；

4）青少年上网状况的调查；

5）高职院校专业设置与课程开发研究；

6）高职院校工学结合、半工半读制度创新研究；

7）高职大学生勤工俭学现状、问题与对策研究；

8）我校大学生就业心态调查；

9）高职学生顶岗实习状况调查；

10）高职学生心理健康状况调查。

（8）初步选定一个课题后，通过查阅文献与小组讨论，进一步优化课题，使课题具体化、明确化。

示例：某同学初步选定以"大学生就业难的原因"为题后，上网查到大量文献，通过发散和收束思考将原因归纳为客观因素和主观因素两个方面，通过进一步发散，找出了三个主要的客观原因和三个重要的主观原因。最后根据选择课题的四条标准综合考虑，决定从六个影响因素中抽出一个更适合的因素作为主题，决定以"大学生就业难与大学生择业观关系研究"作为课题。

## （五）选题工作成效测评训练

（9）讨论和制定测评标准与实际测评具体事项。

下面是提供讨论的选题过程工作质量的测评标准表（见表 1-1），要求联系实际逐条领会测评指标的含义，找出对各项指标进行测评的具体的工作事项，并将这些事项填进表中空栏内。

**表 1-1　选题过程工作成效测评标准**

| 序号 | 测评项目与分值 | 测评指标与分值 | 实际测评事项 |
|---|---|---|---|
| 1 | 小组活动（10分） | 1.1 小组分工明确、结构合理（2分）<br>1.2 组长充分发挥作用（2分）<br>1.3 组员积极配合（2分）<br>1.4 按要求完成各项小组活动（4分） | |
| 2 | 查阅文献（20分） | 2.1 会使用查阅文献工具与方法（5分）<br>2.2 查阅的文献达到一定数量（5分）<br>2.3 文献与课题相关度高（10分） | |
| 3 | 思考方法（20分） | 3.1 能正确理解和使用发散与收束思考方法（5分）<br>3.2 发散与收束思考方法训练题完成的质量（5分）<br>3.3 选题过程运用发散与收束思考方法达到一定数量和质量（10分） | |
| 4 | 课题择定（50分） | 4.1 课题选择明显经过具体化、明确化过程（15分）<br>4.2 课题有重要意义（10分）<br>4.3 课题有一定创新（10分）<br>4.4 课题具体可行（10分）<br>4.5 适合研究人个性和兴趣（5分） | |

（10）对选题工作学习全过程成效进行实测，评定分数，并作出客观评价，提出改进意见。先由个人根据表 1-1 规定的各项标准对自己选题过程中的表现进行小结和评估，然后由小组长评出组员的成绩，由组员评出小组长的成绩，并将结果报任课老师审阅。

# 第二章 工作过程二：制定调查方案

**学习要求**：理解调查方案的含义和类型；明确背景与意义、目的与任务、分析单位与调查单位等概念的联系与区别；掌握设计调查方案的过程和方法，重点提高对研究内容进行分解和细化的能力；能根据已选定的课题，通过对文献资料的研究，撰写规范的调查方案。

## 一、知识要点

### （一）调查方案的含义与主要类型

调查方案是在基本确定课题后，根据课题的性质和实际情况，对课题研究过程的各项工作预先做的设计与安排。它的特点是具有预测性，"凡事预则立，不预则废"。其重要作用有：其一，它是指导行动的纲领。一旦方案确立，调研工作就要按方案规定的目标、任务、途径、方法去做。其二，它是协调关系和提高效率的手段。调研工作的开展，涉及方方面面的关系，一定要重视通过方案设计，理顺各种关系，合理安排资源，充分调动各方面的积极因素，提高工作效率。其三，它是监督检查和总结的凭据。特别是那些向上级申报立项的课题或接受委托的课题，其方案是获得立项批准，以及最后进行结题验收的重要材料。

根据研究需要达到的深度和课题的性质，调查方案可分为四种类型：一是先导性调查方案，也称探索性调查方案。它的主要目的是为开展某项调查工作预先做好准备，为进一步更深入、更全面地研究提供指导、线索和基本情况。这类调查方案的制定比较粗略，没有严格的要求和规范，一般不用于统计分析，而是从实际出发，大体说明调查目的、内容和安排即可。二是描述性调查方案。它的主要目的是弄清研究对象的某些特征及其分布状况，重在说明研究对象"是什么"，一般不深入探讨研究对象存在的特征和问题的原因。但同先导性调查相比，它要求调查研究具有系统性、结构性、全面性。它多用于统计分析，其调查方案的写作有规范的要求。三是解释性调查方案。

其调查的主要目的是弄清影响因素或原因，重在说明"为什么"。同描述性调查相比，研究更深入，理论色彩更强。在分析方法上，解释性调查研究往往要求进行双变量和多变量的统计分析。方案的设计，在结构上与描述性调查方案大致相同，但要求更全面、更细致。四是兼有描述性调查和解释性调查特点的综合性调查方案。它的目的不仅是要弄清对象"是什么"，同时也要弄清"为什么"。其方案中要对上述两方面的研究任务提出明确要求，并制定完成任务的措施和办法。

## （二）几个重要概念的联系与区别

1. 背景与意义

背景论述"根据什么实际情况和需要"提出课题，意义论述"满足了这种需要有什么作用和影响"，两者往往容易混淆。

背景与意义都是用来回答为什么选择某个课题。它们都要说明研究课题与社会、经济、文化发展的关系，论述选择课题的必要性和可行性。不同的是，背景指选择的课题所依据的社会、经济、文化的具体状况，或者说是与研究课题有关的环境状况及其需要。分析背景，目的是探寻和描述出那些与课题关系最密切的客观环境因素，说明课题是在什么情况下提出的。所以有时也称"背景"为"问题的提出"。意义是指研究的课题会对人们认识和改造环境起什么作用。分析意义在于揭示课题与它存在的环境的关系，说明研究的价值和重要性。在制定调查方案中，常常将背景与意义合在一起分析说明，一般可统称"意义"，只有在背景情况较复杂和重要时，才专门列出"背景"进行说明。

2. 目的与任务

目的是说明课题"打算在什么问题和多大程度上满足需要"，任务是论述"实现目的要做哪些工作"。

目的与任务都用来回答"课题主要研究或解决什么问题"。不同的是，目的是课题要研究解决的中心问题或主题，而任务则是为解决这一中心问题服务的更为具体的问题。因此可以说，目的是课题的总任务；任务是课题更具体的目的，是总任务的分解或组成部分。因此也把任务说成是课题的研究内容。例如，目的是了解高职大学生手机使用情况，分析他们对手机的消费倾向，为制定手机的营销策略提供依据。为了达到这个目的就需要弄清以下几个问题，即完成以下的调查研究任务：一是弄清被调查者的基本情况或状况，包括年龄、性别、院系、专业、年级等；二是弄清被调查者与购买手机有关的意向，包括态度、观念、动机、偏好等；三是弄清他们与购买手机有关的行为特征，包括他们实际购买了什么样手机、主要用途是什么、更换和维修手机的情况等。这些就是课题研究的主要内容。

3. 调查单位与分析单位

调查单位与分析单位都是用来回答以谁或什么为调查研究对象，不同的是，调查单位是指被调查的对象，即直接参与填写问卷或访谈、为研究提供信息和资料的人或单位；而分析单位是指课题的研究对象，即课题目的和任务所指向的主体。对某个对象的研究，可以从不同的调查对象获取调查信息；从同一个调查对象获取的材料和信息，也可以用于不同分析单位或分析对象。调查单位和分析单位的关系有三种类型：

一是完全不同型。例如，我们要研究某个烈士的高尚品质，分析单位是这位烈士，而要了解这个烈士的品德，调查的对象不可能是这位烈士，只能是他周围的亲朋好友，以及他学习和工作过的单位等。在这种情况下，调查单位和分析单位是完全不同的。研究不能重现的历史人物和事件的课题，以及无法对研究对象进行直接观察、调查的课题，其调查单位和分析单位的关系都是完全不同的。

二是完全相同型。例如，我们要调查研究某个班学生的兴趣与爱好，分析单位是这个班的学生，调查对象也可以完全是这个班的学生，这时，调查单位和分析单位是完全一样的。对一些可以直接观察和调查的比较单纯的研究对象，调查单位与分析单位的关系常常是同一的。

三是部分相同型。大多数研究课题的调查单位和分析单位既有相同的部分，也有不同的部分。分析单位越复杂，调查单位就越丰富，如全国人口普查，它的调查单位和分析单位有的是相同的，有的是不同的。

在制定调查方案时，除了要弄清课题目的，即课题要解决的主要问题外，还要认真研究以什么为调查单位和分析单位。有时在标题中就能体现出这三个方面。如《高职院校学风现状及其对策——对十三所高职院校大学生的调查研究》，这个课题的分析单位是"高职院校"，研究的目的或主题是"学风现状及其对策"，"十三所高职院校大学生"则是调查单位或被调查对象。被调查单位，必须是能够通过观察、问卷调查、访谈从它直接获取研究资料的现实的个人、群体、组织和社区。而分析单位不仅可以是现实的，也可以是历史的；不仅可以是个人、群体、组织、社区，而且也可以是客观存在的社会事实或事物，如仪式、日记、产品、文物、制度等。

## （三）调查方案的设计过程与方法

设计调查方案是一个不断构建和完善的过程。大体可以分为两个阶段：一是准备阶段；二是写作阶段。

1. 调查方案设计准备阶段的工作及其方法

准备阶段是调查方案的构思过程。主要任务是理清思路，即根据已定的选题，通过进一步文献研究和初步调查，一是要弄清为什么研究，这是前提，是基础。要反复思考，这项研究到底在理论和实践两方面有什么意义和价值，有没有特色和创新性，是不是具备开展研究的条件与可能性。二是在这个基础上对研究的目的进行分解和细化，使其具体化，明确研究的主要任务。有些研究，还要在进行较深入的理论研究的基础上提出假说。三是确定研究类型、调查单位和研究单位。四是设计研究的途径和方法，并对调查人员、时间、经费等进行统筹设计。

构思过程要反复、深入地进行文献研究。要紧紧围绕课题边阅读、边思考、边记录、边整理，弄清别人研究了哪些问题，达到了什么水平，还有哪些问题没有弄清，从而找到自己研究的出发点，以及研究任务的重点和难点。在确定分析单位时，要避免发生区位谬误（Ecological Fallacy）和简化论（Reductionism）错误。

区位谬误：又称层次谬误，是一种颠倒和混淆不同层级分析单位的错误。例如，确定以整个社会中自杀现象为分析单位，可是在实际研究过程中，由于客观条件的限制，仅仅只是以大学生这一群体为研究单位。最后结论也是论述大学生自杀现象及其影响因素，调查报告的标题是《社会自杀现象的前因后果——大学生自杀现象的调查研究》，这就是区位谬误。产生这种情况有多种原因。有时是设计分析单位时好高骛远，总想把目标定得高大一些，而在实际研究过程由于客观条件和主观能力的限制，又不得不把分析单位缩小，上例就是如此。此外还有一种情况，有时只是最后结论偏离了实际的分析单位，例如，以城市为分析单位，研究 A、B 两个不同城市人均收入与犯罪率的高低。发现 A 城市人均收入比 B 城市低，并且 A 城市犯罪率比 B 城市高。最后结论却是"收入越低的居民越容易犯罪"。结论中的分析单位变成了居民，而居民只是城市的组成部分。结论可以说从两个城市的人均收入水平看，人均收入低的城市犯罪率更高，却不能说居民收入越低越容易犯罪，也不能说居民收入同犯罪有关，因为整个研究过程的分析单位是城市而不是居民。

简化论：又称简约论、还原论。它同上面的层次谬误相反，其错误在于它实际研究的对象，即分析单位只是个别的或低层次的现象，而最后却作出整体的、更高层次的结论。如果说层次谬误是把整体的特性视为它局部的特性；那么，简化论则是把局部的特性视为整体的特性。例如，从整体看，某一群体中高学历人群的收入一般比低学历人群的收入高，但我们不能由此推论：这一群体中张三的学历很高，收入一定很高。我们也不能由此推论：这个群体中每个学历高的人收入都更高。因为凡是以人群为分析单位，它的结论不能以个人为分析单位。因此，在设计方案时，必须认真研究并找到适宜而可行的分析单位，并使研究过程的分析单位与最后结论保持一致。

2. 调查方案撰写阶段的工作及其方法

撰写调查方案，首先要弄清调查方案的基本结构。由于课题的来源、性质、类型不同，调查方案的结构和写法各异。一篇完整的调查方案大都由以下部分构成：

（1）阐述选题的目的和意义。弄清选题的目的和意义是开展课题研究的前提条件。它是调查方案开头必写的内容。一般有繁简两种写法。繁的写法主要用于较大型、复杂的课题。一般要写明以下三项主要内容。第一，提出研究课题的名称，说明研究的目的，即主要解决什么问题。第二，介绍选题背景，以及目前国内外研究现状，研究工作现在达到的水平及发展趋势，有哪些问题尚待深入研究。有时，还要说明研究的理论依据，要求对现有研究文献资料进行综述，并列出参考文献。第三，说明课题研究的意义。对意义的分析通常要从两方面展开：一是分析说明理论价值，例如说明它可以澄清哪些不正确的认识，弄清哪些还不清楚的关系等；二是分析说明它的实践价值或应用价值，例如证明它可以为某项决策提供依据，为某项改革提出对策，为企业改善经营管理或市场营销提供建议等。简的写法，用于不复杂的小型调查活动。写这类调查方案中的目的、意义不必对国内研究现状、研究背景作全面介绍。无论是繁写或简写。最忌穿靴戴帽，华而不实，大话连篇。

（2）分析课题研究内容和提出假设。这是调查方案的主体部分，主要有两个方面内容：

1）分析目标与任务。即确定研究的内容。由于每个课题的目的不同，具体的目标和任务千差万别。但无论何种内容，都可以采取以下两种方法进行分析：

第一，按研究内容的特征进行分析。一是分析研究对象的基本社会特征及其分布状况，或者说是研究对象的基本属性、基本情况。如个人的性别、年龄、婚姻状况、受教育程度、收入、职业、职务以及这些特征的分布或构成状况等；群体家庭的规模、结构、收入以及分布或构成状况等；组织或单位的规模以及分布与构成状况等；社区的环境、气候、土地、人口以及分布或构成状况等；事物的种类、品质、数量以及分布与构成状况等。不同研究目的和研究类型，对需要调查和掌握的研究对象的基本特征的项目、数量、深度是不同的，要慎重选择。二是分析研究对象的心理特征及其分布状况。主要指研究对象的态度、意见以及认识状况，通过态度、意见和认识及其结构状况的调查，可以间接了解研究对象的观念、信仰、动机、行为偏好、品格、个性、知识能力、文化素养等，获得关于研究对象内心活动的各种资料。三是分析研究对象的行为特征及其分布状况。这里的行为是指研究对象的外部行动，或者说是人、群体、组织、社区等分析单位之间的交互活动。它包括过去的活动、现在的活动以及未来可能发生的活动等。任何行为，都是人的有目的活动，都表现为一种过程。人的活动过程包含目的、内容、特点、时间、地点、人物、事件、原因等因素。要调查研究对象的行为，必然要了解这些因素及分布状况。四是分析以上三类特征及其分布状况的相互关系。例如，研究不同性别的人对某种商品的行为偏好及消费特点，首先就要弄清某一群体中的性别特征等基本状况；其次要一一调查他们对某一商品的偏好状况、消费特点；最后弄清各种偏好、特点的相互关系以及影响因素等。

　　第二，按研究内容的层级可以对研究对象的各种特征和关系进行分解和细化。使研究目的由抽象走向具体。在调查方案中；一般只要求将目的分解为目标和任务，为下一阶段设计调查指标和问卷测试题打好基础。分析的基本方法仍然是在充分阅读和研究文献资料的基础上进行发散和收束思考。例如，有一项调查的目的是研究"中国妇女社会地位"，首先围绕这一目的，收集和阅读大量文献资料后，通过发散思考，就有了各种与"中国妇女社会地位"有关的具体问题。然后通过比较，又从这些散乱的问题中归纳出了与中国妇女社会地位关系密切的最主要的八个方面的内容：法律权利、生育与健康、教育、劳动就业、社会参与和政治参与、婚姻家庭、自我认知与社会认同、生活方式。这八个方面就是研究的目标。接着再对这个八个方面一一进行分析。例如，围绕其中的教育权利，再查阅文献资料，通过发散思考一一列出与妇女教育权利有关的种种问题，再通过收束思考，将研究妇女教育权利这一目标，细分为四项具体的研究任务：一是调查研究女性人口认字率、平均学龄和文化构成；二是调查各级各类学校女性在校生、毕业生、流失生的人数和比重；三是调查职业和普通高等院校分学科女生人数和毕业生分配情况；四是调查男女生接受成人教育的情况。这些就是由目标分析和细化而来的具体任务[①]。有了这个基础，下一步就可以据此制定调查指标、设计问卷测试题。

　　2）提出理论假设。不是每一类调查方案中都必须要有理论假设，探索性调查、描述性调查都可以没有理论假设，解释性调查方案一般应提出明确的理论假设。假说，是对研究对象的内在和外在各因素的相互联系在调查前进行的初步推断，它是在别人或自己已有研究成果的基础上，通过分析、推导提出的需要经过进一步验证的观点和主张。提出假说，要求事先进行比较

---

　　① 陶春芳、蒋永萍：《中国妇女社会地位概况》，中国妇女出版社，1993 年。

全面、深入的文献研究和初步的调查研究。例如，一个打算以"城市青少年犯罪"为课题的研究者，当他阅读了大量文献后发现，城市人口密度和青少年犯罪具有相关性，于是他决定对此进行解释性调查研究，探讨城市人口与青少年犯罪的关系。为了使这个主题集中、突出，他通过进一步研究后提出了这样一个假设："一个城市的人口密度越高，则该城市的青少年犯罪率就越高"。整个课题从方案设计到实施都紧紧围绕证明这一假设开展。提出假设一方面要慎重，切不可违背已证实的科学原理和客观存在的事实，要使假设建立在可靠的理论和事实的基础上；另一方面又不要过于谨小慎微，把提出假设神秘化。只要认真学习和借鉴前人和别人的研究成果，充分发挥自己的想象力和创造力，不难提出合理的假设。

假设按其内容的多少可分为三类：一是一元假设（X），指对某一社会事实的单义判断，如"大部分独生子受到家庭的娇惯"；二是二元假设（X→Y），指对某一社会事实与另一社会事实之间关系的判断，如"城市人口密度越高，犯罪率也就越高"；三是多元假设（X→$Y_1$→$Y_2$→$Y_3$ 或 X→Y→Z），指对某一社会事实与另外两个或更多的社会事实之间关系的判断，如"青少年犯罪的原因主要有：家庭教育不当、社区环境不良、结交了不良伙伴"，"缺乏社会整合性，会导致精神沮丧，精神沮丧的人会产生行为偏差"。

假设按表达方式又可分为三类：一是函数式，即"Y 是 X 的函数"，例如"个人理想的子女数目，会随着自己教育程度的提高而递减"。二是条件式，即"如果有 X，则有 Y"，例如"不良家庭的子女具有较高的犯罪率"。三是差异式，即"如果 X 不同，则 Y 不同"，例如"不同职业的人，其时间的分配结构也不同"。

（3）确定分析和调查单位、调查范围和抽样方案。对调查研究目的进行分析和细化后，分析单位也就确定了。所谓分析单位，就是研究问题所涉及的主体。例如研究"中国妇女的社会地位"，"中国妇女"就是分析单位。但应该注意的是，目标任务的层次性，决定了分析单位在同一课题内的不同层次并不是相同的。如前面例子中关于"中国妇女的社会地位"研究的四项任务中，第二项任务的分析单位是"各级各类学校女性在校生"；第三项任务的分析单位是"职业和普通高校分学科的女生"；第四项任务的分析单位是接受"接受成人教育的女生"。这些分析单位都是课题总体"中国妇女"这一分析单位的下属组成部分。在研究中一定要严格区别分析单位的层级关系，避免犯层次谬误。

调查单位和调查范围，不仅是由调查研究的目的、类型决定，而且同采用什么调查方法和测量工具有关。一般来说，采用问卷调查方法比采用定点观察、个案访谈等调查方法所调查的对象要更广。

　　无论是问卷调查还是观察、访谈，都要重视抽样方案的设计。所谓抽样就是采用科学方法选取调查对象，这是调查中十分重要的工作。在调查方案设计中并不需要完成抽样工作，但要弄清以下几个问题：一是调查对象的总体是什么，将从怎样的总体抽取样本；二是采用什么抽样方法和程序进行抽样；三是样本规模多大和对样本准确性程度的要求如何，为下一步完成抽样工作制定总的方向和原则。

　　（4）说明调查资料的收集方法和分析方法。社会调查的资料收集方法，大致可分四大类：问卷法、访谈法、观察法、文献法。问卷法又有自填、代填、上门填答、集中填答、邮寄填答、网上填答等方式。访谈法有当面访谈、电话访谈、网上访谈、个别访谈、群体访谈、组织访谈等方式。观察法有定点观察、跟踪观察、实地观察、通过仪器或其他手段间接观察等方式。选择什么方式和方法，要根据调查目的、调查要求和实际情况决定。

　　分析方法包括资料的处理方法与分析研究方法。资料的处理方法有人工登录、清理数据、录入计算机以及制作统计表和统计图等。分析方法有定量分析法、定性分析法以及定量定性相结合分析法；定量分析又有单变量分析法、双变量分析法、多变量分析法等。在调查方案中应选择研究中将采用的主要分析方法以及说明大体的分析过程和分析要求。

　　（5）组建调查队伍和调查人员的安排与培训。一支好的调查研究队伍是完成调研工作的根本保证。队伍的规模、人员的素质和结构都要与研究任务的性质、大小、难易相适应。每个调查人员都应有明确的分工。有些调查工作在调查前应进行必要的培训。培训工作应专门制订计划，写明培训目的与要求、任务与内容、方式与方法以及时间安排与考核办法等。

　　（6）制定工作进度和经费筹集与使用计划。一般调查工作都要经过调查准备、实施调查、资料整理、分析研究、总结和撰写报告等阶段。方案要从实际出发，对每个阶段的时间作出明确、具体的安排。任何一项调查研究工作都需要一定的物质条件，必须筹集必要的经费。经费来源通常有上级或委托单位的拨款、社会捐助、自筹等途径。经费使用要有计划，方案中可用表格方式将各种开支一一列出。

## 二、案例评析

### 【案例2.1】

#### 如何写背景、目的和意义

　　"××市未成年人成长环境调查"是一项兼有描述性调查和解释性调查

性质的课题。它对背景、目的和意义的表述比较规范，现略加删改引用如下[①]：

## （一）选题的背景、目的和意义

### 1. 选题背景

目前我国 18 周岁以下的未成年人约为 3.67 亿人，他们的成长状况关系着国家和民族的前途和命运。未成年人的健康成长及其成长环境问题，一直是党、政府和社会各界关注的重要问题。随着市场经济发展和社会结构转型，未成年人成长环境发生了巨大变化，如何创造良好的社会环境，促进未成年人健康成长，已成为党和政府当前工作的重要课题。

2004 年 2 月，党中央和国务院《关于进一步加强和改进未成年人思想道德建设的若干意见》，就新形势下如何进一步加强和改进未成年人思想道德建设提出了指导性意见。同年 5 月 31 日，国家主席胡锦涛在一次座谈上指出："要充分发挥学校、家庭、社区的作用和共青团、少先队、妇联、工会等组织的优势，努力探索和把握做好新形势下未成年人思想道德建设工作的规律，把加强和改进未成年人思想道德建设的各项要求真正落到实处。"由此开始，社会各界关于未成年人思想道德建设的讨论不断展开，如何全面、科学地认识未成年人健康成长及其成长环境状况，如何建构有效的测量、评估体系，已成为促进未成年人健康成长亟待解决的现实课题。

当前，我国未成年人违法犯罪现象日益突出，关于未成年人自杀、堕落等新闻屡见报端。这表明，在我国庞大的未成年人群体中，一小部分未成年人在成长过程中出现了严重问题。因此，政府有关部门、有关研究机构和社会各界都迫切希望得到关于未成年人健康成长及其环境状况的第一手资料，比较详细地了解成长环境因素对未成年人健康成长的影响，以制定有针对性的社会政策，开展有效的社会预防研究。本研究主题，就是应此需求而产生的。

### 2. 研究目的

目前，未成年人健康成长及其环境研究存在两点不足：一方面，对未成年人健康成长状况应当从哪些方面测量评估处于模糊状态，缺乏一套科学测量的指标体系。另一方面，对于未成年人健康成长环境的研究往往局限于某一方面或几个方面，而对环境应该包含哪些内容、每一项内容的影响如何，尚无系统科学的探讨。目前，国内有关"未成年人健康成长"和"未成年人成长环境"的研究虽然不少，但还不够系统和具体，特别是对两者进行科学测量的指标体系在国内尚属空白，致使未成年人成长环境优化方案一直悬而未决。

---

① 水延凯：《社会调查案例教程》，中国人民大学出版社，2008 年。

　　为了弥补上述欠缺，本研究的目的是：全面、准确收集与未成年人成长状况及其成长环境有关的各类数据，系统了解影响未成年人成长的环境因素，探讨其内在联系，进而建构监测评估未成年人健康成长与成长环境的指标体系，将监督评估标准和预警机制定量化、操作化，期望营造有利于未成年人健康成长的环境，促进未成年人健康成长。此外，还希望通过本研究，使政府相关部门和社会各界对未成年人健康成长和成长环境状况有进一步了解，从而促使人们更加关心未成年人健康成长和成长环境建设，并制定有针对性的政策措施。

　　3. 选题意义

　　首先，本研究对"未成年人健康成长"和"未成年人成长环境"这两个概念的含义、内容、范围作出了科学界定，让人们比较清晰地了解了它们的具体内容和确切含义。

　　其次，通过本研究，一方面可以认识当前未成年人成长状况，发现哪些个体因素是健康向上的，哪些个体因素是需要改正和加以引导的；哪些个体因素将促进未成年人健康成长，哪些个体因素会妨碍未成年人健康成长。另一方面可以认识当前未成年人成长环境状况，发现哪些环境因素对未成年人健康成长有利，哪些环境因素对未成年人健康成长有害；哪些环境因素将促进未成年人健康成长，哪些环境因素会妨碍未成年人健康成长。

　　再次，通过本研究，可以有针对性地提出相关建议，对出现不良个体特征的未成年人采取相应的矫治和帮扶，采取有效措施促进未成年人健康成长环境因素向好的方面发展，阻止那些阻碍未成年人健康成长的环境因素继续恶化，并促使它们向好的方面转化。

　　最后，可以检验政府相关部门关于未成年人成长政策的有效性和实用性，为制定、完善未成年人成长的有关政策提供科学参考。

【案例2.1评析】

　　弄清调查课题的背景、目的、意义，就是为整个调查研究工作确定方向、路线和基调。其表述方式可以不同，有时可以合在一起写，而这里采用的是分条逐项表述的方法，显得内容完整、条理清晰而有说服力。"背景"通过对具体环境条件的描述说明了现实需求和研究的迫切性；"目的"通过对现实研究工作存在的问题的分析说明为了满足这种需求，必须解决的主要问题；"意义"分四层意思说明了解决这些问题的理论和实践价值。三方面内容层层相关，有特点、有新意，不是空话、大话、假话。不足的是文字上还可以简略些。"意义"的说明，应该突出重点。

## 【案例2.2】

### 两种提出假设的过程和方法的比较

第一个实例是袁方教授主编的《社会调查原理与方法》一书中举的假设操作化的例子：

一项课题要研究"为什么近来家庭关系和亲属关系越来越淡漠"，其中一个研究假设是"工业化的发展导致亲戚关系的淡漠"。对"工业化"这一概念的度量有多种指标，如：①"工业生产总值"；②"人均收入"；③"人均汽车拥有量"。对"亲戚关系"可用：①"每年走亲戚的次数"；②"亲戚之间互助行为的多少"；③"亲戚之间经济关系的强弱"等项指标来衡量。如果这些指标确实反映了概念的内涵，那么研究假设中所说明的概念之间的关系也必然会存在于指标之间。例如，如果研究假设说明两个概念之间有相关关系，那么由此推导的具体假设就要说明两个概念之间更具体的相关关系，推演出的具体指标之间也具有相关关系。

研究假设：工业化程度愈高，亲戚关系愈淡漠。

具体假设：

（1）工业产值愈高，每年亲戚见面次数愈少。

（2）人均收入愈高，亲戚间经济联系愈弱。

（3）人均汽车拥有量愈高，亲戚间互助行为愈少。

（4）工业产值愈高，亲戚间经济联系愈弱。

……

第二个实例是上述"××市未成年人成长环境调查"课题提出假设的操作化过程，其他部分略，只引假设部分：

### （二）研究假设

按照社会化理论，人的成长过程能否顺利展开与完成，与社会环境和个体特征有关。个体特征是个人成长的基础，社会环境则是个人成长的外在条件，两者共同决定着未成年人的成长状况。由此可见，社会环境如何，对未成年人的健康成长有着至关重要的影响。

当前，我国未成年人成长面临的社会环境良莠不齐，它们对未成年人成长既有正面影响也有负面影响。本研究的基本假设是：成长环境对未成年人成长具有巨大的影响作用，成长环境好坏与未成年人成长呈正相关关系。根据对相关研究文献的考察和分析，特别是"2000年××市未成年人成长环境调查"的结论，本课题组认为，未成年人成长环境可分为四个方面，即家庭环境、学校环境、社区环境和友群环境。因此，我们依次提出以下四个分假设：

假设一：家庭环境好坏与未成年人成长呈正相关关系。家庭环境越好，越有利于未成年人健康成长；家庭环境越差，对未成年人健康成长负面影响越大。

假设二：学校环境好坏与未成年人成长呈正相关关系。学校环境越好，越有利于未成年人健康成长；学校环境越差，对未成年人健康成长负面影响越大。

假设三：社区环境好坏与未成年人成长呈正相关关系。社区环境越好，越有利于未成年人健康成长；社区环境越差，对未成年人健康成长负面影响越大。

假设四：友群环境好坏与未成年人成长呈正相关关系。友群环境越好，越有利于未成年人健康成长；友群环境越差，对未成年人健康成长负面影响越大。

## 【案例 2.2 评析】

以上两个例子提出假设的过程和方法基本相同，而且并不复杂。操作过程都有两个步骤：一是论述提出假设的依据；二是明确提出假设。任何假设都是对两个和多个概念之间关系的判断。因此要提出假设就必须根据已有的成熟理论或者已证明的观点，逐层弄清相关概念的内涵与外延。第二个例子首先根据社会学的社会化理论，提出社会环境对未成年人的健康成长具有巨大影响这一基本假设；接着又根据 2000 年的一项调查结论，对"未成年人环境"这一概念进行了划分，最后则从这一概念的四个方面提出了四个分假设。不同的是，第一个例子没有点明依据的是什么理论或研究结论，而是直接对"工业化"、"亲戚关系"两个概念进行了划分。但实际上这种划分都是有根据的，只是省略了而已。两个案例都说明，提出假设时一定要处理好总的研究假设与具体的分假设之间的关系。

## 【案例 2.3】

### 课题方案中的内容设计

"××校大学毕业生就业质量及影响因素调查"是一项描述性的课题。没有提出假设。分析单位是"××校大学毕业生"，调查单位包括"××校大学毕业生"和××校毕业生特定"用人单位"。下面是这项课题方案的

"研究内容"部分。

根据本项研究的目的和任务，方案规定拟从两个方面对××校毕业生就业质量进行测评。一是通过问卷和访谈直接向毕业生调查，获取他们对就业质量及其影响因素的评价信息；二是通过问卷和访谈，间接向用人单位调查，获取××校毕业生就业质量及其影响因素的信息。具体设计如下：

（一）毕业生对就业质量及其影响因素的评价

1. 对就业质量评价的模式

经过对现有文献资料的研究，大学生就业质量评价模式虽然很多，但以柯羽的研究比较成熟，且易于操作。对此我们已在文献综述中介绍。其不足之处是他只抓了一些核心内容，还有一些比较重要的内容被忽视。参考其他人的研究，我们认为有必要补充一些辅助性因素。为此，我们设想的测评模式是由核心评价内容和辅助性评价内容共同构成的（见图2-1）。

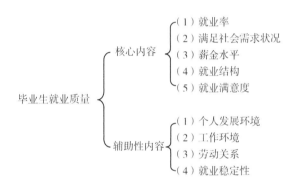

图2-1 大学毕业生就业质量评价模式

其中，核心内容有五项：就业率指毕业时的初次就业率和毕业年度的年终就业率；满足社会需求状况指满足不同层次的单位和不同层次岗位的就业生比例以及专业对口的就业生比例；薪金水平指初始就业时的起薪水平和毕业年度的年终薪金水平；就业结构状况指不同性质单位的就业生比例、自主创业生比例、不同地域就业生比例以及到西部、基层和欠发达地区的志愿者比例；就业满意度指个人、家庭、用人单位对毕业生就业的满意程度。辅助性内容共四项：个人发展环境指就业单位的发展前途、个人晋升机会、培训和学习机会以及工作岗位与个人能力和兴趣的适应度；工作环境指用人单位声望、用人单位文化、用人单位人际关系以及用人单位生活保障和安全条件等；劳动关系指劳动合同签约状况、表达个人意见的渠道、个人民主权利的保障以及工会组织状况等。

2. 对就业质量影响因素评价的模式

毕业生对就业质量影响因素的评价，可设计为五个方面：综合因素、个人因素、学校因素、家庭因素、社会因素。综合因素指毕业生对各方面影响因素重要程度所作的总体评价；个人因素包括学生对个人智力、非智力因素以及其他各种个人因素对就业质量影响程度的评价；学校因素包括学生对学校的形象与声誉、就业指导与服务工作、教育质量与教学水平、教师队伍、管理工作等对就业质量影响的评价；家庭因素包括学生对家庭经济状况、社会关系、住所、主要成员状况等对就业质量影响的评价；社会因素包括学生对国家经济形势、就业方针和政策等对就业质量关系的评价。

（二）用人单位对大学毕业生就业质量及影响因素的评价

用人单位对就业质量评价模式与毕业对就业质量评价模式的基本框架相同，但具体指标不同，提问的角度也不同。问题的数量少一些，更集中一些。用人单位对大学生就业质量的评价有两方面的含义：一是指对学校毕业生总体就业质量的评价，如在同一单位内不同层次的岗位所聘用的不同学校毕业生的比例，它就是学校毕业生总体就业质量的反映；二是指毕业生本人在工作中表现出的能力和素质的质量。因为用于对毕业生的调查不宜要求学生对自己在工作中的表现进行评价，所以在毕业生填写的问卷中不设计这方面的试题。对用人单位的调查正是为了弥补这方面的不足。

用人单位对影响因素的评价拟改为"对提高毕业生就业质量的意见和建议"的调查。这是变换一个角度了解用人单位对影响毕业生就业质量的看法。调查结果对学校加强人才培养和职业教育无疑有很重要的作用。

【案例 2.3 评析】

设计调查方案中的内容，关键是要善于围绕调查目的，将目的逐层分析和分解为具体的可操作的目标和任务。分析和分解得是否正确、合理、可行，全凭设计者的学识和见识。设计前一定要全面、系统地搜集和研究有关文献资料，集思广益，通过讨论、访谈等方式认真听取大家的意见，都是增长学识和见识的好方法。

# 【案例2.4】

## 个案访问和长期观察型调查课题方案的设计

本案例取自美国社会学家 H. 贝克尔在 20 世纪 60 年代所做的一项调查研究①。虽然写得非常简略，但主要事项无一遗漏。可供进行定性研究的调查课题设计方案时参考。

### 美国城市中吸食大麻者的研究

1. 调查目的：通过对吸毒者的调查建立一种"如何成为吸毒者"的理论。这一研究对了解吸毒者的情况并制定政策和措施以解决这一社会问题具有现实意义，对于认识越轨行为的产生过程有普遍的理论意义。

2. 理论假设：心理学家常以个人心理特征来解释越轨行为。但本研究的设想是：越轨行为的产生是人的一系列社会经历连续作用的结果。人们在这些社会经历中逐渐形成了一定的观念、认知和情景判断，它们导致了特定的行为动机和行为倾向。因此，应当以个人的社会经历来解释越轨行为。

3. 研究类型：描述性研究、纵贯研究（追踪研究）、个案研究、理性研究。

4. 调查方式：实地（个案）研究。

5. 调查方法：无结构访问法、长期观察。

6. 资料分析方式：定性分析、主观理解法。

7. 调查范围：美国某一城市。

　　分析单位：个人

　　抽样单位：个人

8. 抽样方案：以所认识的几个吸毒者为首批调查对象，然后由这些吸毒者介绍他们所认识的吸毒者，再调查第二批、第三批……共调查 50 人。（这种抽样方法为非概率抽样中的"滚雪球"抽样）

9. 调查内容：询问吸毒者的吸毒经历：如何开始，中间经历了哪些过程，现在是什么状况；吸食量开始时多少，中间是多少，现在是多少；都是什么感受，是否想过戒毒，都受哪些因素影响才开始吸毒的；等等。

10. 调查提纲：根据以上内容自由交谈，无调查表格。事后根据录音或回想做详细的访谈记录。

11. 调查场所：由被调查者选择他们认为合适的场所和时间接受访问。

12. 时间计划：在第一次访问之后间隔几个月或半年后再访问一次，共

---

① 袁方：《社会研究方法教程》，北京大学出版社，1997 年。

访问两次或三次，调查时间大约一年半。

13. 调查经费和物质手段。（略）

14. 调查员：课题组有 3 人，每个人负责自己的调查对象。

贝克尔在调查研究报告中对 50 个个案的共同特征进行了归纳，概括出成为吸毒者必经的三个阶段：①学习吸食大麻的方法；②学会体验吸食大麻的效果；③享受吸食效果。他由此抽象出三个相互联系的理论概念：接触—体验—享受。这三个概念可描述许多越轨行为的产生过程，并且可以建立一种"社会习得"理论，以此来反驳某些心理学家用"个性"理论或"先天倾向"理论对越轨行为所做的解释。

【案例 2.4 评析】

　　采用问卷调查的课题，往往要同时进行一些个案调查。个案访问具有开放性，不受试题封闭式答案的束缚，被访问者能自由发表意见，因此，获取的材料往往更丰富、深刻、生动，常常是对通过问卷获得的调查结果的补充、印证与深化。对有些不宜采用问卷调查方法的课题，如对吸食大麻者的调查，采用个案跟踪访问则是最好的方法。

# 三、能力训练

## （一）调查类型、分析单位和调查单位辨析训练

（1）根据调查目的，分析说明以下课题属哪种类型的调查。

1）某市正在试行一项新的"农转非"政策。试行中有一些不同意见。为了弄清大家到底有哪些意见，决定分别对市民和专家两个群体进行调查。

2）为了对我国未来一段时间经济和社会发展进行规划，国家决定对全国人口的各种基本特征进行全面、准确的调查，弄清全国人口年龄、性别、职业、文化程度、民族、婚姻状况等方面的分布状况。

3）随着我国社会经济发展，青少年犯罪现象明显增多。为了弄清这些现象产生的原因，某课题组通过文献研究后提出一种多因一果的假设，认为现阶段处于社会转型期，社会大环境的急剧变化、青少年人口数量的增长以及预防青少年犯罪工作的缺乏等方面的综合作用，才是造成青少年犯罪增多的原因。

（2）分析说明下列课题的分析单位和调查单位。

1）某课题通过对若干民营企业的调查，描述了中国民营企业在 2008 年

世界经济危机环境下的发展情况，通过统计分析了中国民营企业的总营业收入、净利润、净资产收益率等各项经济指标，并把这些数据进行聚合和处理，从整体上描述和解释了中国民营企业的经济发展状况。

2）某市为了编制城市绿地系统规划，委托某单位分别对城市现在的绿化状况、市民和专家对绿化的意见进行了调查。

3）智能建筑是一种更智慧、更节能、更舒适的新型建筑。在国际上，智能建筑的发展趋势是调动一切技术构造手段来达到低能耗、减少污染、可持续性发展的目标，依据人体对环境在生理、心理上的反应，创造健康舒适而高效的室内办公环境。某课题组通过文献研究以及对一些专家和市民的调查，弄清了智能建筑的特点和价值以及在我国的发展前景与发展对策。

4）为了了解大学中 MP4 的销售情况，评估行销环境，制定营销策略，某课题组决定对某三所大学在校学生进行抽样调查。

## （二）层次谬误与简化论错误辨析训练

（3）指出以下研究者存在的问题及其原因。

1）一位研究者提出以下假设：人的个性是社会发展的原因，如果一个国家中的个人具有看重成就的个性，那么这个国家就会发展。于是他到世界各地调查了少数人的个性。最后他宣称自己证明了第三世界国家之所以贫穷落后、社会不发达，其原因就是这些地方的人具有不重成就的个性。

2）有研究者在两个规模相当的小城镇做调查，发现甲城镇高收入居民的比例超过 50%，远远高于乙城镇高收入居民的比例，同时发现甲城镇中居民拥有摩托车的比例远远高于乙城镇中居民拥有摩托车的比例。于是他得出结论："收入高的居民更可能拥有摩托车。"

3）有人对某校两个班级学生的学习成绩及其影响因素进行了调查。发现 A 班学生平均学习成绩低于 B 班；A 班学生平均玩游戏机的时间高于 B 班。他由此得出结论：经常玩游戏机的学生的成绩低于不玩游戏机的学生的成绩。

（4）指出下列调查报告标题存在的问题。

1）当前我国城市居民生活质量现状及其影响因素

——××市××企业的调查

2）现代家庭暴力事件的增长及其原因

——××市妇女地位状况调查

3）通俗歌曲对大学生的影响

——××大学学生文娱生活状况调查

## （三）调查课题内容的具体化训练

（5）分析说明下列争论为什么没有结果，到底应该怎样测评"家庭权力"？通过查阅文献，先对"家庭权力"进行界定，然后对包含的内容进行分析。

### 家庭权力的争论

在社会调查课上老师提了一个问题：请大家凭借往日的观察和了解，判断在家里到底是父亲权力大还是母亲权力大？老师还提出了一个要求，仅说谁的权力大没有说服力，在给出答案之前要先说说是凭什么作出的判断，并且其他同学也可以批驳。

学生们讨论得非常激烈，先让我们来听听他们的争论吧：

A：在我们家，家里什么事情都是母亲说了算，父亲从来不管，所以母亲地位高。

B：我不这样认为。什么事情都是你妈妈管，也由你妈妈去做，父亲一点都不管，你说是权力大还是没权力啊？要是我的话，我宁愿不要这种权力，那么辛苦！我觉得我们家什么都爸爸管，妈妈乐得清闲。

C：在我们家吧，一般的事情母亲管，但是大事情都是父亲管，那你们说我父亲权力大还是我母亲权力大？我也弄不明白了。

D：我家妈妈权力大，爸爸每个月都把工资交给妈妈，妈妈掌管一切经济大权，那权力还不大啊？

E：像我们家妈妈管钱，但是这些钱却很少是花在妈妈身上啊！爸爸买的东西都比妈妈的贵。我甚至还发现了一个秘密：我爸爸有一个小金库呐！你说谁的权力大啊？

F：那就你的意思是要看谁的权力大，先得统计一下谁花了多少钱啰？这怎么统计得清楚啊？

G：我觉得你们都想得太复杂了，想要知道谁的权力大，问问当事人自己不就得了？

H：那在我们家就麻烦了，你要是去问我妈，她肯定会说家里她最有权；但你要是问我爸，他也说他的权力大啊。你怎么判断谁的权力大啊？

……

同学们争得不可开交，但谁都没法说服谁。

（6）请每位同学从以下课题中选择 1~2 道题，通过查阅文献，对课题主题涉及的主要概念（见每题下加了横线的词和词组）进行分析，列出概念包含的主要内容。

1）某市公共交通满意度调查；

2）高职生就业能力调查；

3）高职大学生就业压力调查；

4）高职大学生就业状况调查。

（7）下面是一项名为"高职院校大学生思想政治状况及影响因素的调查"的课题要调查的四个目标。根据这些目标查阅文献，开展讨论，分析说明为完成每项目标需完成对哪些内容的调查任务。

目标：

1）基本情况的调查；

2）政治思想状况的调查；

3）人生观和品德情操的调查；

4）影响因素的调查。

（8）利用发散与收束思考方法分析和细化内容。

某位同学选择了"大学生手机偏好情况的调查"课题，查阅资料后，他围绕课题主题进行了初步的发散思考，提出了以下问题。首先请阅读和思考这些问题，进一步采用发散和收束的方法补充一些你认为与大学生手机消费情况有关的问题，然后通过反复的发散与收束思考将它们归纳为相互有逻辑关系的几个大问题，最后指出这几个大问题应该包括哪些具体的内容。

初步发散思考提出的问题：

1）对各种手机品牌的功能、特点、价格、包装的了解程度；

2）购买手机的目的、用途；

3）购买手机的品牌、地点；

4）购买手机的原因；

5）选择手机的服务商；

6）对购买手机价位、色彩和样式的偏好；

7）男生或女生的不同情况；

8）家庭月收入的不同情况；

9）家庭所在地的不同情况；

10）专业和年龄的不同情况；

11）手机月消费中所占比例最大的费用；

12）每月手机消费开支及其占总消费比例；

13）在什么情况下考虑换手机，已换几次手机；

14）如果没有手机是什么感觉；

15）理想手机的标准。

## （四）调查方案写作训练

（9）下面是某学生完成的一篇结构比较完整的调查方案作业，我们删去了其中第四部分，即"调查内容"。请将上面第 8 道训练题的最后发散与收束思考的结果加以修改后填入这个方案中作为"调查内容"，并分析说明这篇调查方案在内容、结构和语言表达方面有何优点和不足，应怎样修改。

### 大学生手机偏好情况调查方案

#### 一、调查背景和目的

随着经济水平的不断提高和移动通信服务的发展，我国的移动通信市场增长迅速，手机日渐普及。作为全球市场容量最大、最有潜力的中国市场，国产品牌手机与外资品牌手机的争夺战也愈演愈烈。在这种大背景下，无收入、无职业却拥有无穷消费潜力的特殊消费群体——大学生手机族，已经成为手机消费市场中一支不容忽视的生力军。购买手机的大学生越来越多，而且更换手机的频率也越来越快，大学生手机市场逐步成为一块新的大蛋糕。因此，企业不再为生产而生产，更多地是为了了解消费者，包括大学生们对手机的各种不同偏好以及他们的消费倾向和各种需求，再根据各自的实力生产出人们更加需要的产品，这样才能在竞争激烈的市场中占据一定的位置，才能获得利润，才能让更多的消费者去信任和购买。所以这次调查主要针对大学生群体对手机偏好方面的调查，了解大学生手机的需求情况及导向。

调查的总体目的是：通过对××市××职业技术学院大学生手机消费情况调查，全面了解大学生手机消费的市场容量及其结构、质量、价格、品牌等内容以及相关市场情况，为手机生产者和经营机构提供相关的市场信息。具体任务是：

1. 研究消费者行为与心理，了解大学生的手机消费情况与习惯。

2. 全面了解大学生对手机品牌、功能、款式等各方面的要求。

3. 理论与实际相结合，在市场调查过程中学会发现问题、分析问题，解决问题，提高各个方面的能力。通过深入市场营销实践，初步学会运用市场学的理论进行市场调查和分析，得出结论并提出建议。

#### 二、调查类型、范围、对象和单位

调查类型：描述性社会调查

调查范围：××职业技术学院在校大学生。

调查对象和分析单位：这次调查所要分析和描述的是大学生手机偏好的情况。分析单位是个人。该调查是以××职业技术学院在校大学生为调查总体。在校大学生将成为本次调查的对象。

三、调查内容（略）

四、调查抽样

为了准确、快速地得出调查结果，此次调查决定采用分层随机抽样法：先按其住宿条件的不同分为两层（住宿条件基本上能反映学生的家庭经济条件）——公寓学生与普通宿舍学生，然后再进行随机抽样。

调查人数200人，大一和大二分别占50%，大一的公寓学生和普通宿舍分别占50%（公寓：男生和女生各25人；普通宿舍：男生和女生各25人）。大二与大一分法相同。

五、调查资料的收集方法和分析方法

（一）收集方法

主要采取问卷调查方法，同时采用文献资料研究方法和访问方法。

（二）分析方法

把收集到的资料加以整理，录入计算机，运用SPSS统计软件采取统计描述的方法对调查资料进行定量分析。

六、调查人员的组成及调查人员的组织与培训安排

（一）调查人员的组成

参加此次调查的成员及分工如表2-1所示。

**表2-1　调查组的成员分工**

| 姓名 | 职务 | 联系电话 | 具体分工 |
|------|------|----------|----------|
| ×× | 组长 | | 负责调查方案设计、总进度安排和负责调查报告撰写 |
| ×× | 副组长 | | 负责问卷设计 |
| ×× | 组员 | | 负责抽样方案设计 |
| ×× | 组员 | | 负责抽样实施及问卷回收 |
| ×× | 组员 | | 负责问卷的录入、整理、分析 |

（二）对调查员的要求与培训安排

1. 对调查员及从事调查时的要求。

a. 仪表端正、大方。

b. 举止谈吐得体，态度亲切、热情。

c. 具有认真负责、积极的工作精神及职业热情。

d. 访员要具有把握谈话气氛的能力。

2. 培训。

培训必须以实效为导向。本次调查其人员的培训决定采用举办培训班、集中讲授方法。针对本次活动聘请有丰富经验的调查人员面授调查技巧、经

验。并对调查人员进行思想道德方面的教育，使之充分认识到市场调查的重要意义，培养他们强烈的事业心和责任感，端正其工作态度、作风，激发他们对调查工作的积极性。培训时间定于××年×月×日。地点：××教学楼××教室。

七、调查地点及时间进度

（一）调查地点

××职业技术学院大一和大二学生寝室。

（二）调查时间安排

1. 选题阶段：调查课题的选择与论证。2011 年 3 月 10 ~ 15 日。

2. 准备阶段：完成以下各项工作：查阅和收集相关文献资料、拟定和设计详细的调查方案、召开第一次课题组成员会议、组织实施探索性调查、召开第二次课题组成会议、设计问卷、选择部分人进行问卷试调查、抽样设计等。2011 年 3 月 16 日 ~ 4 月 10 日。

3. 调查阶段：挑选和培训调查员、抽取调查对象、进行问卷调查、收集、资料、运用 SPSS 系统软件对调查结果进行初步整理。2011 年 4 月 11 ~ 25 日。

4. 分析阶段：运用统计软件对收集的信息进行分析。2011 年 4 月 26 ~ 30 日。

5. 总结阶段：撰写调查报告，并进行评估。2011 年 5 月 1 ~ 8 日。

八、调查的经费使用计划和物质准备

（一）经费使用计划

表 2 - 2　调查经费使用计划

| 开支项目 | 经费 |
| --- | --- |
| 1. 文具费、复印机 | ____元 |
| 2. 交通费、餐饮费 | ____元 |
| 3. 调查人员培训费 | ____元 |
| 4. 购买参考资料 | ____元 |
| 5. 被调查者礼品费 | ____元 |
| 6. 调查报告打印费 | ____元 |
| 总计： | ____元 |

（二）主要物质准备

1. 电脑存储设备。

2. SPSS 统计软件。

（10）每个小组首先根据已选定的课题查阅相关文献，然后在每个组员充分准备的基础上进行一次小组讨论，写出调查方案初稿，再次将小组讨论补充完善，最后交老师审阅。

## （五）制定调查方案工作成效测评训练

（11）讨论和制定测评标准和确定实际测评事项。

**表 2 – 3　制定调查方案工作成效测评标准**

| 序号 | 测评项目与分值 | 测评指标与分值 | 实际测评事项 |
|---|---|---|---|
| 1 | 小组活动（10 分） | （与选题相同） | |
| 2 | 查阅文献（20 分） | （与选题相同） | |
| 3 | 基本方法（20 分） | 1. 正确辨别不同目的调查方案类型在调查方法、理论假设、调查规模、分析方法上的差异（5 分）<br>2. 正确辨别分析单位和调查单位（5 分）<br>3. 掌握使调查内容具体化、操作化的方法（10 分） | |
| 4 | 撰写调查方案（50 分） | 1. 主题正确、集中、鲜明（10 分）<br>2. 逻辑严密、条理清楚、结构完整，各部分内容正确、规范（共 30 分）<br>其中：<br>①目的、意义（5 分）<br>②调查研究范围、对象、分析单位（5 分）<br>③调查内容（10 分）<br>④抽样设计（5 分）<br>⑤其他（5 分）<br>3. 语言准确、简明（10 分） | |

（12）根据以上标准对小组和个人在调查方案设计工作中的成效进行实评，并将成绩交任课老师。

# 第三章　工作过程三：确定测量指标

教学要求：弄清测量的概念及其要素，学会识别测量尺度的层次，熟悉研究课题操作化的含义和内容，了解指数与量表及量表编制的步骤和方法，理解测量信度、效度的含义和两者的联系；能根据自己调查课题的目的要求把课题内容操作化为具体测量指标，并学会把一些测量指标通过相应量表呈现出来。

## 一、知识要点

现代社会调查过程实际上是运用各种测量工具对社会现象进行测量的过程。因此，研究设计的一项重要任务就是将研究课题操作化，把抽象概念转变为具体的可以观测的变量。在本章中，我们将介绍测量的概念及其要素、测量尺度、研究课题的操作化、指数与量表、测量的信度与效度等。

### （一）测量及其要素

对社会现象的测量，就是根据一定的法则，将某种现象或事物所具有的属性或特征用数字或符号表示出来的过程。测量的作用是，它不仅可以对事物的属性作定性说明，而且也能对事物属性作定量说明。对社会现象的测量要比对自然现象的测量困难得多。因为社会测量的对象是人及其活动。测量有如下基本要素：

（1）测量客体，即测量的对象。它是客观世界中所存在的事物或现象，是我们要用数字或符号来进行表达、解释和说明的对象。如我们想测量大学生的就业质量，其中大学生就是测量客体。在测量的四个要素中，测量客体所对应的问题是"测量谁"。

（2）测量内容，即测量客体的某种属性或特征。实际上，在任何一种测量中，我们所测量的对象虽然是某一客体，但所测量的内容却并不是客体本身，而是这一客体的特征或属性。反映这些属性和特征的项目被称为指标。例如，以大学生为测量客体的调查中，要测量的并不是大学生本身，而是他们的性别、年级、所学专业、专业与就业岗位对口程度等属性和反映这些属性的指标。在测量的四个要素中，测量内容所对应的问题是"测量什么"。

（3）测量法则，即将数字和符号分派给测量对象的统一标准。自然现象的测量标准较为确定统一，如温度的测定只有摄氏和华氏两种标准。而社会现象的测量标准则较为复杂多变，不同的研究者往往根据不同的研究对象和目的确定不同的测量准则。社会调查中问卷及各种量表的制作过程实际上就是测量法则的确定过程。例如，在调查西部农村农民的收入时，我们划分了高（月收入 300 元以上）、中（月收入 100 ~ 200 元）、低（月收入 100 元以下）三个档次。而在东部农村调查农民的收入时，我们则要分为高（月收入 1000 元以上）、较高（月收入 800 ~ 1000 元）、中（月收入 600 ~ 800 元）、较低（月收入 400 ~ 600 元）、低（月收入 400 元以下）五个档次。不过，尽管在不同的调查中我们可以根据具体情况确定测量法则，但在同一次调查中所使用的法则必须是统一的。在测量的四个要素中，测量法则所对应的问题是"怎么测量"。

（4）数字和符号，即用来表示测量结果的工具。在社会研究中，研究者的测量结果，许多是用文字来表示的。如性别（分为男、女）、文化程度（分为小学及小学以下、初中、高中、大学及大学以上），尽管这些用文字表达的测量结果在统计分析时都要转换成相应的数字，但这种数字只能作为不同类别的代号进行频数统计，不能进行加、减、乘、除运算。例如，我们常常在社会调查中用"1"代表男性，用"2"代表女性，在这儿我们不能说 1 比 2 小，或男性比女性小 1 个单位。在测量的四个要素中，数字和符号所对应的问题是"如何表示"。

## （二）测量尺度的层次

既然测量是对社会现象的特征、属性等进行测定，那么，由于社会现象的复杂性、多样性，决定了对这些现象的测量尺度也不应是单一的。社会现象本身是质与量的统一。因而测量不仅要对社会现象的数量特征有敏感的反应，同时对于社会现象的质量特征也可以量化。对社会现象的质量特征进行测量，是指所使用的某种测量标志的存在与不存在，如进行教育的调查，对于教育这一现象可按不同教育程度进行分组，看是否接受过某种教育；也可以按受教育的年限进行分组。因此，根据研究对象的不同情况，这就形成了不同层次的测量尺度。在社会调查中，按社会现象的复杂程度和测量的水平，一般把测量尺度从低级到高级分为四个层次：定类测量、定序测量、定距测量和定比测量。

1. 定类测量

按照事物的某种属性对其进行平行的分类或分组，数字仅作为识别或分类目标事物的标签，这样的测量尺度称为定类测量。定类测量是最低层次的尺度。把数字分配给物体或事件，几乎很少有限制，规则很简单，就是把不同的数字分配给不同的物体或事件。如用"0"代表女性，用"1"代表男性。

由于定类测量实质上是一种分类体系，因而必须注意所分的类既要相互排斥、互不交叉重叠，又对各种可能的情况包罗无遗。比如职业分为工人、农民、教师、商人几个类别，那么就排除了这四个职业以外的其他所有职业，没有做到穷尽；如果将职业分为工人、农民、教师、商人、私营企业主、其他几个类别，那么就没有做到互斥性，因为私营企业主从属于商人，两者交叉重叠了。

定类测量的特点是其值只测量了事物类别之间的差别，且各类地位相同，顺序可以任意改变，其数学特征是等于或不等于（＝或者≠）。另外，其计量结果可以且只能计算每一类别中各元素出现的频数或频率。

2. 定序测量

定序测量是对事物之间等级或顺序的一种测量，也叫顺序测量。定序测量的特点是它不仅可以测量类别差（分类），还可以测量次序差（比较优劣或排序），其数学特征是等于或不等于（＝或者≠）、大于或小于（＞或者＜）。但是，由于该尺度值是测量类别之间的顺序，无法测出类别之间的准确差值，所以其计量结果只能排序，不能进行算术运算。例如，将对某一问题的态度按强弱顺序划分为很满意、比较满意、一般、不满意、很不满意五个等级，并用1~5的数字来代表各类。但这时我们仍无法确切地使用数值来说明不同类之间的差别量，因为无法在各个类别之间进行代数运算，无法了解究竟"大了多少"或"小了多少"。我们可以说5（很不满意）的不满意程度要比2（比较满意）高，却不知道在1与2之间的差别量是否与2和3之间的差别量相同，在这里，数与数之间的距离是无意义的，但是排列的顺序不能错位。

3. 定距测量

定距测量也称为等距测量或区间测量。它不仅能够将社会现象或事物区分为不同的类别、不同的等级，而且能确定它们之间不同等级的间隔距离和数量差别。在定距测量中，我们不仅可以说明哪一类别的等级较高，而且还能说明这一等级比那一等级高出多少单位，也就是说，定距测量的结果相互之间可以进行加减运算。如人的智商和温度的测量等都是定距测量。定距测量的特点是每一间隔是相等的，如米尺和磅秤的刻度都是等距的。正因为有了相等的量度单位，就引入了数量变化的概念，如张三的智商为 130，李四的智商为 110，130 – 110 = 20，于是就可以说张三的智商比李四高 20。因而，只有确定了定距尺度才开始真正显示数量方面的差异，但这种测量无绝对的零点，且不能进行乘除运算。所谓无绝对的零点，是指"零"在测量中是人为规定的，如温度、智商、工作能力等。温度等于零并不意味着温度不存在，也不能说温度 80℃ 是 40℃ 的两倍。同样，考试成绩甲为 100 分，乙为 50 分，我们可以说甲比乙的成绩高 50 分，但不能断言甲在这门功课上的能力比乙高一倍。因此这一测量类型所得出的数据只能作加减，而不能作乘除等运算。其数学特征是等于或不等于（= 或者 ≠）、大于或小于（> 或者 <）、加或减（+ 或者 –）。

4. 定比测量

定比测量也称为等比测量或比例测量。它是能够测量两个测度值之间比值的一种计量尺度。其特点是：首先，它与定距测量属同一层次，计量结果也表现为数值；其次，它除了具有其他三种计量尺度的全部特点外，还具有可计算两个测度值之间比值的特点；最后，它与定距测量的唯一差别在于，它有一个绝对的零点。如年龄、教育年限、身高、体重、收入等。在这里，零已具有了实际的意义，它表示"什么也没有"。当"年龄"为零时，表示研究对象不存在。收入为零时，说明对象在收入上"一无所有"。因此，定比测量可以进行加、减、乘、除所有代数运算，还可以计算几何平均数等。

测量尺度的四个层次是由低到高、逐渐上升的。高层次测量具有低层次测量的所有功能，它既可以测量低层次测量可以测量的内容，也可以测量低层次测量无法测量的内容，同时，高层次的测量还可以作为低层次测量处理。比如，定序测量具有定类测量的分类功能，且可以作为定类测量使用。同样地，定距测量具有定序测量的排序功能与定类测量的分类功能，且可以作为这两种测量使用；但反过来则不行。为了进一步清楚地说明这四种测量层次的差别，我们将它们各自的数学特性总结如下（见表 3 – 1）。

表 3 – 1　四种测量层次的数学特性总结

| 数学特性 | 定类测量 | 定序测量 | 定距测量 | 定比测量 |
|---|---|---|---|---|
| 类别区分（=、≠） | 有 | 有 | 有 | 有 |
| 次序区分（>、<） | | 有 | 有 | 有 |
| 距离区分（+、–） | | | 有 | 有 |
| 比例区分（×、÷） | | | | 有 |

## （三）研究课题的操作化

所谓操作化，就是将抽象的概念转化为可观察和测量的具体指标的过程。操作化是社会调查中测量社会现象最关键的环节。操作化的步骤：一是弄清概念的范围，确定概念的性质，或对概念进行定义；二是选择测量方法或工具；三是列出概念包含的内容或维度，设计测量指标；四是检验信息和效果。

1. 概念的操作化定义

操作化定义是指研究者通过使用可供验证和测量的语言对研究课题和研究假设中的概念的特征、性质所做的一种界定，即用一些可观测的项目来说明如何度量一个概念。

在调查研究过程中，无论是课题还是假设都涉及某一类型的社会现象，因而也就包含若干与此现象有关的概念。在进行实际调查时，必须对这些概念进行严格的定义。这是因为，第一，对概念作清楚的界定，使同一研究中的不同调查者都采用相同的标准，就可以避免标准不一造成的混乱。例如，我们要调查武汉市青年公务员的生活方式，就必须明确：我们研究的是武汉市而不是其他城市；我们调查的公务员而不是其他类型的职工；青年人指的是 18～35 岁的成年人。这样就可以保证调查对象的统一。第二，对概念作明确的规定，可以提供比较与交流的可能。在调查研究中，我们通过操作化定义把概念具体化，当研究者之间产生分歧时，只要遵循相同的操作原则，就可以比较不同的操作所导致的不同结果。如"青年"这一概念，不同国家或不同的研究者对它的年龄界定是有区别的，所以，我们在对"青年"定义时，必须说明在此次研究中的青年是指从多少岁到多少岁之间的男女，这样就为他人应用我们研究的成果提供了比较的依据，也为自己今后进一步检验、复查提供了依据。

调查研究中的操作化定义与其他形式的定义不同，它不是对对象的特征和性质进行概括和抽象的说明，而是规定了测量这些特征、性质的操作方法。它们是不同层次的定义方式，也可以说，操作化定义是属于经验层次的定义方法。在调查中，只有操作化定义才能提供统一的操作规则。由于操作化定义是对一种操作方法的规定，那么，同一种社会现象由于人们对其观察、研究的角度不同，会产生不同的操作化定义，这是允许的。也就是说，操作化定义往往因人而异，它不可能毫无遗漏地测量对象的所有特征与性质。但是在一个具体的研究课题中必须对一个核心概念进行唯一的操作化定义。在这个操作化过程中需要做两个方面的工作：一是弄清概念定义的范围；二是决定一个定义。

在每一项社会调查课题研究中总会有一个抽象层次较高的核心概念。

"这个概念的范围有多大，具体包含哪些内容"都需在研究前加以确定。当然，在界定概念定义的范围前需考虑调查目的，但这也不是由调查者主观任意确定，需通过大量文献收集和查询后，把人们对这一概念的定义进行分类，总结出各种定义中最具共同性的元素，然后再根据调查目的确定采取哪一种定义方式。如一项关于"××学校的品牌建设研究"课题，在这个课题中品牌就是一个核心概念。通过大量文献研究发现国内外学者对品牌共列出了十余种不同定义，但经过分类和分析发现，这些定义中绝大部分都包含这样三个共同性的元素：一是品牌是名字、名词、符号或设计等的一种或总和；二是品牌是一种顾客的偏好；三是强调品牌价值，突出品牌资产和品牌承诺。这个课题就可以根据如何继续培育该校的品牌及确立该校的品牌竞争力的调查目的，把学校品牌定义为：学校品牌在学校办学和传播过程中，学校具有专有校名、办学特色和优质教育服务产品，吸引学生就读，并与相关人想法和理念有关的、能带来新价值的一种媒介。

2. 选择变量指标

要进行测量，必须使用社会调查指标。社会调查指标是在调查中用来反映现象的性质、规模的差异及其发展趋势的测定项目。而具体反映这种差异的不同取值我们通常称为变量。在实际调查过程中，研究者主要是依据事先设计的各种变量指标来收集资料的。例如，我们要调查当代青年的择偶观念，就要对"择偶标准"进行界定，可以通过设计一组变量指标来测定：①外在条件，包括教育程度、工资收入、健康状况、相貌风度、家庭背景等；②内在条件，包括性格爱好、道德品质、志向抱负、为人处世等。通过这一组指标，就使"择偶标准"具体化或指标化。所以，每一个操作性定义都是由一个或几个，甚至多组的变量指标构成的。操作性定义与变量指标（或称调查指标）是不可分割、互相联系的。

调查指标应具备规范性、可测性、可验性，并便于统计整理和定量分析。规范性指对于调查指标要有统一的测量口径、统一的计算公式。如收入指标，要说明：收入＝工资＋奖金＋津贴＋其他补贴。说明不清在统计整理和量化分析时将产生错误。可测性是指这些指标在内涵上规定明确并可以通过测量得到的。可验性是指调查指标一经确定便具有相对稳定性，在调查中可以重复测量。

对于简单的概念用一两个指标来测量，如一个人的文化程度可以用受教育的年限或取得的毕业文凭来表示。而对复杂的概念，则要用多个指标来测量。在用多个指标测量一个概念时，需要事先对概念列出若干不同的维度，然后再把每一个维度转化为在具体现象中可找到的、可观察的指标。如社会剥夺就是一个比较复杂、抽象的概念，它不同于经济剥夺、政治剥夺和人身剥夺等概念，它的抽象定义是个人在社会地位、社会权利、社会交往及社会活动能力等方面受到不合理的限制、歧视和压制。由此，它可以分解为社会孤立、社会歧视、社会权利剥夺等几个维度。然后再把这三个维度转化为在具体现象中可找到的可观察到的指标（见图3-1）。

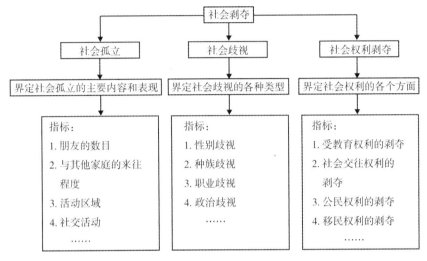

**图3-1　"社会剥夺"操作化实例**

需要注意的是，对于有些抽象概念，往往很难甚至不可能在具体现象中找到其所对应的指标。因此，无论是在操作化的具体方法方面，还是在具体的测量指标方面，都可能会出现各种差别。

3. 假设的操作化

研究假设是对调查对象的特征及有关现象之间的相互关系所作的推测性判断，这种假设通常都用抽象概念陈述现象之间的关系。由于抽象的概念无法直接测量，因此这种假设是无法直接检验的，它必须转换为具体的假设。由抽象假设到具体假设的过程也就是假设的操作化过程。假设的操作化通常运用经验演绎法，先将研究假设中的抽象概念具体化，选择具体的调查指标对其进行测量，然后据此推出具体的假设。

例如，我们要进行一项工业化与社会关系变化的研究。在初步探索的基础上，我们提出了这样一个研究假设："工业化导致人际关系的疏远"。这一假设中的两个概念都是抽象的，应分别用具体的调查指标将其操作化。"工业化"这一概念可用多种指标度量，如"工业产值比重"、"人均汽车拥有量"、"人均电话拥有量"等。对"人际关系"这一概念则可用"每月串门人次"、"亲友们互助行为"或"亲友间互赠礼物的数额"等指标测量。由于一个概念可用多个指标来测量，因此从一个抽象的研究假设可推导出多个具体假设，它们都能通过收集经验材料来检验。在上述例子中，我们便可由"工业化导致人际关系疏远"这一研究假设推出如下几个具体假设：①"工业产值比重越高，每月串门人次越少"；②"人均汽车拥有量越多，亲友间互助行为越少"；③"人均电话拥有量越多，亲友间互赠礼物数的数额越少"。如果这些具体假设都被证实了，那么总的研究假设也被证实了（见图 3 - 2）。

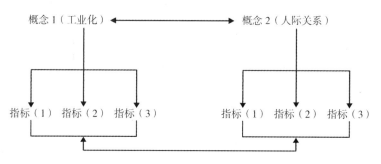

图 3 - 2　假设的操作化

## （四）指数与量表

1. 指数

将概念转化为具体指标后，还要选择具体的测量方法，涉及基本状况、行为等指标时，我们可以用单一指标进行测量。但在社会调查中，对于人们的态度、看法、意见、性格等主观性较强的内容，常常很难用单一的指标进行测量，且这一内容具有潜在性的特征，所以在社会调查中常常需要用指数、量表等将所研究的主题转化为可供衡量的问项。

指数就是由多个不同的回答所构成的一个简单累加的分数（因而指数又称总加表）。有些指数已形成体系，并成为经过认真研究和反复试验获得的具有广泛使用价值、用简明合理公式结合各类指标后建立的新的指标。如美国的犯罪指数和消费物价指数。前者是对 7 项犯罪（杀人、重伤、抢劫、强盗、50 元以上的偷窃和汽车盗窃等）调查数据的总和；后者是购买一系列产品与劳务所需成本的总和与前一年购买同系列物品所需成本之比。选择或改进已有的成熟的指标体系有利于提高调查质量和效率。

在指数中，每一个具体的陈述（也称做一个项目）在对概念的测量中都具有同等的地位，占有同等的比重，彼此间不存在特定的顺序结构。比如，表 3 - 2 就是指数的一个例子。

#### 表 3 - 2　贝利生育意愿指数

| 项　目 | 同意 | 不同意 |
|---|---|---|
| 1. 结婚的主要原因之一是要生孩子 | 1 | 0 |
| 2. 只生一个孩子是错误的，因为独生子女是在孤独中长大的，且由于无兄弟姐妹而忧郁 | 1 | 0 |
| 3. 生育孩子是一个妇女所能具有的最深刻的经历之一 | 1 | 0 |
| 4. 两种性别的孩子至少有一个比仅有一种性别的孩子好 | 1 | 0 |
| 5. 没有孩子的妇女决不会感到完全的满足 | 1 | 0 |
| 6. 当男人知道他已正式面对自己成为了孩子的父亲时，才算是"真正的男人" | 1 | 0 |
| 7. （由于生育控制等因素）不能导致怀孕的性生活是不道德的 | 1 | 0 |
| 8. 未结婚的、结了婚而没有孩子的男人可能是同性恋者 | 1 | 0 |
| 9. 妇女的首要职责是做母亲，只有在不影响其成为母亲时，才谈得上事业 | 1 | 0 |
| 10. 没有孩子的夫妇实在可怜 | 1 | 0 |

　　上述指数有一个潜在的假设或前提：每一个态度陈述都具有同等的效果，即它们在反映人们的态度方面是"等值的"，不同的陈述之间不存在数量的差别（它们的"分值"都一样）。只有在这样的假定下，我们才能说，那些总得分为 2 的回答者具有同样程度的不主张生育的态度；同样，也只有在这样的假定中，我们才能分辨出同意其中 8 条陈述的回答者比同意其中 2 条陈述的回答者有更强烈的生育义务感。

　　2. 量表

　　量表则是一种具有结构强度顺序的复合测量工具，即全部陈述或项目都是按一定的结构顺序来安排的，以反映出所测量的概念或态度具有的各种不同的程度。量表常用于测量一个人如何感觉、思考，因此有人称为感兴效能。例如，如果测量普通人的"政治参与程度"，可以构建表 3 - 3 那样的一个量表。与表 3 - 2 中的 10 个项目具有同等"分量"，所不同的是，表 3 - 3 中的 5 个项目相互之间存在着一种趋强的顺序：正是这种趋强的顺序，使得表 3 - 3 成为量表，而不是指数。

表 3 - 3　政治参与程度量表

| 项目 | 是 | 不是 |
|---|---|---|
| 1. 你进行过选民登记吗？ | ☐ | ☐ |
| 2. 你参加过投票吗？ | ☐ | ☐ |
| 3. 你为政治运动捐过款吗？ | ☐ | ☐ |
| 4. 你为政治运动工作过吗？ | ☐ | ☐ |
| 5. 你自己参加过竞选议员吗？ | ☐ | ☐ |

常用的量表除以上方式（加总量表）外，还有以下几种方式：

（1）李克特量表。李克特量表可以说是前述指数的一种特定形式，它是由美国社会心理学家李克特于 1932 年在原有的指数形式的基础上改进而成的。李克特量表也由一组对某事物的态度或看法的陈述组成，与前述指数所不同的是，回答者对这些陈述的回答不是被简单地分成"同意"和"不同意"两类，而是被分成"很同意、同意、不知道、不同意、很不同意"五类，或者"很赞成、比较赞成、无所谓、比较反对、很反对"五类。由于答案类型的增多，人们在态度上的差别就能更清楚地反映出来。李克特表是社会研究中用得最多的一种量表形式。表 3 - 4 是这种量表的一个例子。

表 3 - 4　请你对下列看法发表意见

| 项目 | 很同意 | 同意 | 无所谓 | 不同意 | 很不同意 |
|---|---|---|---|---|---|
| 1. 婚事应该尽量办得简单一些 | ☐ | ☐ | ☐ | ☐ | ☐ |
| 2. 结婚是人生大事，花再多钱也值 | ☐ | ☐ | ☐ | ☐ | ☐ |
| 3. 即使有钱，婚事也不该大操大办 | ☐ | ☐ | ☐ | ☐ | ☐ |
| 4. 为了不让别人看笑话，借钱也要办好 | ☐ | ☐ | ☐ | ☐ | ☐ |

在表 3 - 4 中，四条陈述所代表的态度倾向是不同的，可按下列方式计分：对赞同节俭办婚事的看法，我们按 1 = 很同意，2 = 同意，3 = 无所谓，4 = 不同意，5 = 很不同意来赋值；而对赞同婚事大操大办的看法，我们则按 5 = 很同意，4 = 同意，3 = 无所谓，2 = 不同意，1 = 很不同意来赋值。这样，表 3 - 4 中四种看法的具体赋值情况如表 3 - 5 所示。

表3-5 四种看法的赋值

| 项目 | 很同意 | 同意 | 无所谓 | 不同意 | 很不同意 |
|---|---|---|---|---|---|
| 1. 婚事应该尽量办得简单一些 | 1 | 2 | 3 | 4 | 5 |
| 2. 结婚是人生大事，花再多钱也值 | 5 | 4 | 3 | 2 | 1 |
| 3. 即使有钱，婚事也不该大操大办 | 1 | 2 | 3 | 4 | 5 |
| 4. 为了不让别人看笑话，借钱也要办好 | 5 | 4 | 3 | 2 | 1 |

每一个回答者在这一量表上的四个得分（每行一个答案所对应的码值）加起来，就构成他对婚事操办方式的态度得分。按上述赋值方式，则一个回答者在该量表上的得分越高，表明他的态度越倾向于婚事大操大办。

（2）鲍格达斯社会距离量表。如果研究者希望定量地测量人们相互间交往的程度、相互关系的程度或者某一群体所持的态度及所保持的距离，则可采用鲍格达斯社会距离量表。这种量表是由在内容上具有某种趋强的逻辑结构的一系列陈述所构成的，不同的陈述代表了人们在态度上的不同程度。例如，要测量人们对黑人的态度，可用表3-6所示的指标。

表3-6 鲍格达斯社会距离量表

| 愿意 | 不愿意 | |
|---|---|---|
| □ | □ | 1. 你愿意让黑人生活在你的国家吗？ |
| □ | □ | 2. 你愿意让黑人生活在你所在的城市吗？ |
| □ | □ | 3. 你愿意让黑人住在你们那条街吗？ |
| □ | □ | 4. 你愿意让黑人做你们的邻居吗？ |
| □ | □ | 5. 你愿意与黑人成为朋友吗？ |
| □ | □ | 6. 你愿意让你的子女和黑人结婚吗？ |

在表3-6中，不同的问题所表示的人们相互间的距离不同，越往后，相互间的距离越近。显然，能接受高强度内容的人必定能接受低强度内容。比如，一个愿意让他的子女与黑人结婚的人，绝不会反对前面五项内容。同样地，一个连让黑人生活在他的国家都不愿意的人，也肯定不会愿意后面的五项内容。而那些愿意让黑人住在他那条街的人，肯定愿意黑人生活在他所在的城市和他的国家，但却不一定愿意和黑人做邻居、做朋友、做亲家。因此，用这种具有逻辑结构的量表，可以测得不同的人或不同的群体对某一群体的态度。

（3）语义差异量表。语义差异量表也称为语义分化量表，它主要用来研究概念不同的人所具有的不同含义。这种量表最初是美国心理学家 C. 奥斯古德等人在他们的研究中使用的。

　　语义差异量表的形式由处于两端的两组意义相反的形容词构成，每一对反义形容词中间分为七个等级。每一等级的分数从左至右分别为 7、6、5、4、3、2、1，也可以计为 +3、+2、+1、0、-1、-2、-3。被测量的概念或事物（如某一群体、某种问题、某个国家等）放在量表的顶端，调查时要求被调查者根据自己的感觉在每一对反义形容词构成的量表中的适当位置画记号，比如画"×"。研究者通过对这些记号所代表的分数的统计和计算，来研究人们对某一概念或事物的看法或态度，或者进行个人或团体间的比较分析。比如，要了解人们对女性角色的理解或看法，可用语义差异量表对若干反映女性角色的概念，如母亲、妻子、姐妹、女同学、女朋友、女强人等进行测量。表 3 – 7 就是这种测量的一个例子。

表 3 – 7　语义差异量表

女同学

| 热情的： | × | ： | ： | ： | ： | ： | ： | 冷漠的 |
| 主动的： | ： | ： | ： | ： | ： | × | ： | 被动的 |
| 大方的： | ： | ： | ： | × | ： | ： | ： | 拘谨的 |
| 强的： | ： | ： | ： | ： | ： | × | ： | 弱的 |
| 快的： | ： | ： | ： | ： | × | ： | ： | 慢的 |
| 善的： | × | ： | ： | ： | ： | ： | ： | 恶的 |

　　语义差异量表所采用的数对形容词要能够考察被调查者对研究对象的感觉和态度的各种要素或各种维度。

## （五）测量的信度与效度

　　社会调查的过程就是我们运用各种测量工具收集资料的过程。那么，我们收集到的资料是否真实可靠？我们想要了解的内容能否得到准确的测量？因此，在这里我们有必要介绍信度和效度这两个概念，以对社会测量的结果作出评估。

　　1. 信度

　　（1）信度的概念。测量的信度，即测量的可靠性或精确度，是指采取同样的方法对同一对象重复进行测量时，其所得结果相一致的程度。换句话说，信度是鉴定测量结果的一致性或稳定性标准。如用同一台磅秤去称同一个人的体重，如果先后两次的测量结果一致，这说明这台磅秤作为测量工具是可信的，是稳定的。一个信度高的量表，在较短的时间内两次调查同一对象，其结果应大致相同。当然，由于人们的社会行为受多种因素的支配，所以对测量稳定性的认识不可简单化。任何一次调查不可能毫无误差，其测量手段也非绝对可靠。一般来说，如果两次测量时间相近而调查群体的态度有较大的改变时，不仅要找测量上的问题，还要了解是否有外在因素在起重大的影响作用。影响测量稳定性的外部因素很多，如测量对象本身可能存在的某种不确定性以及在实地调查时研究者的工作态度等因素的影响。

（2）信度评估方法。评估信度的方法主要有以下几种：

1）重测信度。利用相同的测量工具，在相似的条件下反复测量相同的人或群体。两次结果将被联系起来确定相关系数，相关系数越高，则可靠性越高。例如，我们调查居民对物价改革的态度，用同一问卷对同一批居民在相隔不长的时间内进行了两次调查，如果相关系数很小，说明问卷的信度较差。这是一种最常用、最普遍的信度检查方法。

2）复本信度。复本信度采取的是另一种思路，如果一套测量可以有两个以上的复本，则可以根据同一群研究对象同时接受这两个复本测量所得的分数来计算其相关系数。它的要求是：所使用的复本必须是真正的复本，即二者在形式、内容等方面都应该完全一致。如学校考试时出的 A、B 试卷就是这种复本的一个近似例子。然而在实际调查中，真正使研究问卷或其他类似的测量工具达到这种要求往往是一件十分困难的事情。

3）折半信度。即在对同一研究对象进行测量时，把一个测量工具分为项目相等的两个测量工具来对研究对象进行先后两次测量，其相关系数就叫做折半信度。使用折半信度，研究者不是设计两个表面不同但实际上相同的测量工具，而是设计一个单一的检验，只是设计的项目是所需项目的两倍，其中的一半项目是多余的。这好比一位老师想设计一份由五个难易不同的题目组成的代数测验，但这位老师不是只出五道题，而是每个难度出两道题，共十道题。这样他便能将学生在两套题目中的得分进行比较。如果两个得分高度相关，则这次代数测验是可信的。如果学生在一套项目上得分高而在另一套项目上得分低，那么这次测验就是不可信的。

（3）信度的检验。目前最常用的是 Alpha 信度系数法，一般情况下我们主要考虑量表的内在信度和项目之间是否具有较高的内在一致性。通常认为，信度系数应该在 0～1，如果量表的信度系数在 0.9 以上，表示量表的信度很好；如果量表的信度系数在 0.8～0.9，表示量表的信度可以接受；如果量表的信度系数在 0.7～0.8，表示量表有些项目需要修订；如果量表的信度系数在 0.7 以下，表示量表有些项目需要抛弃。具体操作程序请参见 SPSS 软件基本应用有关内容。

2. 效度

（1）效度的概念。测量的效度也称做测量的有效度或准确度，它是指测量工具或测量手段能够准确测出所要测量的变量的程度，或者说能够准确、真实地度量事物属性的程度。塞尔蒂兹指出："对任何测量手段，必须提出一些基本问题：它测量什么？它所提供的数据同人们感兴趣的特征是否有关？记分之差在何等程度上反映我们正试图测量特征的真正差别；它们在何等程度上还反映其他因素的影响？一种测量手段的有效度可定义为，这一手段所测量出的记分之差反映我们所要测量的特征上的真正区别的程度，而不是反映恒定的或偶然的误差。"[①] 这就说明测量应与概念的特征保持同一性，测量能够反映出某一概念的本质特征与真正含义，而不是测量在某种程度上与其相似的特征，也就是说，测量的效度用以反映测量结果与"真值"的接近程度。

（2）效度评估的方法。评估效度一般有三种方法：

1）表面效度。表面效度也称为内容效度或逻辑效度，它指的是测量内容或测量指标与测量目标之间的适合性和逻辑相符性，即测量所选择的项目是否"看起来"符合测量目的和要求。例如，我们要测量学生分析问题的能力，如果出的题目不适当，变成测量学生的记忆力，那就达不到测量学生分析能力的要求，测量的结果便缺乏效度。

2）准则效度。准则效度也称为实用效度，它指的是用一种不同以往的测量方式或指标对同一事物或变量进行测量时，将原有的一种测量方式或指标作为准则，用新的方式或指标所得到的测量结果与原有准测的测量结果作比较，如果两者具有相同的效果，那么我们就说这种新的测量方式或指标具有准则效度。例如，要了解大学生的英语水平，可以采用托福试题、大学英语六级考试试题以及其他试卷等不同的测验方式。为了了解其他试卷的效度，我们确定以"托福"试题为准则，把其他测验方式的结果与"托福"的测验结果进行比较。准则效度的关键是作为准则的测量方式必须是有效的。

3）构造效度。是指用新的指标取代原来的指标对理论概念进行测量时，新的指标的测量结果和原来的指标一样与其他变量存在类似的关系。也就是说，变量 $X_1$、$X_2$ 在理论上有联系，如果测量 $X_1$ 的指标 $X_1'$ 与测量 $X_2$ 的指标 $X_2'$ 也有关系，并且我们以 $X_1''$ 取代 $X_1'$ 并复测整个理论时，得出了使用 $X_1'$ 时同样的结果，那么我们便称新的测量 $X_1''$ 具有构造效度。例如，在研究中我们提出"工业化导致人际关系疏远"的假设。研究表明，当我们用"工业产

---

[①] ［美］肯尼思·贝利：《现代社会研究方法》，上海人民出版社，1986 年。

值"这一指标衡量"工业化"的程度时，它与"人际关系"之间确实存在假设中的负相关的关系。现在我们以新的指标"人均汽车拥有量"衡量"工业化"的程度，当新指标的测量结果与"人际关系"之间也存在相同程度的负相关时，新的指标便具有构造效度。

最后需要特别注意的是，测量的效度与信度都是一种相对量，而不是绝对量，即它们都是一种"程度事物"。

（3）效度的检验。效度的检验最理想的方法是利用因子分析来考察量表的构造效度。研究者在设计量表时实际上是假设有某种结构存在的，一方面，通过因子分析可以根据测量数据考察所用的量表是否反映出内在的结构，反过来也可验证研究者的假设是否成立。另一方面，因子分析也适用于探索性的研究，可以增强（或削弱）对某种测量结构的信心。

因子分析的主要功能是从量表所度量的一系列变量中提取出一些公共因子，这些因子与一般显在的可观测的变量不同，它们是潜在的不可观测的。但是它们与显在变量之间的联系则是可以进行研究的。

因子分析重点从以下两个方面来考核量表的结构效度：第一，公共因子应与设计时假设的量表的几个重要主题一致，且公共因子的累计方差贡献率至少达到40%；第二，每个问题条目都应在其中一个公共因子上有较高负荷值（大于0.4），而对其他公共因子的负荷值较低。如果一个条目在所有的因子上负荷值均较低，说明其意义不明确，应修改或删除。具体操作程序请参见SPSS软件基本应用有关内容。

3. 信度与效度的关系

信度和效度是评估测量的主要标准，二者之间存在着某种既相互联系，又相互制约的关系。一般来说，效度比可靠性更重要。有效的测量必须是可靠的。如果测量不可靠，那么也不可能有效；如果是可靠的，那么可能有效，也可能无效。可靠性是有效性的必要条件，而不是充分条件。

具体来说，可靠性与效力的关系是：

（1）可信并有效。这是好的测量工具必须具备的条件，是我们力求达到的目标。

（2）可信但无效。测量的结果具有稳定性，但却不一定准确。

（3）不可信但有效。这种情况实际上并不存在，因为信度是效度的前提。

（4）不可信亦无效。这种情形是应极力避免的。

# 二、案例评析

## 【案例 3. 1】

### 问卷调查的操作化实例

2005 年初，广东省法治办等单位对广东省法治环境进行了问卷调查。调查前课题组首先对"法治环境"进行深入研究；其次综合国内外研究成果，把"法治环境"定义在六个方面；再次对六个维度进行了细化；最后形成了六大调查的主要内容和主要评价指标体系。其中前五项都制作成表，后一项则用文字表达。

### 2006 年广东省法治环境调查内容设计①

"法治"的内容极其丰富，法治建设涉及社会生活各个领域，需要国家机关、社会组织和全体公民共同努力。"法治环境"的含义更加宽泛，从某种意义上说，社会生活的各个元素都与法治环境相关，都可以作为法治环境的组成部分。本次调查问卷的设计，主要从以下六个方面来评估法治环境：公民的法律素质（意识）、依法治国（省）的信心、人民代表大会制度建设（立法与监督）、法治政府建设（依法行政）、司法环境（公正司法）、基层政权建设（民主政权）。

1. 公民的法律素质调查内容

### 表 3-8　公民法律素质调查的内容构成

| 公民法律素质 | 公民宪法知识及其取得途径 | 宪法知识 | 国家机关知识 |
| --- | --- | --- | --- |
| | | | 基本权利知识 |
| | | | 基本义务知识 |
| | | 获取宪法知识的途径 | |
| | 公民法律信念 | 法律与平等 | |
| | | 法律与人情 | |
| | | 法律与自己的利益 | |
| | 公民法律自觉行为 | 抵制违法行为 | |
| | | 护法行为 | |
| | | 参与行为 | |

---

① 水延凯：《社会调查案例教程》（第四版），中国人民大学出版社，2008 年。

2. 对依法治国（省）的信心度评价调查内容

表 3－9　依法治国（省）信心度调查内容构成

| | | 法律质量 |
| --- | --- | --- |
| 依法治国现状、<br>变化与信心 | 现状调查 | 法律地位与作用 |
| | | 民主决策 |
| | | 干部公选 |
| | 动态调查 | 法治环境变化 |
| | 当前主要工作任务 | 社会要求 |
| | 信心 | 是否能实现法治目标 |

3. 人民代表大会制度建设调查内容

表 3－10　人民代表大会制度建设的调查内容构成

| | 对人民代表大会总体评价 | |
| --- | --- | --- |
| | 人民代表大会监督职权的<br>行使 | 人民代表大会对政府的监督 |
| 人民代表大会制度建设 | | 人民代表大会的个案监督 |
| | | 人民代表大会财政监督 |
| | 人民代表大会代表选举<br>与联系选民 | 选举评价 |
| | | 代表与选民联系 |
| | 立法的民主化 | 立法方式改革 |

4. 法治政府建设调查内容

表 3－11　法治政府建设调查内容构成

| | | 行政诉讼 |
| --- | --- | --- |
| | 政府行为与公民维权 | 行政复议 |
| | | 行政赔偿 |
| | | 环境保护 |
| | 政府维护经济秩序的职责 | 打击假冒伪劣产品 |
| | | 教育收费 |
| 法治政府建设 | 政府维持社会秩序的效果 | 社会治安 |
| | | 公安执法形象 |
| | | 政务公开 |
| | 政府改革效果 | 信访 |
| | | 价格听证 |
| | 社会对政府工作的期待 | 社会保障 |
| | | 总体期待 |

### 5. 司法环境调查内容

表 3 - 12　司法改革调查内容构成

| | 检察系统 | 惩治贪污腐败 |
|---|---|---|
| 司法环境 | 法院系统 | 法官印象 |
| | | 解决"执行难"措施的效果 |
| | | 官司胜负的决定因素 |
| | 司法系统 | 律师地位与作用 |

### 6. 基层政权建设调查内容

我国民主政治发展过程中，最能体现中国特色的是基层民主政权建设。无论是农村的村民委员会还是城市的社区居委会，以民主选举、民主决策、民主管理、民主监督和村务公开、财务公开为主要内容的城乡民主自治带来了许多可喜变化。在问卷设计中，我们选取群众比较关注的选举和财务公开两个问题为主要内容，来了解基层民主发展的真实程度。

【案例 3.1 评析】

该课题成果发表后曾在当时产生过广泛的影响，受到一些专家的好评。从内容的设计看，首先是它比较完整地反映了法治环境的现状；其次是重点突出，从众多环境因素中选择了有代表性的六个方面，其中又以公民法律素质和法治政府建设两方面为重点，具有较强的针对性。总的来看，内容的设计具有准确、具体、客观、简明的特点。

## 【案例 3.2】

如何进行概念操作化

某校大学生在社会调查课程学习中选择了"大学生人力资本与职业地位取得研究"课题。研究的目的是想了解在校大学生人力资本的积累是否能提高他们毕业后的就业质量。研究中的一个关键环节就是对课题中大学生"人力资本"和"职业地位"两个核心概念进行操作化。根据本课题研究目的及大量文献研究，他们把"人力资本"操作定义为"人具有的知识、技能和体力（健康状况）等质量因素之和"；把"职业地位"操作定义为"就业即可视为职业地位取得的一个过程"。根据上述定义，他们将"人力资本"这一核心变量分为知识要素、技能要素和健康要素三个基本维度；而"职业地位"这个变量分为就业机会和就业质量两个维度。然后在每一个主要维度中又进一步发展出具体的指标。整个操作化的指标框架详见表 3 – 13。

表 3 – 13 "人力资本与大学生职业地位取得研究"的主要维度及测量指标

| | 主要维度 | 具体指标 |
|---|---|---|
| 人力资本 | 知识要素 | 所学专业 |
| | | 学位情况 |
| | | 学习成绩 |
| | | 获奖情况 |
| | 技能要素 | 学生干部 |
| | | 工作经历 |
| | | 培训经历 |
| | | 资格证书 |
| | 健康要素 | 身体状况 |
| | | 患病情况 |
| 职业地位 | | 就业机会 |
| | | 就业质量 |

**【案例3.2 评析】**

操作化是整个调查研究中一个非常重要的环节，这步做得怎样将直接影响问卷设计的质量，也直接影响最后调查结果的质量。而在操作化这个环节中，界定概念又是一个非常重要的环节，只要根据调查目的把核心概念界定清楚了，那么主要维度和具体指标也就相应产生了。不过有一点特别值得注意，就是维度可以是抽象的，但指标必须是具体的。本案例说明设计者虽然掌握了操作化的基本思路和方法，但也存在需要改进的地方，例如，对职业地位的研究不够，准确性值得商榷；对职业地位的维度、指标的设计也不甚合理。这说明做好操作化工作不是一件容易的事。

**【案例3.3】**

### 如何设计信度和效度高的量表

某学生在课堂上制作了一个李克特量表来测量"武汉市环境状况的评

价"。首先学生根据调查目的把环境状况视为自然环境，并把自然环境分为绿化、噪声、烟尘、污水和垃圾五个维度，然后设计了以下量表（见表 3 - 14）。

表 3 - 14　请你对下列武汉市环境状况作一评价（每行选一个格打"√"）

| 内　容 | 很同意 | 比较同意 | 不清楚 | 不太同意 | 很不同意 |
|---|---|---|---|---|---|
| 1. 绿化率很高 | | | | | |
| 2. 空气中粉尘很少 | | | | | |
| 3. 空气无异味 | | | | | |
| 4. 水质很好 | | | | | |
| 5. 马路上垃圾很少 | | | | | |
| 6. 建筑比较干净 | | | | | |
| 7. 大街上噪声很少 | | | | | |
| 8. 街头没有乱贴现象 | | | | | |
| 9. 公共场所（室内）比较干净 | | | | | |
| 10. 马路上车辆比较干净 | | | | | |

后来他与同学和老师讨论，最后对表进行了修改，修改表见表 3 - 15。

表 3 - 15　请你对下列武汉市环境状况作出评价（每行选一个格打"√"）

| 内　容 | 很同意 | 比较同意 | 不清楚 | 不太同意 | 很不同意 |
|---|---|---|---|---|---|
| 1. 绿化面积大 | | | | | |
| 2. 绿化品种多 | | | | | |
| 3. 空气中粉尘少 | | | | | |
| 4. 空气无气味 | | | | | |
| 5. 饮水纯净 | | | | | |
| 6. 湖泊水清澈 | | | | | |
| 7. 大街上无污水 | | | | | |
| 8. 无汽车喇叭鸣叫 | | | | | |
| 9. 大街上音乐音量低 | | | | | |
| 10. 马路上无垃圾堆放 | | | | | |
| 11. 没有人随地吐痰 | | | | | |

**【案例 3.3 评析】**

　　量表是一种把操作化后的指标体现出来的形式。在众多的量表中，李克特量表是用得最多的一种量表，它主要是由一组对某事物的态度或看法的陈述组成。上例就是用 10 条陈述来测量武汉市环境状况的评价，但上例中表 3-14 的测量信度和效度却很低。表现如下：一是按课题要求应测量出"武汉环境状况"，而设计者偏重于"自然环境"，所以缺乏信度，即测出的结果可靠性会很低。二是如果按设计者理解的环境就是指自然环境，按测量自然环境的要求，设计的 10 个指标中又有几条不是"自然环境"的属性，如"街头没有乱贴现象"、"车辆比较干净"等几条，就不是"自然环境"，这说明效度低。三是概括不准确，"建筑比较干净"等所指不明确，什么是"建筑"、什么程度为"干净"可以有不同的理解，这会给答案选择造成混乱，必然既影响信度又影响效度。可以说，这个量表的测量内容或测量指标与测量目标之间不适应或逻辑相符性很低。所以，如果想设计信度高、效度高的量表，在设计量表前，首先要进行深入研究，根据调查目的或调查内容，弄清基本概念的范围和性质，准确进行定义，然后才能找准指标，并把指标一条条陈述出来。只有这样，才能提高测量信度和效度。表 3-15 在表 3-14 的基础上修改后有了很大的进步，一是将环境理解为自然环境和社会生活环境两个方面，二是每项内容的概况和陈述都更加具体、准确。

# 三、能力训练

## （一）测量层次识别训练

　　（1）一家公司选取张先生、王小姐和李先生三位员工，对他们个人的基本情况进行了测量，结果见表 3-16，请指出各变量分别属于什么测量层次的尺度，并说明原因。

表 3-16　某公司三位员工的基本情况

| 特 性 | 测量设计 | | |
|---|---|---|---|
| 姓名 | 张先生 | 王小姐 | 李先生 |
| 年龄（岁） | 24 | 20 | 37 |
| 性别 | 男 | 女 | 男 |

续表

| 特　性 | 测量设计 | | |
|---|---|---|---|
| 收入（元） | 10000 | 7000 | 8500 |
| 拥有手机品牌 | 海尔 | 三星 | 诺基亚 |
| 职称 | 高职 | 中职 | 初职 |
| 智商 | 130 | 120 | 110 |

（2）请思考对人们的"婚姻状况"、"受教育年限"、"学术水平"的测量分别属于哪个层次的测量。

（3）对你小组承担的课题所涉及的主要概念进行定义，并指出它们属于哪一个测量层次。

## （二）操作化和量表设计训练

（4）请根据课题"××高校学生对食堂满意度的调查"的调查目的进行操作化和设计量表，具体要求如下：

1）以小组为单位开展讨论。

2）根据界定的概念划分维度和指标。

3）请把每一维度和相应的指标设计成量表。

4）维度要全面，指标须具体，且维度和指标必须与调查目的相吻合。

（5）请设计一份用来测量人们对夫妻家庭角色看法的李克特量表。

（6）试将概念"越轨行为"、"上进心"、"媒介接触"和"生育意愿"操作化为一组测量指标。

（7）在研究独生子女的教育问题时，需要了解和比较独生子女父母与非独生子女父母在溺爱孩子方面的行为表现和心理状态。请对"溺爱子女"的概念进行如下的操作化处理：第一，对"溺爱子女"概念进行定义；第二，将其操作化为不同的维度，以反映这一概念的不同层面。

（8）对你小组承担的课题进行操作化处理，并列出一种以上的量表。

## （三）信度和效度评估训练

（9）有两家不同性质的工厂，现有两种方法测评员工的士气，请比较两种方法的信度和效度。

第一种方法是观察两家工厂的员工，看看工人是否高兴，也可以询问他们是否满意目前的工作，然后把从两家工厂得到的观察和询问资料进行比较，以测评士气。

第二种方法是查阅两家工厂的档案，考察在一段时间内向工会提出申诉的案件的数量，申诉的案件数量越多，说明士气越低落。

（10）根据下列调查结果设计相应量表，并评估量表测量的信度和效度。

美国的服务行业大约占其国民生产总值（GNP）的70%，吸收了全部劳动力的大约72%，承担着超过1/2的消费总支出。《亚特兰大杂志》邀请它们的读者填写印在杂志中测量各种服务行业质量的问卷。总共有610位读者填写并送回问卷。其结果如下：

表3-17　亚特兰大的读者对各种服务行业质量的评价

| 行业类别 | 质量评价 | | |
|---|---|---|---|
| | 好（%） | 差（%） | 未回答（%） |
| 航空 | 55.7 | 16.2 | 28.0 |
| 汽车经销商 | 15.6 | 52.1 | 32.3 |
| 汽车服务 | 8.7 | 71.5 | 19.8 |
| 银行 | 44.6 | 36.4 | 19.0 |
| 经纪人公司 | 20.3 | 13.8 | 65.9 |
| 轿车租赁 | 27.2 | 16.2 | 56.4 |
| 百货商店 | 29.3 | 46.2 | 24.2 |
| 折扣经纪人 | 18.0 | 50.5 | 31.3 |
| 医生/牙医 | 47.9 | 26.6 | 25.6 |
| 干洗店 | 47.9 | 15.9 | 36.2 |
| 电力公司 | 23.9 | 12.6 | 63.4 |
| 快餐食品 | 35.1 | 36.1 | 28.9 |
| 杂货店 | 45.4 | 25.6 | 29.0 |
| 医院 | 27.1 | 34.4 | 38.5 |
| 保险公司 | 19.8 | 44.3 | 35.9 |
| 当地政府 | 9.0 | 59.3 | 31.5 |
| 汽车旅馆/旅馆 | 44.4 | 16.7 | 38.9 |
| 报刊 | 49.7 | 20.0 | 30.3 |
| 饭店 | 35.9 | 27.2 | 36.9 |
| 小型设备维修 | 9.2 | 29.7 | 61.2 |
| 电话公司 | 26.1 | 30.0 | 43.9 |

请问：

1）该调查可以用哪种量表来测量？

2）你认为这一量表可靠吗？为什么？怎样进行可靠性检验？

3）你认为这一量表具有有效性吗？为什么？如何确定有效性？

### （四）确定测量指标工作成效测评训练

（11）讨论和制定测评标准与实际测评具体事项。

下面是测量过程工作质量的测评标准表，要求联系实际逐条领会测评指标的含义，找出对各项指标进行测评的具体工作事项，并将这些事项填入表3－18中空栏内。

表3－18　确定测量指标工作成效的测评标准

| 序号 | 测评项目与分值 | 测评指标与分值 | 实际测评事项 |
|---|---|---|---|
| 1 | 小组活动（10分） | 测评指标和分值同以上各章 | |
| 2 | 测量层次识别（10分） | （1）能区分测量尺度的四个层次（5分）<br>（2）能识别各变量归属哪一类测量层次（5分） | |
| 3 | 概念的操作化（20分） | （1）在文献研究的基础上，能根据调查目的对核心概念进行界定（10分）<br>（2）能根据界定的概念范围划分维度和设计具体指标（10分） | |
| 4 | 量表设计（20分） | （1）了解各类量表的特点和设计要点（10分）<br>（2）能根据操作化的维度和指标设计相应的量表（10分） | |
| 5 | 课题项目操作化（40分） | （1）通过查阅文献，能把课题中核心概念进行界定（10分）<br>（2）能根据界定的概念范围划分维度和设计具体的指标（10分）<br>（3）能把有关指标设计成量表（15分）<br>（4）能判断量表设计的可靠性和有效性（5分） | |

（12）对测量工作学习全过程的成效进行实测，评定分数，并作出客观评价，提出改进意见。先由个人根据表3－18规定的各项标准对自己测量工作过程中的表现进行小结评估，然后由小组长评出组员的成绩，由组员评出小组长的成绩，并将结果报任课老师审阅。

# 第四章  工作过程四：抽取调查样本

教学要求：弄清抽样调查的含义，了解相关术语；掌握各种类型随机抽样和非随机抽样的特点和操作方法；能根据已知条件选择合适的抽样方法，科学、合理地确定样本规模，制定抽样方案和控制抽样误差；通过学习和训练，具备基本的抽取样本的能力。

## 一、知识要点

### （一）抽样调查概述

1. 抽样调查的含义和特点

抽样调查，就是从调查对象的总体中，按照随机原则抽取一部分单位作为样本，并以样本调查的结果来推断总体的方法。在社会调查中，通常有全面调查（又称普查）和非全面调查（抽样调查）两种方式。抽样调查是相对于普查而言的。普查是指对总体的全部基本单位逐一进行普遍、全面的调查（如人口普查），其优点是可以获得对调查对象全体的可靠数据。但由于人力、物力、财力等诸多原因，当前社会调查大多采用抽样调查的方式，本书主要介绍抽样调查的方法。

抽样调查具备以下几个显著的特点：一是调查对象是作为样本的一部分单位，而不是全部单位，也不是个别或少数几个单位；二是调查的样本一般都是按照随机原则抽选出来的，而不是由调查者主观选择或确定的；三是抽样调查的目的不是说明样本本身的情况，而是要推断总体属性。

2. 抽样调查的主要术语

（1）总体和分析单位。总体是指所要研究的对象的全体，它是根据一定的研究目的而规定的所有调查对象（即元素）的全体构成。总体中的每一个元素，我们称之为分析单位，这些分析单位可以是一个人，一个群体，也可以是一个组织或社区，根据调查的需求而定。如我们进行一项有关某校大学生就业意向调查，那么这时的分析单位是个人（学生），所有的在校学生就构成了这次调查的总体。一个总体中所包含的分析单位数目常用大写字母 N 表示。

（2）样本。样本是指从总体的所有元素中按一定方式抽取出的一部分元素的集合。例如，从某校总数为 20000 名学生中，按一定方式抽出 1000 名学生进行调查，那么这 1000 名学生就构成该总体的一个样本。样本中的元素数目通常用小写字母 n 表示。样本是总体的缩影，是用以估计或推断总体全面特征的依据。

（3）抽样和抽样单位。抽样是指从组成某个总体的所有元素的集合中，按一定方式选择或抽取一部分元素的过程，或者说，抽样是从总体中按一定方式选择或抽取样本的过程。抽样单位就是一次直接的抽样所使用的基本单位。抽样单位与分析单位有时是相同的，有时是不同的。例如，从某院 4000 名学生中按分层抽样方式抽取 100 名学生出来调查的过程就是抽样。在这个抽样过程中抽样单位与分析单位都是个人（学生），但如果采取整群抽样方式抽取 4 个班级，再以这 4 个班级中的全部学生（假定正好 100 名学生）作为调查样本，那么这时的分析单位仍是个人（学生），但抽样单位却是班级。

（4）抽样框。抽样框又称为抽样范围，是指一次直接抽样时总体中所有元素的名单。如上例中某班学生的花名册就是这次抽样的抽样框，100 名学生就是从这个抽样框中抽取的。但如果想从某校抽取 10 个班来调查，那么这时的抽样框就是这个学校的所有班级名单。抽样框在抽样调查中处于基础地位，是抽样调查必不可少的部分，对于推断总体具有相当大的影响。在完整的抽样框中，每个调查对象应该出现一次，而且只能出现一次。

（5）随机原则。随机原则是指抽样时，在完全排除主观上人为选择的前提下，使总体中每一个调查对象（即元素）都有相同的被抽中的机会。如掷硬币，它的每一面出现的机会都是 1/2，对于每一面来说，它们出现的机会都是均等的。随机原则，也叫机会均等原则（或等概率原则）。遵循随机原则的抽样，叫做随机抽样或概率抽样，否则叫做非随机抽样或非概率抽样。

（6）总体参数和样本统计量。总体参数是关于总体中某一变量取值的综合描述，即根据总体中各单位的已知量计算出来的关于总体的统计指标。在抽样调查时，这个量一般是未知的（但是唯一的）。因为如果这个量已知，就不必进行抽样调查了。样本统计量是关于调查样本中某一变量取值的综合描述，即根据样本中各单位的已知量计算出来的关于样本的统计指标。样本统计量，当抽样调查完成后即可计算出来，但它不具有唯一性。抽样调查就是运用样本统计量去推断总体参数，而这种推断误差总是难免的。

（7）置信度和置信区间。置信度又称置信水平，它指的是总体参数值落在样本统计值某一区间的概率，它用于反映样本统计量估计总体参数值的可靠性（信度）。例如，置信度为95%，指的是总体参数值落在样本统计值某一区间的概率为95%，或者说，我们有95%的把握认为总体参数值将落在样本统计值周围的某一区间内。

置信区间是指在一定置信水平下，样本统计量与总体参数偏差的最大允许范围，它反映的是抽样的精确性程度。置信区间越大，即误差范围越大，抽样的精确性程度就越低；反之，置信区间越小，即误差范围越小，抽样的精确性程度就越高。

3. 抽样调查的类型与作用

抽样调查可分为概率抽样和非概率抽样两大类。概率抽样是依据概率论的基本原理，按照随机原则进行的抽样；非概率抽样主要是按照研究者的主观意愿、判断或是否方便等因素抽取调查对象。前者能够避免抽样过程中的人为误差，保证样本的代表性，因此它是运用最多的抽样类型，也是本章要介绍的主要内容；后者虽然主观性较强，代表性较差，但有时限于客观条件，也不得不采用，它具有省时、省事和操作方便等优点，本章也将适当介绍。两类抽样方法，每类包括若干小类，如图4-1所示。

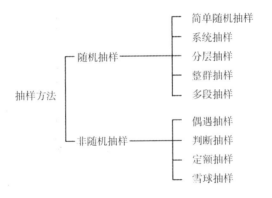

**图4-1　基本抽样方法分类图**

抽样调查是社会调查中运用最多，也最为有效的方法，它有以下两个主要作用：一是当不可能进行全面的总体调查时，则可以用样本调查的结果推断总体特征和属性。例如，1984年10月底11月初，美国一些民意调查机构通过抽样调查预测了里根和蒙代尔两位总统候选人的得票结果。11月，实际投票结果是里根以59%比41%的优势当选为美国新一任总统。这一结果与各机构早先预测的结果基本相同。虽然各机构的民意调查结果并不完全一致，但都与实际结果相差不大。从将近1亿的选民中仅仅抽取了2000人的样本，却能大体推断出总体的结果，这就是抽样调查最主要的作用。二是即使有可能对总体进行全面调查，但为了节约人力、物力、财力、提高调查效率，常常不必对总体进行全面调查，这是抽样调查的另一重要作用。

4. 概率抽样的原理与程序

（1）概率抽样的原理——大数定律。大数定律是关于大量的随机现象具有稳定性质的法则。它揭示了总体与样本之间的关系，即随着抽样单位数的增加，样本平均数有接近总体平均数的趋势。如取一枚六面的骰子进行重复抽样，每一面所标出的数字分别为1、2、3、4、5、6，每次抽两面，即 N = 6，n = 2，可能出现的排列有36种，并产生36个不同的平均值（见表 4 - 1）。

表 4 - 1　样本平均值一览表

| 平均值＼变量　变量 | 1 | 2 | 3 | 4 | 5 | 6 |
|---|---|---|---|---|---|---|
| 1 | 1.0 | 1.5 | 2.0 | 2.5 | 3.0 | 3.5 |
| 2 | 1.5 | 2.0 | 2.5 | 3.0 | 3.5 | 4.0 |
| 3 | 2.0 | 2.5 | 3.0 | 3.5 | 4.0 | 4.5 |
| 4 | 2.5 | 3.0 | 3.5 | 4.0 | 4.5 | 5.0 |
| 5 | 3.0 | 3.5 | 4.0 | 4.5 | 5.0 | 5.5 |
| 6 | 3.5 | 4.0 | 4.5 | 5.0 | 5.5 | 6.0 |

根据表 4 - 1 中的数据我们可以把样本平均数发生的频率和相对频率列出来，见表 4 - 2。

表 4 - 2　样本平均数的频率和相对频率

| 平均数 | 频率 | 相对频率 |
|---|---|---|
| 1.0 | 1 | 0.028 |
| 1.5 | 2 | 0.056 |
| 2.0 | 3 | 0.083 |
| 2.5 | 4 | 0.111 |
| 3.0 | 5 | 0.139 |
| 3.5 | 6 | 0.167 |
| 4.0 | 5 | 0.139 |
| 4.5 | 4 | 0.111 |
| 5.0 | 3 | 0.083 |
| 5.5 | 2 | 0.056 |

续表

| 平均数 | 频率 | 相对频率 |
|---|---|---|
| 6.0 | 1 | 0.028 |
| 总和 | 36 | 1.000 |

现在我们再把这些样本平均数的相对频率通过图画出来，其中 X 轴表示样本平均值，Y 轴表示样本平均数的相对频率。

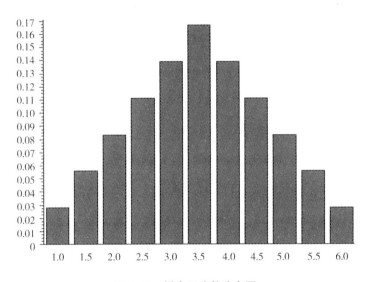

图 4 - 2　样本平均数分布图

从图 4 - 2 中我们可以看到，这些平均值集中地、对称地分布在样本平均数 3.5 附近。当样本数充分大时，各点连线就形成了正态分布曲线。这个平均数 3.5，是通过计算样本平均数的平均值得到的：

$$\overline{X} = \sum \overline{X}_i f_i / n = [1 + 2(1.5) + 3(2) + 4(2.5) + \cdots + 3(5) + 2(5.5) + 6]/36$$
$$= 126/36 = 3.5$$

现在我们再看总体的平均数，已知 N = 6，那么总体平均数

$$\overline{X} = (1 + 2 + 3 + 4 + 5 + 6)/6 = 21/6 = 3.5$$

从上面的计算及图 4 - 2 中我们可以看出，当样本数充分大时，样本统计值就会慢慢接近总体参数值，而这正是大数定律原理所在。所以，抽样调查的重要意义，就在于用样本统计量来推断总体参数。虽然用前者来推断后者，误差总是在所难免，但由于有大数定律存在，就可以用样本来推断总体了。

（2）抽样的程序。抽样一般有以下步骤：一是界定总体，即在抽样前根据调查目的进一步明确调查研究对象总体的范围。二是确定抽样框，即依据

已明确界定的总体范围，收集总体中全部名单，对名单进行统一编号，建立起供抽样用的全部名单。简单的总体可以直接根据组成名单制定抽样框，而复杂的总体常常要根据调查研究的需要，分级制定不同的抽样框，供分级抽取样本。三是选择抽样方法，常见的概率抽样方法有简单随机抽样、系统抽样、分层抽样、整群抽样和多级抽样等，选择什么方法要根据调查目的和调查对象的实际情况决定。在实际抽样设计中，经常要综合采用几种抽样方法。四是实际抽取样本，即严格按选定的抽样方法，从抽样框中抽取所需的样本。五是评估样本质量，即通过对样本统计值的分析，检查样本的代表性或误差大小。

## （二）随机抽样方法

### 1. 简单随机抽样

简单随机抽样又称纯随机抽样，是随机抽样的最基本形式。它是在总体中不进行任何有目的的选择，只是按照随机的原则、纯粹偶然的方法抽取样本（见图 4 - 3）。

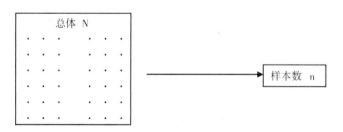

图 4 - 3　简单随机抽样图

简单随机抽样的技术主要有直接抽选法、抽签法和乱数表法。

（1）直接抽选法。直接抽选法，就是从调查总体各单位中直接随机抽取样本进行调查。如从存放在仓库的同类产品中直接随机抽出若干产品作为样本进行调查；从课堂的学生中，直接随机选择若干学生作为样本，对他们进行访问等。

（2）抽签法。这种抽样方法在日常生活中是最常见的，即先把总体的每一个单位都编上号码，然后将这些号码写在卡片或纸条上，并放在容器中搅拌均匀，最后从容器中任意抽选，抽到一个号码就对上一个单位，直到抽足预先规定的样本数目为止。

（3）乱数表法。当总体单位很多，写号码的工作量很大，搅拌均匀不容易时，往往采用乱数表法来抽取样本。所谓乱数表又称随机数表，是指含有一系列随机形成，没有任何规律性的随机数字组成的表格（见附录中表 1 的随机数表）。使用乱数表时，首先要把调查总体中的所有单位加以编号，根据编号的位数确定使用若干位数字，然后查乱数表。在乱数表中任意选定一行或一列的数字作为开始数，接着可从上到下，或从左到右，或按一定间隔顺序取数，凡编号范围内的数字号码即为被抽取的样本。如果不是重复抽样，碰上重复数字应舍掉，直到抽足预定样本数目为止。

　　例如，某居民区有 620 户（3 位数）居民，需要从中抽取 15 户作为样本来调查其家庭收入。首先，我们要得到一份该区所有居民家庭的名单，然后对总体中的每一户家庭从 1 到 620 进行编号，再根据总体的规模，确定从 3 位数一组的随机数表中，选择 3 位数。现假设选定第二行左边第 4 个数字向右向下顺序读起（见表 4 - 3），再以 620 为标准对随机数表的数码进行取舍，凡小于或等于 620 的数码就选出来，凡大于 620 的数码以及已经选出的数码则不要（如画了框的 926、789、921、643、642、715 和 754），直到选够 15 个号码为止。最后按照所抽取的号码，从总体名单中找到它们所对应的 15 户家庭，这 15 户家庭就构成一个调查的样本。

表 4 - 3　乱数法抽样表

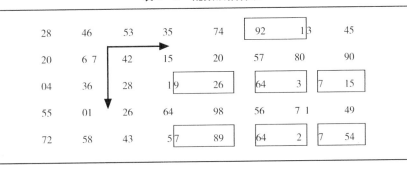

　　简单随机抽样是最基本也是最简单的抽样方法，是其他抽样方法的基础。它完全排除了抽样中主观因素的干扰，最符合随机原则，并且简单易行，只要有总体单位的名册和登记表就可进行。缺点是它只适用于总体单位数量不多的调查对象，如果总体单位很多，编号工作就十分繁重，甚至无法编号，并且对于比较复杂的调查总体，只有抽出较多的样本单位，才能保证样本的代表性。而用简单随机抽样法抽到的样本单位可能比较分散，会给实际调查工作带来一定的困难。最后，它没有利用关于总体的一些已知的情况，是一个不小的浪费。

　　2. 系统抽样

系统抽样又称为等距抽样、机械抽样或间隔抽样，是运用等距离抽样技术抽样，先在总体中按一定原则和标志把个体顺序排列，并根据总体单位数和样本单位数计算出抽样距离（即相同的间隔），然后按相同的距离或间隔抽选样本单位。排列顺序可用与调查项目有关的标志为依据，例如，在购买力调查中，可以按收入多少由低至高排列，也可以用与调查项目无关的标志为依据，如按户口册、姓名笔画来排列。

系统抽样和简单随机抽样一样，需要有完整的抽样框，样本的抽取也是直接从总体中抽取个体，而无其他中间环节。其具体操作步骤如下：

（1）设总体共有 N 个个体，从中抽出 n 个单位作为样本。先将总体的 N 个单位按与总体特征标志无关（或有关）的标志进行排列。

（2）计算出抽样间距。计算方法是用总体单位数除以样本单位数。即：

K（抽样间距）＝N（总体单位数）/n（样本单位数）

（3）在最前面的 K 个个体中，采用简单随机抽样的方法抽取一个个体，记下各个个体的编号（假设所抽取的这个个体的编号为 A），它称做随机的起点。

（4）在抽样框中，自 A 开始，每隔 K 个个体抽取一个个体，即所抽取个体的编号分别为 A，A＋K，A＋2K，…，A＋（n－1）K。

（5）将这 n 个个体合起来，就构成了该总体的一个样本。

例如，要在一个村的 110 户农民中采用等距抽样方法抽 11 户的农户进行家庭收支情况调查，具体做法是：第一步，将总体调查对象（110 户农民）按无关标志（如村居民的花名册）进行编号。第二步，确定抽样间隔。已知调查总体 N＝110 户，样本数 n＝11 户，故抽样间隔 K＝110/11＝10。第三步，确定抽样起点。用 10 张卡片（即抽样间隔）从 1 号至 10 号编号，然后从中按简单随机抽样的方法抽取 1 张作为起点。如果抽出的是 2 号，2 号则为抽样起点。第四步，确定被抽取单位。从 2 号起点开始，每隔一个距离即 10 个号抽 1 个进行调查，直至抽足 11 个为止。这样，我们便可得到 2，12，22，32，42，…，102 总共 11 个号码。我们再根据这 11 个号码，从总体名单中一一对应地找出 11 户农户家庭，这 11 户农户家庭就构成了本次调查的一个样本。

系统抽样采用等距离抽样使样本在总体中的分布比较均匀，具有较高的代表性，抽样误差小于简单随机抽样，而且比较简单易行，只要确定了第一个样本单位，整个样本也就确定了。但是，这种抽样方法不大适合单位太多的调查总体，且要有完整的登记册，否则就难于进行。另外，使用此种方法要注意避免抽样间隔和调查对象本身的周期性节奏相重合。例如，对某企业职工做出勤率调查，如果抽取的第一个样本是星期六，抽样间隔是七天，那么，抽取的样本单位都是星期六，其调查结果就会产生系统性的偏差。

3. 分层抽样

分层抽样又称类型抽样，它是首先依据某种特征或标志（如性别、年龄、职业或地域等），将总体划分成几个小的部分，每一个部分称为一层或一类，然后在每个类型或层次中采用简单随机抽样或系统抽样的办法抽取一个子样本，最后将这些子样本合起来构成总体的样本（见图4－4）。

总体 $N = N_1 + N_2 + \cdots + N_n$

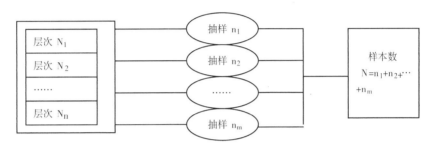

图4－4　分层抽样

分层抽样有下面两种方式：

（1）等比例抽样。这种抽样法是按照各种类型或层次中的单位数目同总体单位数目间的比例来抽取子样本。每层抽取样本数通常用下面的计算公式来运算：

$S_i = (N_i/N) \times S$

式中：$S_i$ 表示第 i 层应抽取的样本数；N 表示总体中含单位总数；$N_i$ 表示第 i 层含单位总数；S 表示应抽取样本总数。

例如，某省有1800个乡，其中山区540个，丘陵360个，平原720个，滨海180个，现要从中抽270个乡来进行农村经济调研，那么如何来确定各层调查乡数？

解：根据公式则相应可以算出山区、丘陵、平原和滨海四层抽取的样本数。

$S_i$（山区）＝（540/1800）×270＝81 个

$S_i$（丘陵）＝（360/1800）×270＝54 个

$S_i$（平原）＝（720/1800）×270＝108 个

$S_i$（滨海）＝（180/1800）×270＝27 个

即山区应抽取81个乡，丘陵应抽取54个乡，平原应抽取108个乡，滨海应抽取27个乡，总共组成270个乡作为样本来代表有1800个乡的总体。

（2）非等比例抽样。这种抽样法不是按照各个类型中单位数占总体单位数的比例分配样本单位，而是根据其他因素（如抽样误差大小与标志变异程度、抽样单位等的关系）来调整各类型的样本单位数。

分层的主要目的在于把总体分成一个个同质性较强的部分，即同质的层次，而层与层之间则是异质的。这样一来，在每一层次内，由于同质性程度较高，采取简单抽样或系统抽样时误差就会很小。同时分层抽样在整体上又兼顾到了总体的各个部分、各种层次。因而，所抽到的样本对总体结构的反映具有良好的效果。一般情况下，对于同一总体、同样大小的样本规模来说，分层抽样的精确程度往往高于简单抽样和系统抽样。分层抽样除了对总体具有较好的体现作用外，还便于我们在研究中分别了解和分析总体内各不同层次、不同类别的情况。因而，它在实际抽样调查中是最常采用的抽样技术之一，但需要注意的是分层的标准问题。在实际调查中，我们常常以调查所要分析和研究的主要变量或相关的变量作为分层的标准，以保证各层内部同质性强、保证各层之间异质性强、突出总体内在结构的变量作为分层变量，且分层的结果必须是每一个单位都归属于某一类，而不允许既可属于这一类、又可属于那一类，也不允许互相交叉或有所遗漏，必须是各类型单位的数量之和等于总体单位的数量，而不允许大于或小于总体单位的数量。

4. 整群抽样

整群抽样又称为分群抽样，与前几种抽样的最大差别在于，它的抽样单位不是单个的个体，而是成群的个体，所以它并不以抽样框的获得为前提。所谓整群抽样，就是从总体中成群地抽取调查单位。也就是说，要先将总体单位分为若干群，再在其中随机地抽取部分群，最后对抽取的群内所有的单位一一进行调查（见图4-5）。

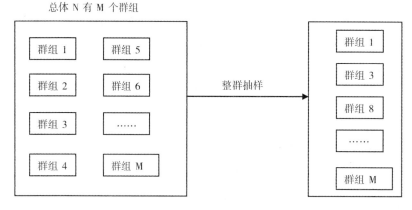

图4-5　整群抽样图

例如，假设某校有100个班级，每班都是30名学生，总共有3000名学生。现在要抽300名学生作为样本开展调查。为此，我们不需要一个一个地抽取，而是从全校100个班级中采取简单随机抽样的方法（或者是系统抽样法）抽取10个班级，这10个班级的全体学生就构成了我们调查的样本。

采取整群抽样的方法，由于样本单位比较集中，这不仅可以简化抽样的过程，更重要的是它可以降低收集资料的费用，同时还能相对地扩大抽样的应用范围。简单抽样和系统抽样都要求有一份抽样单位的清单，即样本框。如果采用整群抽样的方法，就可省去这种麻烦，使抽样变得简单易行，所以当前许多较大规模的社会研究往往从节省经费和人力以及研究的可行性等方面考虑，多采用整群抽样的方法。但是，应该看到，整群抽样所具有的简便易行、节省费用的优点，是以其样本的分布面不广、样本对总体的代表性相对较差等缺点为代价的。由于整群抽样所抽取的个体相对集中，且涉及的面相对较小，故在许多情况下样本的代表性不足，调查结果的偏差较大。

还有一点值得注意的是，整群抽样和分层抽样虽都是在第一步根据某种标准将总体划分为一些群体，但是，所划分出的子群体不同，而且抽样方法也完全不同。相对来说，整群抽样所划分出的子群体往往规模较小、数量较多，而分层抽样所划分的子群体则往往规模较大、数量相对较少。整群抽样是抽取若干子群体并将所抽出的子群体中的全部个体作为样本，而分层抽样则是在所有子群体中都采用简单随机抽样或系统抽样方法抽取出一个个子样本，再把这些子样本合起来构成总体的样本。因此，整群抽样的总体样本仅仅分布在总体的几个子群体中，而分层抽样的总体样本则遍布所有子群体。正是由于整群抽样与分层抽样存在上述差别，所以，在实际调查过程中我们要依据不同的总体来采用不同方法。如果总体中每一子群体内部的差异很小，而各个不同的子群体之间差异很大，那么我们应该采用分层抽样的方法；如果总体中每一子群体内部差异性很大，而各个子群体相互之间差异性较小，那么我们就应该采用整群抽样的方法。简言之，整群抽样适用于异质的子群体，而分层抽样适合于同质的子群体。

5. 多段抽样

多段抽样又称多级抽样或分段抽样，它是按抽样元素的隶属关系或层次关系，把抽样过程分为几个阶段进行的抽样方法。例如，在某高校抽取部分学生进行调查，我们可以先抽取部分院系，然后在所抽中的院系下抽取部分班级，最后在所抽中的班级下抽取部分学生来作为样本，那么这个过程就分为三个阶段进行。需要说明的是，在上述每个阶段的抽样中，都要采用简单随机抽样或系统抽样或分层抽样的方法进行。

实施多段抽样，首先要将调查总体各单位按一定标志分成若干集体，作为抽样的第一级单位,再将第一级单位又分成若干小的集体,作为抽样的第二级单位,依此类推,还可分为第三级,第四级单位。然后要依照随机原则,先在第一级单位中抽出若干单位作为第一级单位样本,再在第一级单位样本中抽出第二级单位样本,依此类推。调查工作至第二级单位样本者,为两段随机抽样;至第三级单位、第四级单位样本者,为三段或四段随机抽样。在运用多段抽样方法时,有一点需要注意,就是要在类别和个体之间保持平衡;或者说须保持合适的比例。

例如,假设某市共有 3 万名教师,他们分布在全市 10 个区的 200 所学校中。现在要抽取一个由 1500 名教师组成的样本,如果按照三阶段抽样的方法,我们就可以有下列各种不同的抽样选择(见表 4 - 4)。

表 4 - 4　多阶段抽样方法可采用的不同抽样方案

|  | 第一阶段 | 第二阶段 | 第三阶段 |
|---|---|---|---|
| 方案 1 | 抽 10 个区 | 每个区抽 15 所学校 | 每所学校抽 10 名教师 |
| 方案 2 | 抽 10 个区 | 每个区抽 5 所学校 | 每所学校抽 30 名教师 |
| 方案 3 | 抽 6 个区 | 每个区抽 25 所学校 | 每所学校抽 10 名教师 |
| 方案 4 | 抽 5 个区 | 每个区抽 12 所学校 | 每所学校抽 25 名教师 |
| 方案 5 | 抽 4 个区 | 每个区抽 15 所学校 | 每所学校抽 25 名教师 |
| 方案 6 | 抽 3 个区 | 每个区抽 10 所学校 | 每所学校抽 50 名教师 |
| 方案 7 | 抽 2 个区 | 每个区抽 25 所学校 | 每所学校抽 30 名教师 |
| 方案 8 | 抽 2 个区 | 每个区抽 10 所学校 | 每所学校抽 75 名教师 |
| 方案 9 | 抽 1 个区 | 每个区抽 20 所学校 | 每所学校抽 75 名教师 |

究竟该选择哪一种抽样方案呢?或者说,如何确定每一阶段抽样的单位数目呢?主要考虑的因素有两个方面:一是各个抽样阶段中的子总体同质性程度。同质性程度越高的子总体,所抽的规模就应相对小一点;反之,则应大一点。二是要考虑拥有的人力和经费。一般来说,在其他条件不变的情况下,样本所覆盖的面越大,样本的代表性也越大。因此,如果仅从这方面考虑,则"大的类别中抽取单元相对较多,而每一单元中抽取个体相对较少"的做法效果较好(即方案 1 最好,依次递减,方案 9 最差)。但是,抽样时我们还应从实践的角度来进行衡量。抽的区越多、抽的学校越多,同时也意味着收集资料时调查员要奔波的范围越广,所需要的时间、经费越多。而这则是研究者往往最不愿意看到的。所以,如果从这方面来考虑,则"大的类别中相对较少,而每一类中抽取的个体相对较多"的做法效果较好(即方案 9 最好,依次递减,方案 1 最差)。

由于多段抽样不需要总体的全部名单,各阶段的抽样单位数一般较少,因而抽样比较容易进行。多段抽样的主要目的是把抽样范围慢慢缩小，以便节省人力和经费，所以该抽样的方法往往适用于总体范围特别大、对象的层次特别多的社会研究，但由于每级抽样时都会产生误差，故这种抽样方法的误差较大。在同等条件下减少该种抽样误差的方法就是相对增加开头阶段的样本数而适当减少最后阶段的样本数。如上面的案例中，方案 1 和方案 3 相对来说，抽样误差会比较小些。

6. 户内抽样

研究者在采用多段抽样的方法时往往会深入家庭，以入户访谈的方法收集资料。例如，要调查新农村建设情况如何，农民的生活方式有没有发生很大的改变，研究者就要采用多段抽样的方法从某一县中抽取乡，再从乡中抽取村，从村中抽取居民组，然后从居民组中抽取家庭户，最后从家庭户中抽取一位成年人作为访谈对象。在这种研究中，不仅需要抽出家庭户的样本，同时还要进行户内抽样，即从所抽中的每户家庭中抽取一个成年人，以构成访谈对象的样本。在抽取家庭户中的成年人之前的每个抽样阶段，我们可以采用前面所介绍的任何方法。而这最后一个阶段的抽样则可以采取一种被称做"Kish 选择法"的方式进行。根据这种方法，每户家庭中所有的成年人（比如说 18 岁以上者）都具有同等的被选中的机会。

研究者先将调查表分为（编号为）A、B1、B2、C、D、E1、E2、F 八种，每种表的数目分别占调查表总数的 1/6、1/12、1/12、1/6、l/6、1/12、1/12、1/6。同时，印制若干套（一套八种）"选择卡"发给调查员，每人一套。"选择卡"的形式如表 4 – 5 所示。

表 4 – 5　Kish 选择表

| A 式选择表 | | B1 式选择表 | |
|---|---|---|---|
| 如果家庭户中 18 岁以上人口数为 | 被抽选人的序号为 | 如果家庭户中 18 岁以上人口数为 | 被抽选人的序号为 |
| 1 | 1 | 1 | 1 |
| 2 | 1 | 2 | 1 |
| 3 | 1 | 3 | 1 |
| 4 | 1 | 4 | 1 |
| 5 | 1 | 5 | 2 |
| 6 或以上 | 1 | 6 或以上 | 2 |

续表

| B2 式选择表 | | C 式选择表 | |
|---|---|---|---|
| 如果家庭户中 18 岁以上人口数为 | 被抽选人的序号为 | 如果家庭户中 18 岁以上人口数为 | 被抽选人的序号为 |
| 1 | 1 | 1 | 1 |
| 2 | 1 | 2 | 1 |
| 3 | 1 | 3 | 2 |
| 4 | 2 | 4 | 2 |
| 5 | 2 | 5 | 3 |
| 6 或以上 | 2 | 6 或以上 | 3 |

| D 式选择表 | | E1 式选择表 | |
|---|---|---|---|
| 如果家庭户中 18 岁以上人口数为 | 被抽选人的序号为 | 如果家庭户中 18 岁以上人口数为 | 被抽选人的序号为 |
| 1 | 1 | 1 | 1 |
| 2 | 2 | 2 | 2 |
| 3 | 2 | 3 | 3 |
| 4 | 3 | 4 | 3 |
| 5 | 4 | 5 | 3 |
| 6 或以上 | 4 | 6 或以上 | 5 |

| E2 式选择表 | | F 式选择表 | |
|---|---|---|---|
| 如果家庭户中 18 岁以上人口数为 | 被抽选人的序号为 | 如果家庭户中 18 岁以上人口数为 | 被抽选人的序号为 |
| 1 | 1 | 1 | 1 |
| 2 | 2 | 2 | 2 |
| 3 | 2 | 3 | 3 |
| 4 | 4 | 4 | 4 |
| 5 | 5 | 5 | 5 |
| 6 或以上 | 5 | 6 或以上 | 6 |

　　调查员首先要对每户家庭中的成年人进行排序和编号，排序的方法是男性在前，女性在后；年纪大的在前，年纪小的在后，即最年长的男性排第一，次年长的男性排第二，依此类推；最年长的女性排在最年幼男性后面，其他女性也按年纪从大到小接着排列（见表4－6）。

### 表4-6　家庭内成年人排序表

| 序号 | 年龄和性别特征 |
| --- | --- |
| 1 | 最年长的男性 |
| 2 | 次年长的男性 |
| ⋮ | ⋮ |
| n | 最年幼的男性 |
| n+1 | 最年长的女性 |
| n+2 | 次年长的女性 |
| ⋮ | ⋮ |
| n+m | 最年幼的女性 |

　　然后，调查员按照调查表上的编号找出与编号相同的那种"选择表"，根据家庭人口数目从"选择表"中查出该被选个体的序号，最后对这一序号所对应的那个家庭成员进行访谈。比如，某家庭18岁以上的成年人共有四人：祖母、父亲、母亲、儿子。其排序则为：1. 父亲；2. 儿子；3. 祖母；4. 母亲。若调查表为A类，则抽取父亲；若调查表为B2类，则抽取儿子；若调查表为D类，则应抽取祖母；若调查表为F类，则应抽取母亲。

　　户内抽样不仅可以使研究者收集到样本家庭的资料，同时也可以收集到由这些被访者所构成的个人样本的资料，这种资料可以用来描述这一地区所有成年人所构成的总体。但户内每个成年人是否有相等的被抽中的机会还得受家庭人口数的限制，如家庭的成人数少的成人被抽中的概率大，家庭的成人数多（大于6人）的成人（如位于后面的年轻女性）被抽中的概率小。

　　7. PPS抽样

　　以上所介绍的抽样方法有一个共同的特点：总体（或子总体）中的每一个元素都具有同等被抽中的机会。如果总体中每个元素的"大小"基本相同，或者每一个元素在总体中的地位或重要性相差不多，则这种基于同等概率的抽样是合适的。但当元素的大小不同，或者元素在总体中的地位不同时，则需要采用不等概率抽样的方法。例如，假设要从全市100家企业，总共20万名职工中，抽取1000名职工进行调查。我们采取多段抽样的方法，首先从100家企业中随机抽取若干家企业，如抽取20家；然后再从这20家企业中分别抽取50名职工（50×20＝1000）构成样本。需要注意的是，这100家企业的规模是不同的：最大的企业多达16000名职工，而最小的企业则只有200名职工。如果这样的两个企业都选入第一阶段的样本（即都进入20家企业的样本），那么它们在第一阶段的入选概率是相同的，即都为20÷100＝

20% ; 但第二阶段从每家企业中抽取职工时, 这两家企业中每个职工被抽中的概率却大不一样: 前者的概率为 $50 \div 16000 = 0.3125\%$ , 而后者的概率则为 $50 \div 200 = 25\%$ 。这样, 规模大的企业中每个职工被抽中的概率则为 $20\% \times 0.3125\% = 0.0625\%$ , 而规模小的企业中每个职工被抽中的概率为 $20\% \times 25\% = 5\%$ , 规模大的企业中的职工相对于规模小的企业中的职工来说, 他们被抽中的概率要小得多 (后者是前者的 80 倍)。为了解决这一问题, 在社会调查中有一种常用的不等概率抽样方法叫做 "概率与元素的规模大小成比例的抽样", 简称 PPS 抽样。

所谓 PPS 抽样, 是指在多阶段抽样中, 尤其是二阶段抽样中, 初级抽样单位被抽中的机率取决于其初级抽样单位的规模大小, 初级抽样单位规模越大, 被抽中的机会就越大, 初级抽样单位规模越小, 被抽中的机率就越小。就是将总体按一种准确的标准划分出容量不等的具有相同标志的单位在总体中不同比率分配的样本量进行的抽样。

PPS 抽样主要分两个阶段进行, 现以上面列举的从全市 100 家企业, 总共 20 万名职工中, 抽取 1000 名职工进行调查这个案例来说明具体的操作方法:

(1) 将各个元素 (即企业) 排列起来, 然后写出它们的规模, 计算它们的规模在总体规模中所占的比例; 将它们的比例累计起来, 并根据比例的累计数依次写出每一元素所对应的选择号码范围 (该范围的大小等于元素规模所占的比例, 见表 4 - 7 中第一、第二、第三、第四列)。

(2) 采用随机数表的方法或系统抽样的方法选择号码, 号码所对应的元素入选第一阶段样本 (见表 4 - 7 中第五、第六列)。

(3) 从所选样本中进行第二阶段抽样 (即从每个被抽中的元素中抽取 50 名职工)。

由于规模大的企业所对应的选择号码范围也大, 而选样号码范围大时, 被抽中的概率也大 (有些特别大的企业还可能抽到不止一个号码, 如企业 3 就抽到两个号码。那么在第二阶段抽样中, 就要从企业 3 中抽取 $50 \times 2 = 100$ 名职工)。由于规模大的企业在第一阶段抽样时被抽中的概率大于规模小的企业, 这样就补偿了第二阶段抽样时规模大的企业中每个职工被抽中的概率小的情况, 使得无论规模大还是规模小的企业中, 每个职工总的被抽中的概率都是相等的。所以, 这种方法最终抽出的样本对总体的代表性也大。

表4－7　用PPS方法抽取第一阶段样本举例①

| 序号 | 规模 | 所占比例（%） | 累计（%） | 选择号码范围 | 所选号码 | 入样元素 |
|------|------|------|------|------|------|------|
| 企业1 | 3000 | 1.5 | 1.5 | 000～014 | 012 | 元素1 |
| 企业2 | 2000 | 1 | 2.5 | 015～024 | 048、095 | 元素2、元素3 |
| 企业3 | 16000 | 8 | 10.5 | 025～104 | | |
| 企业4 | 200 | 0.1 | 10.6 | 105 | | |
| 企业5 | 1200 | 0.6 | 11.2 | 106～111 | | |
| 企业6 | 6000 | 3 | 14.2 | 112～141 | 133 | 元素4 |
| 企业7 | 800 | 0.4 | 14.6 | 142～145 | | |
| 企业8 | 600 | 0.3 | 14.9 | 146～148 | 148 | 元素5 |
| 企业9 | 1400 | 0.7 | 15.6 | 149～155 | | |
| 企业10 | 4200 | 2.1 | 17.7 | 156～176 | 171 | 元素6 |
| ⋮ | ⋮ | ⋮ | ⋮ | ⋮ | ⋮ | ⋮ |
| 企业98 | 400 | 0.2 | 98.8 | 978～987 | | |
| 企业99 | 1800 | 0.9 | 99.7 | 988～996 | 995 | 元素20 |
| 企业100 | 600 | 0.3 | 100 | 997～999 | | |

　　PPS抽样是一种使每个单位均可按其规模大小成比例被抽中的抽样方式，不仅提高了样本的代表性，也减少了抽样误差。但在实践操作中，由于该抽样本需要事先知道每一个单位的规模，所以运作起来并不是一件十分容易的事情。

## （三）非随机抽样方法

　　在前面介绍非随机抽样方法的优缺点时，我们都知道了非随机抽样不是按照随机均等的原则，而是根据人们的主观经验或其他条件来抽取样本。虽说做起来方便、省时、省力、省钱，但其样本的代表性往往较小，误差有时相当大，而且这种误差又无法估计。所以，在大规模的正式调查研究中一般很少用非随机抽样，常常只是在探索性研究中采用。常用的非随机抽样有以下几种：

　　1. 偶遇抽样

　　偶遇抽样对应于简单随机抽样的非随机抽样，又称方便抽样、便利抽样。偶遇抽样要求调查者根据实际情况，以自己方便的形式遇到谁就调查谁，即对样本的选择只考虑容易接近样本或离得最近的、最容易找到的人就是调查

---

　　①　风笑天：《现代社会调查方法》，华中科技大学出版社，2009年。

对象。如在街头路口、商场、剧院、车站、码头等公共场所，随便选择某些行人、顾客、观众、旅客作为抽样对象进行访问调查。

这种抽样方法简便易行，节约时间和费用，能及时取得所需要的资料，往往被有些人误认为就是随机抽样。仅从表面上看，两者的确有些相似，都排除了主观因素的影响，纯粹依靠客观机遇来抽取对象，但两者有一个根本性的差别，偶遇抽样没有保证总体中的每一个成员都具有同等的被抽中的概率，一般在调查总体中每一个体都是同质时才能采用此类方法，但在实践中这种情况几乎不出现，也不需采用抽样来进行调查，所以偶遇抽样抽出的样本也没有足够的代表性，得出的调查结果偏差很大，可信程度较低，故这种方法常适用于非正式的探测性调查，或调查前的准备工作。如当前很多企业为了随时掌握瞬息万变的市场行情变化的信息，常在正式市场调查之前采用此方法进行事前的小规模试验性调查。

2. 判断抽样

判断抽样又称立意抽样或主观抽样，是指调查者依据自己的主观经验，来选择那些适合研究目的且最能代表总体的单位作为样本的抽样方法。

判断抽样可以有两种具体做法：一是由专家判断选择样本。一般采用平均型或多数型的样本为调查单位，通过对典型样本的研究由专家来判断总体的状态。所谓"平均型"，是在调查总体中挑选代表平均水平的单位作为样本，以此作为典型样本，再推断总体。所谓"多数型"，是在调查总体中挑选占多数的单位作为样本来推断总体。二是利用统计资料判断选择样本，即利用调查总体的全面统计资料，按照一定标准选择样本。

判断抽样的主要优点在于可以充分发挥研究人员的主观能动作用，特别是当研究者对研究总体的情况比较熟悉，研究者的分析判断能力较强、研究方法与技术十分熟练、研究的经验比较丰富时，采用这种方法往往十分方便。但是这种方法易由于主观判断产生抽样误差，同时，由于判断抽样中各个调查单位被抽取的概率无法获知，因而无法计算抽样误差和可信度。所以，在实际中，这种抽样多用于总体规模小、所涉及的范围较窄、或时间及人力等条件有限而难以进行大规模抽样的情况。

3. 定额抽样

定额抽样又称做配额抽样，它是一种比偶遇抽样复杂一些的非概率抽样方法。它是指调查人员将调查总体按一定的标志分类或分层，确定各类或各层单位的样本数额，在配额内任意抽选样本的抽样方式。

定额抽样法和分层抽样十分相似，两者都是事先对总体中所有单位按其属性、特征分类，这些属性、特征我们称为"控制特征"。例如，调查中的性别、文化程度、年龄、收入、职业等。然后，按各个控制特征分配样本数额。但定额抽样与分层抽样又有明显的区别，分层抽样是按随机原则在层内抽取样本，而定额抽样则是由调查人员在配额内主观判断选定样本。

定额抽样与判断抽样也有区别。一是抽取样本的方式不同。定额抽样是分别从总体的各控制特征的层次中抽取若干个样本，而判断抽样是从总体的某一层次中抽取若干个符合条件的典型样本。二是抽样要求不同。定额抽样注重"量"的分配，而判断抽样注重"质"的分配。三是抽样方法不同。定额抽样方法复杂精密，判断抽样的方法简单易行。

实施定额抽样，研究者要尽可能地依据那些有可能影响研究变量的各种特征（或控制特性）来对总体分层，并找出具有各种不同特征的成员在总体中所占的比例。然后依据这种划分以及各类成员的比例去选择调查对象，使样本中的成员在上述各种特征（或控制特性）方面的构成和在样本中的比例尽量接近总体的情形。具体方法有两种：

（1）独立控制定额抽样法。独立控制定额抽样法是指调查者只对样本独立规定一种特征（或一种控制特性）情况下的样本数额。如在大学生择业倾向调查中，按专业特征分别规定不同专业的样本数目，就属于独立控制配额抽样法。人们通常把大学生的院系、专业、年级分别进行定额抽样，而不考虑这三个控制特性的交叉关系。

（2）相互控制定额抽样法。相互控制定额抽样法是指在按各类控制特性独立分配样本数额的基础上，再采用交叉控制，安排样本的具体数额的抽样方法。

例如，假设某高校有10000名学生，其中男生占40%，女生占60%；文科学生和理科学生各占50%；一年级学生占40%，二年级、三年级、四年级学生分别占30%、20%和10%。现在要用定额抽样方法依上述三个特征抽取一个规模为200人的样本。依据总体的构成和样本规模可得到定额抽样表（见表4-8）。

**表4-8　定额抽样表**

单位：人

| 年级 | 男生（80） | | | | | | | | 女生（120） | | | | | | | |
| --- | --- | --- | --- | --- | --- | --- | --- | --- | --- | --- | --- | --- | --- | --- | --- | --- |
| | 文科（40） | | | | 理科（40） | | | | 文科（60） | | | | 理科（60） | | | |
| | 一 | 二 | 三 | 四 | 一 | 二 | 三 | 四 | 一 | 二 | 三 | 四 | 一 | 二 | 三 | 四 |
| 人数 | 16 | 12 | 8 | 4 | 16 | 12 | 8 | 4 | 24 | 18 | 12 | 6 | 24 | 18 | 12 | 6 |

表4-8的最下面一行就是样本中具有各种特征的学生数目。这一数目是依据总体中的特征（或一种控制特性）分配的，它使得样本在这几个特征

（或一种控制特性）与总体保持一致。可以想象，如果所依据的特征（或一种控制特性）越多，样本中成员的分类也将越细，与总体的结构也将越接近。同时我们也可以看出，每增加一个分类特征（或一种控制特性），这种分布的复杂性就会增加一层，抽样的步骤就会增加一步。

定额抽样法适用于调查者对总体的有关特征具有一定了解且样本数较多的情况。实际上，定额抽样法是先"分层"（事先确定每层的样本量）再"判断"（在每层中以判断抽样的方法选取抽样个体）。由于这种抽样方法易于实施，费用不高，能满足总体比例的要求，所以一些研究者在不严格强调随机的要求下还是愿意根据事先规定的条件有目的地去寻找样本。但是，这种抽样方法只能局限于用几种方便控制的特征进行分类和定额，且调查者可以主观地在保证各种类型特征定额的情况下自由地选取自己方便获得的调查对象，从而无法保证所得到的样本很好地代表总体，或者说极易造成样本与总体之间的偏差。

4. 雪球抽样

它是以"滚雪球"的方式，首先是找出少数个体，然后通过这些个体了解更多的个体，再通过更多的个体去了解另外的个体；依此类推下去，了解的个体越来越多，越来越接近于总体。这种方式特别适用于比较特殊、低发生率或少见的调查对象或总体中。例如，要了解我国目前打工妹的生活状况，可先与已知的人联系，请她们把她们自己认识的有关人员告诉研究者，研究者通过这些人提供的名单以问卷等形式再行查询，如此反复几次，便可以调查整体中的绝大部分。这样，再进行详细的调查时便可以在这些已知名单中进行抽样了。

在总体情况不明的时候，滚雪球方法可以帮助研究者克服传统的抽样方法所遇到的困难。但我们必须意识到，"雪球"未滚到的那一部分可能具有值得研究的性质，这部分的省略可能会使结果产生偏误。此外，这种方法由于通常采用邮寄问卷的方法，所以回收率往往很低。

## （四）样本规模与抽样误差

1. 样本规模

（1）样本规模的含义。样本规模也称为样本容量，是指一个样本中所包含的元素数量的多少。确定样本规模也是每一项具体的社会调查研究所必须解决的问题之一。统计学中通常以 30 为界，把样本分为大样本（30 个个案及以上）和小样本（30 个个案以下）。之所以这样区分，是因为当样本规模大于 30 时，其平均值的分布将接近于正态分布，许多统计学的公式就可以运用，也可以用样本的资料对总体进行推论。但是，需要注意的是，30 个个案的样本对于具体的社会调查研究来说却常常是不够的。统计学中的大样本与社会调查研究中的大样本并不是一回事。根据一些社会研究专家的看法，社会调查研究中的样本规模不能少于 100 个个案。

在 95% 的置信度条件下（t = 1.96）计算出不同抽样误差所对应的最小样本量规模如表 4 - 9 所示（为计算简便，取 t = 2）。

表 4 - 9　95% 置信水平下不同抽样误差所要求的样本规模①

| 容许的抽样误差（%） | 样本规模 n | 容许的抽样误差（%） | 样本规模 n |
| --- | --- | --- | --- |
| 1.0 | 10000 | 6.0 | 277 |
| 1.5 | 4500 | 6.5 | 237 |
| 2.0 | 2500 | 7.0 | 204 |
| 2.5 | 1600 | 7.5 | 178 |
| 3.0 | 1100 | 8.0 | 156 |
| 3.5 | 816 | 8.5 | 138 |
| 4.0 | 625 | 9.0 | 123 |
| 4.5 | 494 | 9.5 | 110 |
| 5.0 | 400 | 10.0 | 100 |
| 5.5 | 330 | | |

（2）影响样本规模确定的因素。为了既能保证样本的代表性，使调查在统计分析中达到规定的精确度，又可以尽可能缩小样本数目以达到经济方便的目的，研究者必须确定一个最低限度的而又充分的样本数。样本数量的多少是依总体的性质和研究目的而定的。影响样本必需量的有四个主要因素，即总体的规模，推断的把握性与精确性，总体的异质性程度，研究者所拥有的经费、人力和时间。

1）总体的规模。样本规模与总体规模之间存在着密切的关系。总体规模越大，样本规模也相对增加，但当总体规模大到一定程度时，样本规模的增加与它并不保持同等的增长速度，而是呈现出一定的对数特征。图 4 - 6 表明，在其他有关因素一定时，样本规模的增加速度大大低于总体规模的增加速度。换句话说，当总体规模达到一定程度时，样本规模的改变量是很小的。由此，一般认为，总体规模 N ≤ 100 时，应进行全面调查；总体规模从 1000增加到 10000 时，样本规模也有所增长；但当总体规模在 10000 以上时，样本规模则无需有很大变化，根据几百个样本就可以推断几万以上的总体。在社会调查中，通常样本规模都在 200 ~ 1000，国外的民意测验的样本容量也

---

① 　de Vaus D. A. Surveys in Social Research. George Allen & Unwin Ltd. , 1986：63.

很少超过 2000 人。

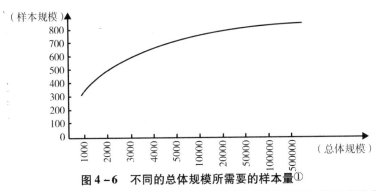

**图 4-6　不同的总体规模所需要的样本量①**

　　注：相对于 95% 的置信水平，±3% 的置信区间和总体参数值是以 50% 对 50% 比例均分的假定而言的。

　　2）推断的把握性与精确性。在社会调查中，我们常用置信水平与置信区间两个概念来说明样本规模与抽样的可靠性及精确性之间的关系。一般来说，在其他条件一定的情况下，置信水平越高，即推论的可靠性越大，则所要求的样本规模就越大。另外，在其他条件一定的情况下，置信区间越小，即样本统计值与总体参数值之间的误差范围越小，则所要求的样本规模就越大。表 4-10 就是简单随机抽样所需最小的样本容量表，我们可以明显看出，当抽样误差为 3% 时，99% 的置信度要求 1849 个样本，而 95% 置信度只要求 1067 个样本；在 95% 置信度下，当抽样误差从 2% 降低到 1%，降低了一个百分点时，样本规模从 2401 增加到 9604，增加了近 4 倍。但是，抽样误差的大小不是与样本容量成反比，而是与样本容量的平方根成反比，因此，当样本容量增大到一定程度以后（如 3000），再继续增加样本量，其精确度提高的程度越来越小，多花费的研究精力和时间就有点得不偿失。

**表 4-10　简单随机抽样所需最小的样本量②**

| 抽样误差＼置信水平 | 90% | 95% | 99% |
|---|---|---|---|
| 1% | 6806 | 9604 | 16641 |
| 2% | 1702 | 2401 | 4160 |
| 3% | 756 | 1067 | 1849 |

　①　风笑天：《现代社会调查方法》，华中科技大学出版社，2009 年。

　②　资料来源：http：//ued. alipay. com/ued/wp - content/uploads/2010/12/aa. jpg。

续表

| 抽样误差 \ 置信水平 | 90% | 95% | 99% |
|---|---|---|---|
| 4% | 425 | 600 | 1040 |
| 5% | 272 | 384 | 666 |
| 6% | 189 | 267 | 462 |

3）总体的异质性程度。总体的异质性程度对所需样本规模的影响也十分明显。总体中成员相互之间不存在差别时，只要了解其中之一就行了。这当然是极端的情况。一般来说，要达到同样的精确性，在同质程度高的总体中抽样时，所需要的样本规模就小一些；而在异质程度高的总体中抽样时，所需要的样本规模就大一些。其主要原因是：同质性越高，表明总体在各种变量上的分布越集中，波动性越小，同样规模的样本对总体的反映就越准确；而异质性程度越高，表明总体在各种变量上的分布越分散，波动性越大，同样规模的样本对总体的反映就会越差。

4）研究者所拥有的经费、人力和时间。从精确度和总体的异质程度来考虑，样本规模越大则越有代表性，但是，一个研究者能支配的资源是有限的，很多时候，研究者也要受自己的经费、精力和时间限制，出于可行性考虑，需要缩小样本规模。根据表 4 - 10 所示，在 95% 置信度下，当抽样误差从 2% 降低到 1%，降低了一个百分点时，样本规模从 2401 增加到 9604，增加了近 4 倍，研究费用也增加了 4 倍。样本越多，意味着研究碰到的障碍和花费的精力越多，所以，研究者可以根据实际情况来降低或增加样本规模。

2. 抽样误差

（1）抽样误差的含义及其分类。抽样误差是指样本统计量和总体参数之间的差异。随机原则本身就决定概率抽样不可能为总体参数提供一个唯一的估计值，所以用样本统计量去推断总体参数时，误差总是不可避免的。

例如，有 10 个人，年龄分别为 13 岁、13 岁、14 岁、15 岁、15 岁、16 岁、16 岁、17 岁、17 岁、19 岁，平均为 15.5 岁。现假设抽取两人作为样本进行调查，我们总共可以抽取 $C_{10}^2 = 45$ 个不同的样本，其中，只有当样本为（14、17）、（17、14）、（15、16）、（16、15）时才和总体情况一致，其余都会产生误差。因而，在抽样调查中，由样本做出的估计值会随着抽取的样本不同而变化，即使观察完全正确，它和总体之间也往往存在差异。

除了抽样误差以外，社会研究中还存在另一种误差，即度量误差，它是指在记录、填答、汇总等工作中所出现的误差。如访问员没有按要求发放问卷、被调查者应答不当、选择测量工具不当、数据处理不当或抽样调查设计不当等。由于这种误差完全受人的主观影响，所以这种度量误差也称为非抽样误差或系统误差。

（2）抽样误差的影响因素。由于在社会调查中，不可能抽出毫无偏差的代表总体的所有特点和关系的样本。所以对于调查者来说，重要的不是避免误差，而是能预测误差的大小和控制它的大小。影响抽样误差大小的因素主要有以下几个方面：

1）总体单位之间的特征差异程度。总体单位之间特征差异程度大，抽样误差则大，反之则小。如调查某区居民的日常生活消费品（食品、蔬菜）的消费量，在一定的生产力水平下，无论该区居民的收入、职业、文化程度有多大的差异，在生活必需品消费这个特征上的差别还是比较小的，所存在的抽样误差也比较小，但若想调查高档商品（如私人汽车、高级音响等）消费普及率的市场情况时，由于消费者收入水平不同，高档商品消费具有明显特征，那么所存在的抽样误差也比较大。

2）样本单位的数目多少与抽样误差大小有关。抽样误差是与样本容量呈反向关系的，抽样误差随样本容量的增加而减小。因而，样本容量 n 是我们手中握有的控制抽样误差的"王牌"。每当我们感到抽样调查的代表性不够时，我们就把样本容量加大一些。

进一步研究还表明，对于小总体，样本容量的略微增加，会带来代表性方面很显著的提高；而对大总体，当样本容量较大时，再增加 n 收效就不大了。因此，即使面对大总体，许多调查机构也将他们的样本容量限制在 2000 以内。

3）抽样方法的不同，抽样误差大小也不同。一般来说，非随机抽样比随机抽样的误差大；简单抽样比分层、整群、多段抽样误差大；整群抽样、多段抽样又比分层抽样的误差大；重复抽样比不重复抽样误差大。

## 二、案例评析

### 【案例4.1】

#### 如何制定调查的抽样方案

——上海外来人口（农民工）与上海本市居民调查抽样方案说明①

为了把握上海外来人口现状，搞好外来人口的服务和管理工作，受上海市农业委员会委托与资助，复旦大学人口研究所于 2006 年 9 月对上海外来人口和本市居民进行了抽样调查，这次调查的特点，一是对外来人口和本市居民进行了同步调查；二是涉及问题多，外来人口调查问卷涉及 137 个问题

---

① 王桂新等：《中国城市农民工市民化研究——以上海为例》，《人口与发展》2008 年第 1 期。

（或指标），本市居民调查问卷涉及 61 个问题。为了保证调查对象和调查方法的科学合理，特制定如下调查抽样方案：

1. 外来人口调查

1.1 调查地区与样本规模

由于上海外来人口主要分布在郊区，2005 年分布在郊区的外来人口已接近全市的 80%。据此，本次抽样调查将调查地区确定为上海郊区 10 区县。

考虑样本的代表性、调查经费的限制以及调查操作的可行性，本次抽样调查确定外来人口样本为 1000 人。

1.2 抽样方法

根据外来人口的特点，本次抽样调查采取了分类（层）、分组、等量随机抽样调查法。

（1）分类（层）确定调查样本。根据外来人口工作的稳定性和流动性，将其大致划分为两类人：一类是在企业工作、比较稳定的人；另一类是主要在劳务市场寻找工作的流动性较强的人。这两类外来人口在数量上差不多，因此确定在企业调查 500 人，对流动性较强的外来人口调查 500 人。

（2）分组等量调查。因为每个区县的外来人口规模都很大，所以确定对在企业工作、比较稳定的 500 人在 10 个区县等量调查，每区县调查 50 人。同样道理，上海市劳动部门分别在闵行、松江两区建立了 2 个大型劳务市场，大量的流动性比较强的人都在这里寻找工作，所以由此确定在 2 个大型劳务市场分别调查 200 个流动性比较强的人。为了尽可能使调查样本分布均衡，郊区 10 区县每个区县再调查 10 个流动性较强的外来人口。

（3）样本的选取调查。每个区县 50 个在企业工作、比较稳定的外来人口的调查方法是：首先把雇用外来人口较多的企业汇总排队，在其中随机抽取 10 家企业，每家企业再随机抽取 5 人进行调查。

在两大劳务市场调查的外来人口由于流动性比较强，所以均采用随机抽样调查的方法，各区县调查的 10 个流动性较强的外来人口，也同样随机抽样调查。

2. 本市居民调查

2.1 调查地区与样本分布

对应于外来人口调查样本的分布，在郊区 10 区县调查 600 人，每个区县等量调查 60 人。另外，分别在市级党政机关、群众组织的管理人员和高等院校及科研院所的研究人员中调查 50 人。

2.2 抽样方法

各区县对本市居民的调查，采用分层、等量随机抽样调查方法。首先，各区县随机抽取 3 个街道或乡镇；其次，每个街道或乡镇随机抽取 2 个居委会；最后，每个居委会再随机抽取 10 名成人居民进行调查。

其他 50 名城市居民，按党政机关 15 名、群众团体（工、青、妇）15 名、高等院校 10 名、科研院所 10 名的比例分配，并分别根据随机抽样方法确定对象进行调查。

另外需要说明的是，本次抽样调查最后的汇总问卷比以上调查的样本问卷数量多 20 份左右，这是因为在汇总问卷中也包括了具有同样质量的对外来人口和本市居民的试调查问卷。

【案例 4.1 评析】

实施问卷调查必须事先制定抽样方案。抽样方案往往作为整个课题调查方案的一个部分，而不单独成篇。较复杂的大型调查，也有专门设计并独立成篇的抽样方案或抽样说明。本案例就是一份这样说明。抽样方案的主要任务是确定抽样对象和样本规模，选择抽样方法，并根据选定的抽样方法，具体说明怎样进行抽样。本案例较好地做到了这些，并写得简洁、明了，值得学习参考。

【案例 4.2】

### 如何在多段抽样中灵活运用随机抽样的其他抽样方法

假定某县有 20 个乡，每乡有 10 个村民委员会，每个村民委员会有 10 个自然村，每个自然村有 50 户。这样，全县共有 20 个乡、200 个村民委员会、2000 个自然村、10 万户。现要对该县计划生育状况按户作 5% 的抽样调查，并决定采用多段随机抽样的方法，抽取 500 户作为样本，那么该如何采用多段抽样方法来抽取样本呢？

首先，采用多段抽样方法确定抽样单位。根据该县的社会组织有四个层次，即乡、村民委员会、自然村和户，就可确定采取四段随机抽样的方法抽取样本，并可确定将乡作为第一级单位，村民委员会作为第二级单位，自然村作为第三级单位，户作为第四级单位。

其次，在四段抽样中分别采用分层抽样、等距抽样、整群抽样和简单随机抽样法逐步抽取样本。

一段抽样，由县抽乡。为了使抽出的样本具有较大的代表性，使调查结果有较高的精确度，这里应采取分层抽样的方法抽取样本。假定按经济发展状况作为分类标准，根据该县的实际情况，经济发展状况较好的有 4 个乡、一般的有 12 个乡、较差的有 4 个乡，就可确定抽取 5 个乡作为样本。按照比例，经济发展状况较好的抽1个乡，一般的抽3个乡，较差的抽1个乡，这5个乡就构成了第一级单位样本。

二段抽样，由乡抽村民委员会。为了使样本分布比较均匀，这里可采取等距抽样的方法。第一级单位样本的5个乡，共有50个村民委员会，如确定从中抽10个村民委员会作为第二级单位样本，抽样的间隔应为50/10＝5。假定在第一个间隔内抽中的村民委员会的编号是2，那么依次确定抽取的10个村民委员会的编号应为2，7，12，17，22，27，32，37，42，47。这样就得到了由10个村民委员会组成的第二级单位样本。

三段抽样，由村民委员会抽自然村。为了便于集中调查，节约人力、财力、物力和时间，这里应采取整群抽样的方法。第二级单位的10个村民委员会，共有100个自然村，可先分为50个群，即将相邻两个自然村组成1群，然后从50个群（共100个村）中抽出10个群（共20个村）作为第三级单位样本。

四段抽样，由自然村抽户。为了简便易行，这里可采取简单随机抽样的方法。第三级单位样本的10个群，共有20个自然村、1000户，从每群中按简单随机抽样方法抽取50户，就可抽出500户作为第四级单位样本，即实施调查的具体对象。

【案例4.2评析】

多段抽样方法能够将各种抽样法的优点融为一体，从而达到最小的人力、财力、物力消耗和最佳的抽样效果，它比较适用于调查总体的范围大、单位多、情况复杂的调查对象。由于多段抽样是随机抽样的一种重要方法，所以在每一段抽样时还得根据调查任务的要求和调查工作的主客观条件，灵活选择随机抽样的其他抽样方法，才能收到最佳的调查效果。

## 【案例4.3】

### 如何确定样本规模

某职业院校招生就业处为了了解本校去年毕业生的就业质量，拟开展一次大型调查。该校有学生近2万人，去年毕业的学生有6000人。如果采用全面普查，经费受限，且操作起来难度很大，不可能联系上流动在全国各大城市已工作的学生。因此只能采取抽样调查，可要抽取多少学生才能很好地代表6000名（总体）毕业生的就业状况呢？

　　为了能得到最有参考价值的数据，该校招生就业处最后决定从调查公司请来专业人员来帮忙决定。专业人员到达实地后很认真地调查了几个问题：第一，学生总毕业人数数量；第二，学校所能支付的最大经费数量和所允许的时间限度；第三，学校领导想得到的数据的精确度；第四，学校大致有哪些专业，各专业的毕业生大致流向什么岗位？

　　问清楚这些问题后，专业人员根据要求，在 95% 的置信水平，3% 的抽样误差下，用 3000 元经费采取分层抽样在 1 个月内从 6000 名毕业生中抽取 500 名学生样本开展调查，最后获得较好的效果，为学校就业管理决策提供了重要的参考数据。

【案例 4.3 评析】
　　影响样本规模主要有四个因素，即总体的规模、推断的把握性与精确性、总体的异质性程度、研究者所拥有的经费、人力和时间。在该案例中，专业人员如果仅考虑 95% 的置信水平，3% 的抽样误差这个条件，应至少抽取 1100 名毕业生（见表 4-5），但学校所提供的经费很少（仅有 3000 元）且调查时间（仅有 1 个月）又很紧迫，综合各种因素，最后决定抽取 500 名学生来开展调查。调查结果说明，只要操作得当，完全可以利用有限的条件，通过合理抽样，取得较好的结果。

# 三、能力训练

## （一）抽样框、抽样方案的编制及样本规模确定训练

　　（1）某校有 4000 名毕业生，共 80 个班级。现要从中抽取 200 名学生进行调查，以了解全校毕业生的就业意向。现打算分别用等距抽样、分层抽样、整群抽样等方法抽取样本，请根据每种抽样方法的抽样程序分别列出抽样框。具体要求如下：

　　1）以组为单位开展讨论；

　　2）根据要求分别列出每种抽样方法的抽样框，并列出具体名单；

　　3）需提交文字性而不是口头性抽样框名单。

　　（2）某城区有 50 条街道，每条街道有 5000 个家庭，试用阶段抽样抽取 900 个家庭的样本。具体要求如下：

　　1）试写一个抽样方案；

　　2）假如采用二阶段抽样，抽样中需要制定几个抽样框？每个抽样框对

应的抽样单位分别是什么？

（3）某市有 300 所小学，共 240000 名学生。这些小学生分布在全市 5 个行政区，其中，重点小学有 30 所，一般小学有 240 所，较差的小学有 30 所。现要从全体学生中抽取 1200 名进行调查，以了解全市小学生的学习情况。请设计几种抽样方案。

（4）为了了解在校大学生对自主创业的理解程度、关注程度及在自主创业过程中遇到的困难等，某职业技术学院公关策划班学生决定开展一次调查。在没有任何经费来源的情况下，应抽取多少名学生来调查才能很好地代表分布在该校 12 个院系 60 个专业的 15000 名学生的自主创业状况呢？具体要求如下：

1）以组为单位开展讨论；

2）各组组长把讨论结果在课堂上向全班同学公布，并说明理由；

3）全班同学在老师的指导下根据各组讨论结果，综合各种因素共同选择一个最合适的样本规模。

（5）在小组讨论的基础上，为你所在小组选的课题确定抽样框，确定样本规模和设计抽样方案。

## （二）概率抽样方法训练

（6）某社区居委会要调查社区居民对社区服务的满意度，欲从某居民小组 60 户居民家庭中抽取 10 户作为样本进行调查。利用随机数表进行简单随机抽样，并写出抽样步骤。

（7）某一企业有员工 1800 人，要求采用系统抽样方法抽取 225 人作为样本开展调查，试计算抽样距离。假设用随机数表抽出的第一个对象是 6 号，那么第 5 个、第 43 个调查对象的号码是多少？

（8）假定对总体 3000 个单位进行系统抽样，按规定抽取 2.5% 的单位组成样本。具体要求如下：

1）计算抽取样本的间隔；

2）列出抽样单位的号码和抽取单位的总数。

（9）某大学有 1200 名学生，采取系统抽样法抽取 200 名学生了解其每月伙食费情况，请问：

1）抽取样本单位的间隔 K 值是多少？

2）如果采取随机抽样法抽出的第一位学生是 12 号，列出抽样单位号码和抽取学生的总号码。

（10）根据以下资料，采用分层比例进行抽样，某公司要估计某地区家用电器的潜在用户，这种商品的消费同居民收入水平相关，因而以家庭年收入为分层基础。假定某地区居民为 1000000 户，已确定样本数为 1000 户，家庭年收入分 10000 元以下、10000 ~ 30000 元、30000 ~ 60000 元、60000 元以上四层,其中收入在 10000 元以下家庭户为 180000 户,收入在 10000 ~ 30000 元家庭户为 350000 户,收入在 30000 ~ 60000 元家庭户为 300000 户,收入在 60000 元以上家庭户为 170000 户,采取分层比例抽样法,如何抽样?

具体要求如下:

1)图 4 - 7 是该案例分层抽样示意图,请根据图示列出操作步骤;

2)每一操作步骤需详细、具体,具备可操作性;

3)每位同学写完后交给所在组开展讨论,并相互指出纰漏。最后由组长负责根据讨论的情况撰写一份完善的抽样操作步骤。

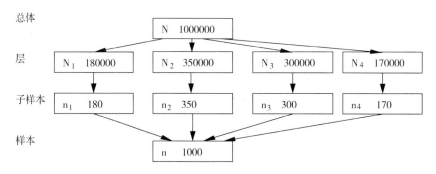

图 4 - 7　分层比例抽样示意图

（11）某大学有教师 1000 名,其中:正教授 253 人,副教授 375 人,讲师 108 人,助教 61 人,教辅 203 人。现计划用分层抽样的方法,从中抽取 100 名教师为样本,将职称作为分层变量,请用表格形式列出分层抽样结果,要求包括人数、百分比以及等比例分层样本、分层等距样本数。

（12）假设某大学共有 100 个班级,每班有 30 名学生,总共有 3000 名学生。现要抽取 300 名学生作为样本,请问应如何采用整群抽样的方法?

（13）假设我们要进行一次全国城市居民家庭平均收入水平的调查,拟采取多阶段抽样法进行多级抽样,请问应如何进行?

（14）在小组讨论的基础上选择你所在小组承担的课题的抽样方法,并按选择方法进行实际抽样工作。

## （三）非概率抽样方法训练

（15）根据以下资料进行定额抽样。

假设某高校有 4000 名学生,其中男生占 60% ,女生占 40% ;文科学生和理科学生各占 50% ;一年级学生占 40% ,二年级、三年级、四年级学生分别占 30% 、20% 和 10% 。现在要用定额抽样方法依上述三个变数抽取一个规模为 100 人的样本。请问依据总体的构成和样本规模，如何进行定额抽样？
要求列出 100 人的定额样本分布表。

（16）根据以下资料进行定额抽样。

在一项关于某品牌洗发水的消费者的研究抽样中，研究对象为 18～40 岁
的女性。已确定样本量为 24 人。研究者选择"经济收入"和"发型"为控
制特征，并要求高收入者占 60%，低收入者占 40%；烫发型者占 70%，直发
型者占 30%。现请根据条件用配额抽样法抽取样本，要求：

1）请列出配额抽样图；

2）根据配额抽样图写出详细、具体、有操作性的操作步骤；

3）每位同学写完后交给所在组开展讨论，并相互指出优点和不足。

## （四）抽取样本工作成效测评训练

（17）讨论和制定测评标准与实际测评具体事项。

下面是提供讨论的抽样过程工作质量的测评标准表，要求联系实际逐条
领会测评指标的含义，找出对各项指标进行测评的具体工作事项，并将这些
事项填入表 4-11 中空栏内。

表 4-11　测量过程工作成效测评标准

| 序号 | 测评项目与分值 | 测评指标与分值 | 实际测评事项 |
|---|---|---|---|
| 1 | 小组活动（10 分） | （同选题指标与分值） | |
| 2 | 抽样术语和原理（10 分） | （1）正确理解抽样的相关术语和基本原理（5 分）<br>（2）学会抽样框的编制（5 分） | |
| 3 | 抽样方法（30 分） | （1）了解抽样的类型及两种类型各种抽样方法的特点和适用范围（5 分）<br>（2）掌握各种抽样方法的操作步骤（10 分）<br>（3）能根据已知条件选择恰当的抽样方法（15 分） | |
| 4 | 样本规模与抽样误差（10 分） | （1）能根据总体的性质和研究目的确定样本规模（5 分）<br>（2）了解样本规模和抽样误差的关系，并能根据各种主客观条件尽可能减少抽样误差，提高样本的代表性（5 分） | |
| 5 | 课题项目抽样设计（40 分） | （1）综合各种因素确定课题样本规模（5 分）<br>（2）根据已知条件制定抽样设计方案（15 分）<br>（3）根据抽样程序实际抽取样本（20 分） | |

（18）对抽样工作学习全过程成效进行实测，评定分数，并作出客观评价，提出改进意见。先由个人根据表 4 - 11 规定的各项标准对自己抽样工作过程中的表现进行小结和评估，然后由小组长评出组员的成绩，由组员评出小组长的成绩，并将结果报任课老师审阅。

# 第五章　工作过程五：设计调查问卷

**教学要求：**学习和理解不同种类调查问卷的特点；弄清调查问卷的基本结构与写法，明确不同题型的意义与作用，重点掌握问题和答案的设计方法；能按实际操作过程，设计出符合要求的调查问卷；并具有对调查问卷的合理性和科学性进行检查和修正的能力。

## 一、知识要点

### （一）调查问卷的意义与类型

调查问卷是以书面提问的形式测量被调查者行为、态度、特征以及其他信息的一种工具，又称调查表或询问表。它具有针对性和客观性强；问题统一、规范，便于统计与定量分析；适用范围广泛；获取消息效率高等优点。美国社会学家艾尔·巴比说："问卷是调查研究的支柱。"英国社会学家莫泽认为："十项社会调查中有九项都是采用问卷进行的。[①]"当然，问卷也有局限性，如获得信息的深刻性、丰富性、灵活性较差，所以往往需要同时采用观察法、访问法作为问卷调查的辅助手段，印证、检验和充实问卷调查的结果和结论。

采用不同标准可以对调查问卷进行不同的分类。一是按问卷填答方式不同可分为自填式问卷、代填式问卷。自填式问卷按传递方式又可分报刊问卷、邮政问卷、网络问卷、送答问卷；代填式问卷按与受调查者交谈的方式，又可分为访问问卷、电话问卷。二是按调查问题内容性质可分为：应用性问卷、学术性问卷；社会问题问卷、生活状况问卷；市场调查问卷、民意调查问卷等。三是按调查对象的性质可分为个人问卷、家庭问卷、群体问卷、组织问卷等。四是按载体不同可分为纸质问卷、电子问卷或网页问卷等。不同问卷各有利弊，并且有不同适用和范围。水延凯等在《社会调查教程》中对各种

---

①　董海军：《社会调查与统计》，武汉大学出版社，2009 年。

问卷的利弊作了如下说明（见表 5-1）。

表 5-1　不同问卷调查种类的利弊

| 项目 | 自填式问卷调查 | | | | 代填式问卷调查 | |
|---|---|---|---|---|---|---|
| | 报刊问卷 | 邮政问卷 | 网络问卷 | 送答问卷 | 访问问卷 | 电话问卷 |
| 调查范围 | 很广 | 较广 | 很广 | 窄 | 较窄 | 可宽可窄 |
| 调查对象 | 难以控制和选择，代表性差 | 有一定的控制和选择性，但代表性难以估计 | 难以控制和选择，代表性较差 | 可控制和选择，但过于集中 | 可控制和选择，代表性较强 | 有一定的控制和选择性，代表性可能较强 |
| 影响回答的因素 | 无法了解、控制和判断 | 难以了解、控制和判断 | 无法了解、控制和判断 | 有一定的了解、控制和判断 | 便于了解、控制和判断 | 不太好了解、控制和判断 |
| 回复率 | 很低 | 较低 | 中等 | 较高 | 高 | 不稳定 |
| 回答质量 | 较高 | 较高 | 较高 | 较低 | 不稳定 | 不稳定 |
| 调查人员 | 较少 | 较少 | 很少 | 较少 | 多 | 较多 |
| 调查费用 | 较低 | 较高 | 很低 | 较低 | 高 | 较高 |
| 调查时间 | 较长 | 较长 | 较短 | 短 | 短 | 较短 |

## （二）调查问卷的基本结构

一份完整的调查问卷大体由以下六个部分的内容构成。

（1）标题，一般包括调查对象、调查的主要内容和"调查问卷"字样。如"××大学学生消费情况调查问卷"。有时根据情况可以省略调查对象，或省略调查主要内容，直书为"调查问卷"或"调查表"。

（2）卷首语，也称"封面信"或"前言"，用来向被调查者简要说明调查的目的和意义、对被调查者的希望和要求，以及填写方法和调查人的承诺事项等，一般放在调查问卷标题下面，与书信结构相同，有抬头、正文、落款、日期。

（3）调查和登录人员填写事项。对于较大型的调查，为了掌握和分析问卷填写和录入的真实性和可靠性，以及方便问卷的整理、存档，有时必须设计一些由调查和登录人员填写的事项。可采用表格形式，放在卷首语之下，与标题、卷首语一起制作为问卷的封面。如：

## 高职院校大学生创新能力调查问卷

亲爱的同学：

　　本次调查是我们承担的高职学生创新能力调查研究课题的一项重要工作，目的是更好地了解和把握高职大学生创新能力的现状，为加强创新能力培养，提高就业质量提供参考。调查采取不记名方式，所有数据均用于统计研究。请您按实际情况和真实想法回答问题。对一题只有一项选择内容的，请在题后【　】内填写选择的序号；对一题有多项选择内容的请在每项选择的相应空格内打"√"。如有"其他"选择，请在"其他"后的横线上用文字填写。

　　衷心感谢您对本次调查的大力支持！

高职学生创新能力调查研究课题组

2011 年 4 月 15 日

---

（本方框内各项内容为调查和信息登录人员填写）


问卷编号：_____

学生所在院系：_____

调查员姓名：_____

填写地点：_____

填写时间：____年___月___日 ____时 ___分至___时___分

复核员姓名：_____ 复核时间：___年___月___日

信息登录人员姓名：_____ 登录时间：___年 ___月 ___日

---

　　（4）指导语，用来指导被调查者如何回答问题或解释问卷中某些信息的含义。问卷指导语一般放在问题的后面，用括号括起来，如"下列说法正确的有（可选多项）"，其中的"（可选多项）"即指导语。有些指导语可放在卷首语中一并说明，有些大型调查问卷的指导语涉及问题较多时，可专门制作"填表说明"并放在封面之后。

　　（5）问题与答案，是调查问卷的主体和核心，是调查者与被调查者沟通信息的载体。问题和答案组合的形式通常用问答式，又称题型。题型主要有表格式和文字式两种。表格式一般由问题与答案、表格、备注等组成。表格式的特点是简明、清晰，一目了然。内容较单一的调查问卷多用表格式。文字式的特点是形式灵活、使用方便。内容较复杂的调查问卷多用文字式。无论表格式还是文字式都可分为封闭式、半封闭式和开放式三种。①封闭式题型，指在提出问题的同时设计出答案供被调查者从其中选择一种或几种，或对备选答案进行排序。例如："你是：□男生 □女生。"②半封闭式题型，指在封闭式题型的备选答案中还设计出给被调查者自由回答的开放式选项。例如："在双休日，你经常进行的活动是什么？（请选一项）A. 看电影、跳舞等娱乐活动 B. 学习 C. 睡觉 D. 体育锻炼 E. 其他（请说明）＿＿＿＿＿。"这里的"其他"就是开放式选项。③完全开放式题型，指只提问题，没有供选择的答案，由被调查者自由回答。例如："你认为大学生课余打工利大于弊还是弊大于利？为什么？"

（6）编码。指赋予每一个问题及答案一个唯一的数字符号作为它的代码，以便录入计算机进行定量分析。编码多用于规模较大的统计调查。它分为预编码、后编码。在设计问卷时就设计出编码，称"预编码"；问卷调查填写工作完成后进行编码，称"后编码"。问题一般用英文字母 A、B、C、D……和阿拉伯数字 1、2、3、4……组合进行编码。对每个大的方面的问题，可用大写英文字母 A、B、C、D……作代码。如对调查对象的基本情况调查可总设为 A 项；对下属调查内容则可编为："A1 您的性别"；"A2 您的年龄"；"A3 您的文化程度"；"A4 您每月收入多少"……每个问题的答案一般用阿拉伯数字作为代码，如上述"A1"中男性用 1 表示；女性用 2 表示，其他依此类推。但要注意，有些半开放性质的选择项，要求被调查者必须填写具体的数字或者文字。如果是数字，可直接用被调查者所填写的数字作为代码值。如被调查者填写年龄为 26 岁，就用 26 为代码值；每月收入为 3200元，就用 3200 为代码值。如果用文字填写的"其他"情况，则要设计出一些特定的代码，如规定"7，97，997"为"不适用"；"8，98，998"为"不清楚"；"9，99，999"为"不回答"等。

有些规模大的调查，预编码除了给每个问题和答案赋予一个数码外，还要在问卷上设计出资料转换栏。下面表格的右边就是转换栏。

| | |
|---|---|
| （1）您的年龄：＿＿＿岁 | 1～2□□ |
| （2）您的性别：①男□　②女□ | 3□ |
| （3）您的文化程度： | 4□ |
| 　①小学及以下□　　②初中□ | |
| 　③高中或中专□　　④大专及以上□ | |
| （4）您的月收入：＿＿＿元 | 5～9□□□□□ |

右栏中每个方框内只能填一个数字为代码值。因此年龄一题答案设计编码为 1～2，设计了两个方框，如是 23 岁就要填 ②③；性别和文化程度两项也只能选择一个答案，数字小于 10，所以代码分别为 3 和 4，只设计了一个

方框，如果是男的就填①；是初中生就填②；每月收入一般都在 0～9999 内，所以编码为 5～9，设计了 4 个方框，如果收入为 3200 元，就要填③②⓪⓪。

## （三）调查问卷的设计要求与步骤

### 1. 调查问卷设计的基本要求

一份好的调查问卷，必须符合以下基本要求：一是客观真实，主题突出。每个问题都要符合实际情况，并紧紧围绕既定的假设或者要解决的主要问题展开，要有较高的信度和效度。二是与被调查者的知识、能力和素质相适应。问卷是为被调查者设计的，设计前必须对被调查者进行认真的分析研究。凡超越被调查者理解能力、知识水平的问题，以及被调查者由于主观、客观条件限制不能、不便、不敢回答的问题均不应提出。如果一定要调查，也应变换方式提出。三是问题和答案结构清晰，少而精。一份问卷要问哪些问题，先问什么后问什么，事先必须通过文献研究和试调查等工作弄得一清二楚。凡是与调查目的无关的问题能不提的尽量不要提；能用一道题问清的不要设计出两道题；尽量少出或不出同质性问题。一般的社会调查，目的宜单一，问题不宜多。四是形式简明，填答方便，语言通俗易懂、明确、清楚、简洁。以上要求也是评价一份调查问卷质量优劣的标准。要达到这些要求，设计者必须从各方面提高自己的知识能力以及业务和思想水平。

### 2. 设计问卷的主要步骤

（1）制作问卷前的准备。在撰写调查问卷前，必须在查阅和研究相关文献的基础上，通过试调查以及访谈等途径，从各个方面充分获得与课题主题有关的信息，进行必要的构思。最重要的工作有三项：

一是广泛收集多方面的信息。除了大量阅读和研究文献外，直接同被调查者交流是一种行之有效的方法。此外还要多向身边的老师、学友、朋友请教，多与大家讨论，并注意从讨论中获得灵感。

二是理清思路。要采用发散和收束思考的方法对问题进行梳理和细化，使测试的问题不断系统化、具体化、条理化。发散与收束思考可采用卡片法、树图法、鱼骨法等可视、可感和操作性很强的方法进行。

卡片法又称"KJ 法"，是由日本专家川喜田二郎首先提出的，"KJ"是川喜田二郎名字的缩写，它是一种用卡片编写提纲的方法。第一步，作者要把收集的各种材料写在卡片上，每张卡片只写一项内容。第二步，把这些卡片像打扑克牌那样摆在桌子上，边读边思考，把内容相关的卡片集中在一起，进行分析比较，这时也要进行发散思考。如果产生了有价值的想法，马上再写成卡片归入到某类卡片中。经过一番思考，可将卡片分成若干卡片群。第三步，逐个阅读研究卡片群，用简要的话概括出每群卡片的中心思想，然后将各卡片群的中心思想进行比较，将相同或相近的再合并成大的卡片群并逐一仔细阅读分析，归纳和记录下每个大卡片群的中心思想。还可把大的卡片群归纳为更大的卡片群。依此类推，这样由小到大，一直到不能再合并时为止。第四步，把每类卡片群归纳的中心思想由大到小列成提纲，一份问卷的框架就出来了。

树图法和鱼骨法类似，都是把要解决的中心问题作为主干，然后紧紧围绕主骨，将与主干有关的问题像树枝和鱼的刺一样从主干或主骨相关部位生出，层层展开，并不断修改、补充、完善，最后达到理清它们的关系，使主从关系和层次关系清晰的目的。画树状图或鱼骨图，要用一张大纸，先用铅笔画，以便修改，最后用墨笔改定，并同卡片法一样最后由主到次分层列出大纲。

三是拟出问卷大纲。问卷大纲不必如问卷那样具体。主要是将理清后的思路用文字条分缕析地表达出来。所以列出大纲又称为条述法，即用简短的词、词组或句子，将思路记录在纸上的方法。提纲有两种书写方法，一是用汉字与阿拉伯数字混合书写。通常是一、二、三……为第一级；（一）、（二）、（三）……为第二级；1.、2.、3.……为第三级；（1）、（2）、（3）……为第四级，如图 5 - 1 所示。

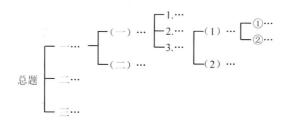

**图 5 - 1　定型提纲书写格式之一**

此外还有一种国际通用写法，完全用阿拉伯数字表示，如图 5 - 2 所示。

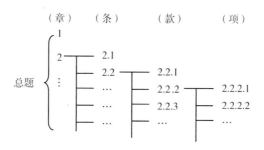

**图 5 - 2　定型提纲书写格式之二**

（2）起草问卷初稿。经过一系列准备工作后，问卷的框架形成，便可起草问卷了。起草问卷的主要任务是：认真研究读者的需要，用简明的语言文字或直观的表格将一个个问题与答案，准确地、有条理地表达出来。起草时要重视以下方法的运用：一是"一气呵成"，写完再改，不要"十步九回头"。一气呵成容易做到思想连贯，语气顺畅，首尾一致，整体感强。二是写不出时不硬写。写不出说明思路还不清楚，还要进一步理清思路。三是正确运用拟定的大纲，不要做大纲的奴隶。写作过程会冒出一些新的、很好的想法，要重视这些想法，利用这些想法对大纲进行补充与完善。四是对于较大型的调查，问卷篇幅很长，可采用逐个部分分别起草，然后再拼装组接的办法完成初稿。初稿完成后，要反复阅读和修改，然后才能试用。

（3）问卷的试用。问卷初稿通常要经过试用，以检验其合理性和可靠性。试用时选择的调查对象不宜多，只需从总样本中选一个小样本群进行试调查。主要检验以下问题：一是内容是否适合被调查者的实际情况，检查调查的问题是否有待改进；二是检验回收率和有效回收率，并分析影响回收率的原因；三是检验问卷的综合效率，用一定的标准问卷进行综合评价，确定问卷的质量是否符合要求。

（4）修改定稿和印制问卷。问卷试用后，要对发现的问题进行整理，并采用增、删、调、改、润、校六步法对问卷进行修改。"增"，即增补，凡观点片面、结构残缺、表达不清的，都要适当补充内容，使其充实、完整。"删"，即删减与主旨不相干、过时的材料与文字，使表达简明、扼要。"调"，即调整内容的安排，使结构更加合理，重点更加突出，条理更加清楚。"改"，即改换一些内容和文字，使表达更加准确、鲜明。"润"，即润色，在文字上反复、认真地进行修饰。"校"，即校对、审核。在打印后，一般要用心地校对三遍。应按《校对符号及其用法》（国家标准 GB/T14706 - 93）中规定的修改符号和要求进行校改。不仅要对内容、文字认真校对，还要对排版的格式、标点符号、印刷质量、纸张大小等问题进行校核。经过三校后方可定稿，定稿后即可印制。印刷出来后，至少再认真校核两遍，发现错误及时改正。

## （四）问题与答案设计

1. 设计问题与答案的具体要求

问题与答案一起组成问卷的题型，题型的设计是制作问卷最主要的工作。问卷设计的基本要求已如前述，在设计时还有如下具体要求：

（1）从问题的设计看，一是所提问题内容具体，便于回答，不宜使用那些过于抽象和专业化的概念提问。如"从总体看，您认为我国政治体制如何?""政治体制"过于抽象,不便于回答。二是问题的含义单一、明确,避免带有双重或多重含义。如"您的父母退休了吗?"这是把两个问题用一个问题提出,会给设计答案和填写问卷的人造成麻烦。三是提问题要客观,不带有提问人的倾向性。如"目前学风大有转变,你认为是这样吗?"就是带有倾向性的问题。四是能用肯定形式提问的就不用否定形式提问。如一般都说"A 在 B 里面",而不说"A 不在 B 外面",这是由"表达经济"原则决定的人们说话的习惯方式。所以我们可以问"你同意禁鞭吗?"但不问"你不同意不禁鞭吗?"五是不要提回答者不知道或敏感性的问题。如问农民"什么是转基因工程",问被调查人的隐私或他对自己的顶头上司的看法等。六是提问的数量要适宜。一般问卷以调查者能在 20 ~ 30 分钟填完为宜。某些民意调查、市场需求调查只需有三五个问题,被调查二三分钟可以填完。七是问题的排列合理。一般应按问题内在逻辑关系分部分逐层排列。每一部分应把相关内容的问题按由简单到复杂、由易到难的顺序排在一起。总的基本情况和个人背景问题多放在开头,纯开放式的问题放在最后。

(2) 从答案的设计看,一是要答是所问,即备选答案都是问题应包含的同一层次的内容。如问"您期望从事什么职业?"而答案设计是"教师、公务员、律师、国有企业、外资企业",这就是答非所问。二是备选答案应穷尽各种可能有的答案。无法穷尽的可设计"其他"项,由填答者自由填写,如问"您喜欢看哪一类电影?"答案可设计为"故事片、爱情片、武打片、儿童片、其他＿＿＿＿";或用"以上"、"以下"等词语概括出未尽事项。如问"您在该单位工作多少年?"可设计为"不满 1 年、1 ~ 5 年、5 年以上(不含 5 年)"。三是答案的各选项必须是相互排斥的。如"性别"的备选项"男"和"女"就相互排斥;如问"您的职业是什么?"备选答案设计为"工人、农民、教师、干部、商业人员、医生、售货员、农民工、个体户、其他＿＿＿＿",其中"农民"和"农民工"、"商业人员"与"售货员"就不具排斥性,"农民"中包含了"农民工","商业人员"中包含了"售货员"。如果一个农民工或售货员来回答这个问题时便无法选择。四是答案的设计要根据内容需要选择适当形式,同一问卷中,设计的形式和方法应尽量统一。

2. 题型及设计方法

题型是问题和答案的组合方式。根据三种不同标准,可将题型分为 14 种类型。

(1) 以有无备选答案为标准,可将题型分为三类:

第一,只有问题,没有备选答案的开放式题型。这类题型的优点是便于填答人自由发挥,充分表达自己的意见和想法,缺点是无法进行量化和统计,所以在一份问卷中,往往只在最后设计一两题,作为对封闭式题型的补充。如：

您认为应如何培养和提高高职学生的创新能力？

_____
_____
_____

请您提出改进大学生学风的意见和建议。

_____
_____
_____

第二，由问题和备选答案组合成的封闭式题型。这类题型的答案都是预先由调查者设计好的，只要求填写者进行选择。它便于统计和进行定量分析，是问卷构成的主要类型。如：

您的性别？（请在括号中打"√"）
①男（  ）  ②女（  ）
您是否赞成目前正在进行的医疗制度的改革？（请在下列答案中选定一项并在其后打"√"）
①非常赞成（  ）  ②赞成（  ）  ③中立（  ）  ④反对（  ）
⑤坚决反对（  ）  ⑥不清楚（  ）
还可用数字表示等级，供填写人选择，如：

赞成  5 4 3 2 1  不赞成
     □ □ □ □ □

第三，由问题、备选答案和自由答题共同构成的半封闭式或半开放式题型。这种混杂题型在一份问卷中不宜过多。如：

您认为北京大学自主招生推行中学校长实名推荐制好不好？（请在选项后□内打"√"，并用文字填写"为什么"）
①好 □  ②难说 □  ③不好 □
为什么？_____
_____
_____

（2）以对选项多少的要求为标准，可将题型分为单选式题型、多选式题型。其中单选式有两种类型，多选式有三种类型，共五种类型。

第一，两项式单选题，即从两个备选答案中选择一个答案，主要用于对某一事物有无、是非的判断。如：

您家有电视机吗？
①有 □　②没有 □

第二，多项式单选题，即从三个或三个以上备选答案中限选一个答案。主要用于对事物唯一性特征、性质的判断。如：

您的文化程度是：
①小学以下 □　②初中 □　③高中或中专 □　④大专以上 □

多选式题型指填写者可以从备选答案中同时选择两项或两项以上的答案。主要用于对事物具有的多种可能性的判断。它又可分为三种亚型：

第一，限制性多选式题型，是对选择项的多少有明确限制。如：

您最喜欢看哪些电视节目？（请从下列答案中选择三项，并在选项后括号内打"√"）
①新闻节目（ ）　②电视剧（ ）　③体育节目（ ）
④广告节目（ ）　⑤教育节目（ ）　⑥歌舞节目（ ）
⑦少儿节目（ ）　⑧其他节目（请写明）_____

第二，任意性多选式题型，是对选择项的多少不加限制的题型。如：

请问您家厨房有哪些电器？（请在有的物品后括号内打"√"）

①电冰箱（ ）　②消毒柜（ ）　③电压力锅（ ）
④豆浆机或榨汁机（ ）　⑤微波炉（ ）　⑥电饭锅（ ）
⑦电磁炉（ ）　⑧其他（请写明）_____

第三，限选多项或全部排序题型，这类题型兼有测量被调查者认识、态度等多种作用。如：

请问您认为作为一个企业领导人最重要的素质是什么？（请在答案中选择三项，并将选号按重要程度填在下表内）

①大公无私　②坚持原则　③敢想敢干　④以身作则

⑤团结群众　⑥思想敏锐　⑦业务熟悉　⑧文化程度高

⑨其他（请写明）_____

| 第一重要 | 第二重要 | 第三重要 |
|---|---|---|
|  |  |  |

（3）以选择备选答案的填写方式或表达形式为标准，可将题型划分为六种类型。首先，按填写方式，可分为填写文字或数字式题型，以及打"√"或打"○"式选择类题型两种。前面已有这两种类型的例子，不再举例说明。其次，按表达形式，可分为填空式、矩阵式、表格式、相倚式四种题型。

第一，填空式题型，包括填写文字或数字。它在必须直接获得被调查者的文字或数字信息时用。如：

您的职业：_____。

您有几个孩子？_____个。

请问您选择职业时最看重的条件是什么？（请用文字列举最主要的三个条件）

第一个条件：_____；第二个条件：_____；第三个条件：_____。

第二，矩阵式题型。它有可同时对多个问题进行测试的优点。如：

您认为当前下述社会问题的严重程度如何？　（请在选项后的□内打"√"）

|  | 非常严重 | 比较严重 | 一般 | 不太严重 | 很不严重 | 不知道 |
|---|---|---|---|---|---|---|
| ①就业失业问题 | □ | □ | □ | □ | □ | □ |
| ②医疗改革问题 | □ | □ | □ | □ | □ | □ |
| ③贫富分化问题 | □ | □ | □ | □ | □ | □ |
| ④社会治安问题 | □ | □ | □ | □ | □ | □ |
| ⑤官员腐败问题 | □ | □ | □ | □ | □ | □ |
| ⑥社会公德问题 | □ | □ | □ | □ | □ | □ |

第三，表格式题型。它具有简明、直观、规范的优点。如：

### 当前社会问题严重程度调查表

| 项目 | 非常严重 | 比较严重 | 一般 | 不太严重 | 很不严重 | 不知道 |
|---|---|---|---|---|---|---|
| 下岗失业问题 | | | | | | |
| 社会治安问题 | | | | | | |
| 贫富分化问题 | | | | | | |
| 国民素质问题 | | | | | | |
| 官员腐败问题 | | | | | | |
| 社会公德问题 | | | | | | |

说明：请在您认为最合适的栏目打"√"。

第四，相倚式题型。当同一问题需要不同调查对象根据不同情况填写时，必须在答案中设计出两种或两种以上的答案供不同调查对象填写，这种问题和答案组成的题型就是相倚式题型。它可以使本来要用几道题表达的具有紧密联系的问题，紧缩在一道题中表达。由于它表达的关系较复杂，不宜多用。必须用时，应用指导语交代清楚。常用方框或连线区别不同调查对象的不同回答。

用框格表示如：

您是否结过婚？（如选择"是"，请继续在方框内填写结婚时的年龄）

a. 是（　）

b. 否（　）

> 如果是：您第一次结婚时的年龄是＿＿＿岁

连线表示如：

您是否有正式职业？就业和待业已有几年？（请在选择项后的横线上打"√"）

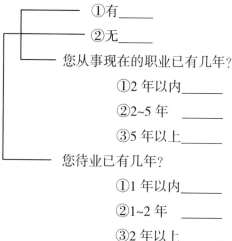

①有＿＿＿＿

②无＿＿＿＿

您从事现在的职业已有几年？

①2 年以内＿＿＿＿

②2~5 年　＿＿＿＿

③5 年以上＿＿＿＿

您待业已有几年？

①1 年以内＿＿＿＿

②1~2 年　＿＿＿＿

③2 年以上＿＿＿＿

# 二、案例评析

## 【案例5.1】

### 如何使调查内容变成测评指标和问卷试题

设计问卷的难点在于怎样使调查方案中已确定的调查内容变成更具体的测评指标和测试题。例如，第二章［案例2.3］介绍的"××校大学毕业生就业质量及影响因素调查"的课题方案，虽然明确给出了需要调查的反映大学毕业生就业质量的五项核心内容和四项辅助性内容，但是这些内容还不能直接用来作为问卷的试题，例如，我们不能问学生某校升学率是多少；也不能问学生是否满足了社会需求；等等。这还需要我们通过认真的分析研究，逐项将这些停留在比较抽象的水平上的概念进一步具体化、生活化，才能使它们变成填答者能回答的试题。

使调查内容变成测评指标和试题要遵循三个原则：一是要有理论根据，要使这种转变建立在科学认识的基础上；二是要从实际出发，使这种转变符合调查目的和被调查者需要；三是要有重点，要善于抓住最关键、最有效率以及最贴近生活和工作的具体事项作为测评指标。具体设计可分两步走：

第一步，从理论和实际需要两个方面对调查内容进一步细化。如大学毕业生就业率，一般认为就业率是指特定时段毕业后找到第一份工作的人数与大学毕业的学生人数之比。这种看法并不错，但还是不够全面。因为有的学生在毕业以前就找到工作，有的学生在毕业后一两年才找到工作。如果按此标准进行统计，毕业生每个月的就业率都是不同的。究竟选择什么时段作为调查时段对毕业生就业率进行测评？首先要从理论上弄清楚概念，并作出明确的界定。这就需要认真查阅文献找出各种说法的利弊，确定一种比较符合实际情况和调查目的需要的"大学毕业生就业率"。经过研究后，课题组认为反映就业质量的就业率，最重要的有两个，一是大学生毕业时的就业率，二是就业年年终就业率，这两者对衡量就业质量有重要参考价值。但是这两个时段的就业率对评价就业质量的高低虽然最重要，却还有不足。一方面不少学生毕业前就找到工作，另一方面很多就业质量很高的毕业生并不是毕业当年就找到了工作，而是通过更长时期的考察、比较后才找到了第一份满意的工作。因此，确定以毕业时就业率和毕业年年终就业率为重点时，不能忽视其他一些重要时段就业率对评价就业质量的价值。课题组最后确定采取综合评价就业率的方法，同时从四个方面测评就业率，即毕业前就业率、毕业时就业率、毕业当年年终就业率、毕业当年年终以后的就业率。

第二步，把指标转化为更具体的测试题。因为不能直接问学生毕业时就业率是多少，或年终就业率是多少，而必须使测量指标变成贴近毕业生生活和工作实际的具体事项。对学生个体来说，就是要他们回答什么时候找到了第一份工作。最后课题组才设计出一道全面反映毕业率状况的试题，详见本实例的第6题。毕业生就业率的调查由内容向测试指标和试题的转变需要按上述原则，经过两个步骤才能完成，其他各项调查内容要完成这种转变无不如此。只是有的可能简单一些，有的可能复杂一些，这里不再一一说明。下面节选这份问卷正文的一、二两个部分供参考。

**××校大学毕业生就业质量及影响因素的调查问卷（学生用）（节选）**

**（卷首语略）**

**一、基本情况**

1. 性别 ［ ］

（1）男　　　　（2）女

2. 毕业时间：_____年_____月

3. 毕业专业：_____

4. 您的家庭所在地是 ［ ］

（1）大城市　　（2）中小城市　　（3）乡镇　　（4）农村

5. 您的政治面貌是 ［ ］

（1）中共党员　　（2）共青团员　　（3）民主党派　　（4）群众

**二、就业质量状况**

（一）毕业生就业质量核心指标的测评

6. 您找到第一份工作的时间 ［ ］

（1）毕业当年6月以前　　　（2）毕业当年6~8月内

（3）毕业当年9月至年终　　（4）毕业当年年终以后

（5）至今仍未找到工作

7. 您现在就业单位的层次是 ［ ］

（1）较高层次（包括国际国内知名企业；党政机关；重要事业单位、研究单位等）

（2）其他_____

8. 您现在工作岗位的层次是 ［ ］

（1）重要岗位（包括部门主管、技术研究人员、重要管理人员）

（2）其他_____

9. 您现在的工作岗位与您所学专业对口程度 ［ ］

（1）很对口　　（2）比较对口　　（3）不太对口　　（4）完全不对口

10. 请您对不同时期就业薪金水平进行选择 ［ ］

| | ① 1000 元以内 | ② 1001 ~ 2000 元 | ③ 2001 ~ 3000 元 | ④ 3001 ~ 5000 元 | ⑤ 5000 元以上 |
|---|---|---|---|---|---|
| （1）初次就业起薪水平 | | | | | |
| （2）就业半年后的薪金水平 | | | | | |
| （3）现今薪金水平 | | | | | |

11. 您就业单位的性质 [　]

（1）党政机关　（2）事业单位　（3）军队　（4）国有独资企业

（5）国有控股企业　（6）其他股份制企业　（7）外资企业

（8）民营企业　（9）自主创立的企业　（10）其他_____

12. 您就业单位所在地区 [　]

（1）东部发达地区　　　（2）中西部大中城市

（3）中西部欠发达地区　（4）其他_____

13. 您是不是到西部、基层和不发达地工作的志愿者 [　]

（1）是　（2）不是

14. 您和您的家庭及用人单位对您目前就业单位的满意程度 [　]

| | ①很满意 | ②比较满意 | ③一般满意 | ④不够满意 | ⑤很不满意 |
|---|---|---|---|---|---|
| （1）您自己 | | | | | |
| （2）您家庭（请您判断） | | | | | |
| （3）就业单位（请您判断） | | | | | |

（二）就业质量辅助性评价指标的测评

| | ①很满意 | ②比较满意 | ③一般满意 | ④不够满意 | ⑤很不满意 |
|---|---|---|---|---|---|
| （1）晋升机会 | | | | | |
| （2）工作与个人能力和兴趣相适应 | | | | | |
| （3）单位发展前途 | | | | | |
| （4）培训和学习机会 | | | | | |
| （5）其他_____ | | | | | |

15. 请您对目前就业单位工作环境的满意程度进行选择 [　]

| | ①很满意 | ②比较满意 | ③一般满意 | ④不够满意 | ⑤很不满意 |
|---|---|---|---|---|---|
| （1）企业声望 | | | | | |

续表

| | ①很满意 | ②比较满意 | ③一般满意 | ④不够满意 | ⑤很不满意 |
|---|---|---|---|---|---|
| (2) 企业（单位）文化 | | | | | |
| (3) 企业（单位）人际关系 | | | | | |
| (4) 企业（单位）的生活条件（包括各项保险状况） | | | | | |
| (5) 安全条件 | | | | | |
| (6) 其他_____ | | | | | |

16. 请您对目前就业单位劳动关系的满意程度进行选择 ［ ］

| | ①很满意 | ②比较满意 | ③一般满意 | ④不够满意 | ⑤很不满意 |
|---|---|---|---|---|---|
| (1) 劳动合同规范合理 | | | | | |
| (2) 表达个人意见渠道畅通 | | | | | |
| (3) 个人民主权利能得到保障 | | | | | |
| (4) 工会组织健全和维护职工利益 | | | | | |
| (5) 其他_____ | | | | | |

17、18、19（略）

20. 毕业以来您变换工作单位的次数 ［ ］

（1）从未变换工作　（2）变换一次　（3）变换二次　（4）变换三次或三次以上

三、就业质量影响因素

（一）综合因素（略）

（二）个人因素（略）

（三）学校因素（略）

（四）家庭和社会因素（略）

【案例5.1评析】

目前对毕业生就业质量的评估已成为高等学校有关部门的一项经常性工作。要评估就一定要调查，最主要的是对毕业生本人进行调查。从一些媒体发表的调查问卷与调查报告看，对于怎样科学地评价毕业生就业质量仍然存在不少分歧。越来越多的人已认识到，单纯看就业率，甚至仅仅看毕业时的就业率，不是衡量就业质量的科学方法。这份问卷的调查方案很有特点，体现了一种综合、全面地对就业质量进行评价的新思路。问卷作者为了使较抽象的调查内容变为具体的测评指标和问卷试题所遵循的三个原则以及分两步走的方法可供我们参考。

## 【案例5.2】

### 严谨务实 表达明晰
#### ——评一份社会调查问卷

20世纪90年代中期，风笑天教授负责组织了一项对武汉市居民生活质量的调查。其问卷正文共分八个部分："一、个人和家庭特征"；"二、居住情况"；"三、邻里关系"；"四、交通状况"；"五、家庭生活"；"六、休闲娱乐"；"七、工作和职业"；"八、环境评价"。问卷严谨务实，思路明晰，并附有编码，是一篇用于统计分析的社会调查类的问卷的范例。现节选封页及正文第一、第二、第三部分，并加评析，供学习参考。

### 武汉市居民生活质量调查问卷（节选）[①]

居民同志：

您好！

我们是华中理工大学社会调查中心的调查员，为了全面地了解我市广大居民的生活质量，及时向市政府及有关部门反映我市居民日常生活中存在的主要困难和问题，并就如何进一步提高全市居民的生活质量向市政府及有关部门提出建议，我们组织了这次对武汉市1000户居民的大型调查。希望能够得到您的支持和协助。

本次调查严格按照《统计法》的要求进行，不用填写姓名，所有回答只用于统计分析。您只需根据自己的实际情况，在每个问题所给出的几个答案中选择一个合适的答案打"√"，或者在_____中填写。您的回答将代表众多和您一样的武汉居民，并将对改善我市居民的生活质量提供帮助。

衷心感谢您的支持和协助！

---

① 风笑天：《现代社会调查方法（第三版）》，华中科技大学出版社，2005年。

祝您全家生活越来越好！

华中理工大学社会调查中心<br>1995 年 12 月

单位地址：武昌关山口华中理工大学东七楼 425

单位电话：87543152

单位负责人：风笑天教授　　刘欣副教授

邮政编码：430074

调查员：＿＿＿＿＿　　调查时间：1995 年 12 月＿＿＿日

## 一、个人及家庭特征

A1 你的性别：　1. 男　2. 女　　　　　　　　　　　　　　6 ＿＿＿

A2 你的年龄：＿＿＿岁　　　　　　　　　　　　　　7 ~ 8 ＿＿＿

A3 你的文化程度　　　　　　　　　　　　　　　　　　9 ＿＿＿

1. 小学及以下　2. 初中　3. 高中及中专　4. 大专以上

A4 你的职业属于下列哪一类　　　　　　　　　　　　10 ＿＿＿

1. 生产、运输工人和有关人员　　　2. 党政企事业单位负责人

3. 党政企事业单位一般工作人员　　4. 各类专业技术人员

5. 商业人员　　　　　　　　　　　6. 服务业人员

7. 个体经营人员　　　　　　　　　8. 离、退休人员

9. 其他职业人员（请写明）

A5 你的婚姻状况　　　　　　　　　　　　　　　　　11 ＿＿＿

1. 未婚　2. 已婚　3. 丧偶　4. 离婚　5. 其他

A6（此题未婚者和无孩子者不填）　　　　　　　　　12 ＿＿＿

请问你有几个孩子：＿＿＿个

其中有几个和你住在一起：＿＿＿个　　　　　　　13 ＿＿＿

A7 你们家住在一起的有几口人：＿＿＿口人　　　　14 ＿＿＿

总共是几代人：＿＿＿代人　　　　　　　　　　　15 ＿＿＿

A8 你每月的收入（包括工资、奖金、补贴等）总共有多少元：＿＿＿元

　　　　　　　　　　　　　　　　　　　　　　16 ~ 19 ＿＿＿

A9 你们全家一个月的总收入大约是多少元：＿＿＿元　20 ~ 23 ＿＿＿

## 二、居住情况

B1 你们在这里住了几年：＿＿＿年　　　　　　　　24 ~ 25 ＿＿＿

B2 你们住的是什么类型的房子　　　　　　　　　　　26 ＿＿＿＿

1. 单元楼房　2. 平房　3. 筒子楼　4. 其他房子

B3 你们住的房子使用面积有多大：＿＿＿平方米　　　27～29 ＿＿＿＿

（不算厨房和厕所）共有几间：＿＿＿间　　　　　30 ＿＿＿＿

B4 你觉得你们家的住房状况如何　　　　　　　　　31 ＿＿＿＿

1. 很宽敞　2. 比较宽敞　3. 一般　4. 比较拥挤　5. 很拥挤

B5 你们家是否存在下列住房困难情况　　　　　　　32 ＿＿＿＿

1. 12 岁以上的子女与父母同住一室　　　2. 老少三代同住一室

3. 12 岁以上的异性子女同住一室　　　　4. 有的床晚上架起白天拆掉

5. 已婚子女与父母同住一室　　　　　　6. 客厅里也架了睡觉的床

7. 其他困难情况（请写明）＿＿＿＿　　　8. 没有上述困难情况

B6 与大部分居民家庭相比，你觉得你们家的住房情况属于哪个等级

　　　　　　　　　　　　　　　　　　　　　　　　33 ＿＿＿＿

1. 上等　2. 中等偏上　3. 中等　4. 中等偏下　5. 下等

B7 你们家的厨房是下列哪种情况　　　　　　　　　34 ＿＿＿＿

1. 自家单独厨房　2. 几家共用厨房　3. 无厨房　4. 其他情况

B8 你们家的厕所是下列哪种情况　　　　　　　　　35 ＿＿＿＿

1. 自家单独的厕所　2. 楼内共用厕所　3. 户外公共厕所

B9 你们家的自来水情况属于下列哪一种　　　　　　36 ＿＿＿＿

1. 在自己家里　2. 楼内共用　3. 户外共用　4. 其他情况

B10 你们家主要使用什么燃料烧火做饭　　　　　　　37 ＿＿＿＿

1. 管道煤气　2. 罐装液化气　3. 煤炭　4. 电　5. 其他

B11 总的来说，你对目前你们家的住房情况满意程度如何　38 ＿＿＿＿

1. 很满意　2. 比较满意　3. 一般　4. 不太满意　5. 很不满意

## 三、邻里关系

C1 你对隔壁（或对门）邻居家里的下列情况清楚吗（每行选一个格打"√"）

| | 完全清楚 | 大部分清楚 | 小部分清楚 | 不清楚 | |
|---|---|---|---|---|---|
| 1. 共有几个人 | | | | | 39 ＿＿＿＿ |
| 2. 叫什么名字 | | | | | 40 ＿＿＿＿ |
| 3. 在哪里工作 | | | | | 41 ＿＿＿＿ |
| 4. 各人性格特点 | | | | | 42 ＿＿＿＿ |

C2 你们家的人常到隔壁（或对门）邻居家里串门、谈天或娱乐吗

　　　　　　　　　　　　　　　　　　　　　　　　　　　　　　43 ＿＿＿

1. 大约每周一两次　2. 大约每月一两次　3. 半年一两次　4. 一年一两次　5. 从来不去

C3 你们找隔壁（或对门）邻居家里借过东西吗　　　　　　　44 ＿＿＿

1. 借过　2. 没借过

C4 你们家里有人生病时，隔壁（或对门）邻居表示过关心或问候吗

　　　　　　　　　　　　　　　　　　　　　　　　　　　　　　45 ＿＿＿

1. 表示过　2. 没有表示过

C5 日常生活中你们遇到困难或麻烦时，常找隔壁（或对门）邻居帮忙吗　　　　　　　　　　　　　　　　　　　　　　　　　　　　46 ＿＿＿

1. 经常找　2. 有时找　3. 很少找　4. 从不找

C6 最近半年来，你们同隔壁左右、楼上楼下的邻居发生过矛盾吗

　　　　　　　　　　　　　　　　　　　　　　　　　　　　　　47 ＿＿＿

1. 发生过　2. 没有发生过

C7 总的来说，你觉得你们与隔壁（或对门）邻居的关系如何　48 ＿＿＿

1. 很好　2. 比较好　3. 一般　4. 比较差　5. 很差

……

**【案例 5.2 评析】**

　　社会问题的调查和学术问题的调查，由于涉及的理论和实际问题比较多、比较复杂，因此，设计问卷前必须做比较深入的研究，并进行一些试调查。一般来说，设计一份好问卷总要经过由简而繁，又由繁而简的过程。首先，要有单一、简明的调查目的，这是第一个"简"。要做到这个"简"并不容易。面对纷繁的社会现象和种种问题，要找到一个关键问题，没有一定的知识水平和见识能力是做不到的。其次，确定了简明的目的后，就要进入由简到繁的过程，即从各方面找出与实现目的有关的因素，并理清这些因素的相互关系。这需要花费大量精力和时间。最后，又要由繁到简，把复杂问题变成一道道供被调查者填写的简明的测试题。本例调查问卷目的单一、简明，涉及的社会问题却深刻、复杂，而表达条理清晰、通俗易懂。特别值得一提的是，作者充分为被调查者着想，在题型设计上不枝不蔓，力求格式规范统一，这不仅便于被调查者填写，而且有利于整理问卷资料和进行统计分析。

# 【案例 5.3】

## *为实实在在解决问题而调查*
### ——对一份民意调查问卷的评析

弄清民众对某一事物或重大事件的意见和看法，以便制订计划、作出决策、解决和处理各种矛盾和问题，这已成为现代社会政府各部门和各单位的一项经常性的重要工作。有的发达国家明文规定，需要用纳税人缴纳的税款或从政府的财政开支兴办某项工程时，必须事先对专家和一般民众进行问卷调查，负责工程的有关部门只有依据这种调查的结果才能申请并领取建设资金。本案例就是某个发达国家的市区政府为实施一项绿化工程进行民意调查的问卷。这类调查问卷的特点：一是针对性很强，需要了解的情况十分明确；二是篇幅少而精，一份问卷少则两三个问题，多也不过七八个问题；三是语言文字干净利落，多用表格式，有些部门还为那些要定期或不定期进行调查的项目制定了规范的调查表格以及相关调查制度。请看下面的实例。

### 调查表①

为了改善我区公民生活环境，区政府拟在市区内道路两旁和某些地带实施一项绿化工程。为了全区人民的利益，请您协助填写这份调查表，"√"表示肯定的回答，"×"表示否定的回答，一律填写在下面"□"内，谢谢。

1. 您在本区住了多久？

不满 1 年　　　1～5 年　　　5 年以上（不含 5 年）
□　　　　　　□　　　　　　□

2. 您从事过园艺或绿化工作吗？

做过很多　　　做过一些　　　没有做过
□　　　　　　□　　　　　　□

3. 您是否注意到本区一些地带完全没有草坪和树？

是　　否　　不清楚
□　　□　　□

4. 您是否赞成区政府制定一项种草植树的计划？

是　　否　　不清楚
□　　□　　□

5. 您喜欢草坪还是喜欢树？

草坪　　树　　都喜欢　　都不喜欢
□　　□　　□　　　　□

---

① 余国瑞：《经济写作》，高等教育出版社，1998 年。

6. 您喜欢哪一种或哪几种树？（请指出第一和第二选择，在选择项后的"□"填写上1和2）

　　枫树□　　　银杏□　　　栎树□

　　梧桐□　　　樟树□　　　皂荚□

　　槐树□　　　其他□　　　无喜好□

7. 您对本区绿化工作有何意见和建议？

---

【案例5.3评析】

　　设计这类调查表的最大要求是实在，通过这类问卷调查后获取的资料必须能为决定和解决问题提供比较可靠的根据。它的问题虽少，但要求每个问题都有重要价值。这份问卷只有7个问题，除最后一题为开放式问题外，其他6题都是封闭式问题。这6道题又可分为两部分：1~3题为第一部分，是背景基本情况的调查。请注意，这里没有问一般性的背景问题，如性别、年龄、职务、单位等，而是紧扣绿化工作，提出了三个很有特点的问题。第1个问题"您在本区住了多久"，是为确定填答者意见的权重而精心设计的指标。显然，居住时间越长的人的意见越有价值。第2个问题"您从事过园艺或绿化工作吗"，也是为确定填表人意见价值而设计的。从事园艺或绿化工作的人的意见，无疑比其他人的意见更有价值。第3个问题看似不重要，实际上也很重要，因为关注绿化工作的人的意见往往是经过长期思考的，因此也更有价值。通过对这3个问题信息的统计分析，就可以比较科学地确定不同类型填答人提供意见的权重，这样就能更科学地确定各种意见和建议的价值。4~7题是第二部分，是主体，也只有3个问题。3个问题环环相扣，都是为解决两个重要的问题服务的：一是是否赞成绿化；二是如何进行绿化。前者只提了一个问题，后者提出了紧密相关的两个问题。首先让填答者对进行绿化的两种基本方式进行选择，搞绿化不是种草就是种树，选择种草，没有必要再问种什么草；接着让填答者选择种什么树更好。整个问卷设计虽然只有简单的七个问题、两三百字，却都是实实在在地为解决是否要绿化和怎样绿化等问题提供依据。

## 【案例5.4】

### 网络调查问卷的特点

　　网络调查的选题、方案设计以及问卷设计等与一般调查的基本要求和方法是相同的。不同在于网络调查的设计者和填答者不是将印刷好的问卷直接送达被调查者填写，而是通过计算机和互联网与被调查者进行沟通，被调查者填写后又通过计算机和互联网传回给调查者。因此，如何在网络问卷调查中充分利用电子媒体的优势，如何设计简洁明快的问卷版面以及界面友好的问卷填写方式等是设计网络问卷应特别重视的问题。一是在重视发挥计算机软件的各种优点的同时，还要注意使每个问题的版面编制格式尽量与通常的印刷问卷保持一致。由于计算机软件功能强大，为网络问卷编排提供了极为丰富多彩的选择方式，致使一些网络问卷者别出心裁，改变了人们已习惯了的印刷问卷的编排格式，结果反而为填答者填写带来不便。例如，为了设置跳答题而取消问卷问题的序号，这是可以的，但是仅仅为了美观和吸引力将全部问题排列于页面的中央，或取消问题与答案之间的间隔，就不可取。一切要从有利于填答者填答出发。二是尽量控制每行的长度，以减少阅读对象在计算机屏幕上阅读时视线来回移动的幅度。最好利用表格编辑功能来限制每行长度，将序号、问题和答案都置于表格单元之中。三是尽量采用单页形式的问卷。四是应通过一些方法提高网络问卷的回收率。下面的实例是腾讯·大成网《2009年应届大学生就业问卷调查》的问卷，超过1.5万人次参加了调查。

### 2009年应届大学生就业调查问卷[①]

1. 你的性别？
□A 男　□B 女
2. 你的学历？
□A 本科　□B 研究生　□C 专科
3. 你从什么时候开始关注就业机会？
□A 大一　□B 大二　□C 大三　□D 大四
4. 你对职业的取向？
□A 国家单位　□B 事业单位　□C 中外企业
□D 私企　□E 无所谓
5. 找工作时你怎样看待专业和工作性质的问题？
□A 一定要找与专业对口的工作

---

① 转引自 http://cd.qq.com/zt/2009/jiuyewenjuan/。

□B 可以是与专业有关联性的工作，不一定对口

□C 专业与工作性质无关也可以，先找一份工作再说

□D 根据自己的喜好选择行业

6. 你对就业地区选择的理由是＿＿＿？

□A 工作待遇好，收入可观　　　　　□B 与国际接轨

□C 岗位多元化　　　　　　　　　　□D 生活条件好

□E 提供再学习的机会，有较大的发展机会　□F 良好的人才政策

□G 看重创业环境　　　　　　　　　□H 回报家乡的发展机会

7. 你认为当前就业困难的最主要的原因是＿＿＿？

□A 缺乏实际技巧与经验　　□B 就业期望太高

□C 就业人数太多　　　　　□D 企业的要求太高

□E 没有找到适合自己的岗位　□F 金融危机带来的企业倒闭

8. 你对求职渠道的选择是＿＿＿？

□A 人才招聘　　　　　　□B 校园招聘会

□C 网上投简历　　　　　□D 父母、亲戚、朋友介绍

□E 报纸、广播等媒体报导　□F 毛遂自荐

□G 其他＿＿＿

9. 你对你第一份工作的月薪期望是多少？

□A 1000 元以内　　　□B 1001～1500 元　　□C 1501～2000 元

□D 2001～3000 元　□E 3000 元以上　　　□F 不要钱，能锻炼就行

10. 你准备花多少钱做就业知识和技能准备？

□A 100 元以内　　　□B 100～200 元　　□C 201～300 元

□D 301～400 元　　□E 401～500 元　　□F 500 元以上

11. 工作一段时间以后，你发现工作与理想中有差别，你会怎样？

□A 重新找工作　　　　　　　　　□B 先做等机会再跳槽

□C 看看再说，或许过段时间就会加薪　□D 无所谓，反正都要经历

12. 你应聘时，看重企业的＿＿＿？

□A 公司发展前景　　　□B 薪水的高低　　□C 个人发展空间

□D 公司重视人才的程度　□E 公司的名气　　□F 我来说两句

13. 你首先的就业城市是＿＿＿？

□A 成都　□B 四川省内其他城市　　□C 北京

□D 上海　□E 广州　　　　　　　　□F 其他＿＿＿

14. 你觉得金融危机对你今年的就业有负面影响吗？

□A 肯定有影响　□B 影响不大　□C 没有影响

15. 你会考虑自主创业吗？

□A 会考虑自主创业　　□B 不会　　□C 暂时没有考虑过

16. 如果自主创业，你会选择哪些行业？

□A 食品饮料等小店　　□B IT 业　　□C 网上开店　　□D 其他＿＿＿

17. 如果回到四年前，你还会选择目前所就读的学校和专业吗？

□A 会　　□B 不会

请留下您的 QQ 号便于领奖、提交、查看。

【案例 5.4 评析】

　　网络调查最突出的问题是问卷的回收率不高，填答误差较大。解决问题要从三个方面着手：一是必须选择大家十分关心的热点问题进行调查，其调查内容要使人们有参加填写的动力和兴趣；二是在表达形式上要力求简明、通俗，务必使每位阅读问卷的人都能看得懂并且容易填写；三是采取一定的奖励办法。本案例在很短时间内能回收 1.5 万多份问卷，其奖励办法起了作用。但是这份问卷在问题设计上还存在一些问题：有的问题含混不清，如"你准备花多少钱做就业知识和技能的准备"所指不明；有的问题与调查主题关系不密切，如"如果回到四年前，你还会选择目前所就读的学校和专业吗"与就业没有直接的关系；一些非问句用问号也不妥，如"你应聘时看重企业的？"其中问号应取消。

# 三、能力训练

## （一）题型辨析与改错训练

（1）下列试题属哪种题型？

1）您是否爱好体育运动？

①是　②否

2）您认为目前收入差距主要体现在哪些方面？

①不同人群或阶层之间的差距　　②农村和城市之间的差距

③不同行业之间的差距　　　　　④东西部地区之间的差距

⑤其他（请用文字说明）＿＿＿＿＿＿＿＿。

3）您愿意接受社区服务吗？

①愿意　□

为什么（用文字说明）：＿＿＿＿＿＿＿＿＿＿＿。

②不愿意　□

为什么（用文字说明）：＿＿＿＿＿＿＿＿＿＿＿。

（2）如果要对城市居民居住环境进行调查，了解噪音、烟尘、污水、垃圾、有害气体对城市环境的危害程度，应选择什么题型设计问题和答案？

（3）如果要对被调查者有无孩子的状况进行调查，采用什么题型才能了解到哪些人无孩子，哪些人有多少孩子，以及孩子是否与被调查者生活在一起？

（4）分析说明下列题型存在什么问题？

1）请您判断下列问题是否正确。

|  | 正确 | 错误 | 不知道 |
|---|---|---|---|
| ①打和骂是家庭教育不可缺少的方式 |  |  |  |
| ②对孩子应该多表扬、少批评 |  |  |  |
| ③越多做练习，孩子的学习就会越好 |  |  |  |

2）您现在的实际文化程度相当于＿＿＿＿。

①小学　②初中　③高中或中专　④大学

3）您是否不赞成在公共场合抽烟＿＿＿＿？

①是　②否　③无所谓

4）您认为您是否有调离的可能？

①十分困难　②比较困难　③不太困难　④十分容易

5）你最喜欢哪一类报刊？

|  | 经常看 | 有时看 | 很少看 |
|---|---|---|---|
| 时事政治 |  |  |  |
| 科普常识 |  |  |  |
| 人物传记 |  |  |  |
| 体育娱乐 |  |  |  |

6）一个民族的传统道德总是会改变的，您认为这些年在中国这种情况是＿＿＿＿。

①改变得太快　②还可以　③慢了些　④太慢了

7）您对学校近来的情况感觉是＿＿＿＿。

①几乎没有什么变化　②变化不大　③变化较大　④变化很大

（5）下列题型设计得不妥，请改正。

1）请问您的家庭属于下列哪一类？

①核心家庭 ②主干家庭 ③单身家庭 ④联合家庭

2）有人说，"文革"前青年人对老年人很尊重，现在青年人越来越不尊重老年人了。你认为这种变化发展得____。

①太快了 ②比较快 ③比较慢 ④太慢了

3）请问您家有几位育龄妇女？

①一位 ②两位以上 ③没有

4）您的家人是否支持您在闲暇时参加社会公益活动？

①是 ②否

5）您所在社区的老年人对社区的服务水平是否满意？

①是 ②否

6）您认为全国职工平均工资水平是否应当提高？

①工资偏低，应当大幅度提高

②应当小幅度增加

③虽然偏低，但为了国家经济建设，可以暂不增加

④和劳动生产率相比，工资不算低，不应该增加

7）有人认为，物价改革的结果最终将有利于国家的繁荣。您的看法____。

①同意 ②不同意 ③不知道

8）大多数老年人认为两个月举行一次健康义诊活动太少，您认为呢？

①同意 ②不同意 ③无所谓

（6）阅读下面的调查问卷，完成以下两项训练：

1）指出该问卷有哪些题型。

2）该问卷的设计存在下列哪些缺点？请判断后将代表这些缺点的字母依次填入____中。

a. 有的问题与调查目的无关

b. 缺程序性问题

c. 缺指导语

d. 题型不丰富

e. I 题的提问设计容易造成答题者的心理压力

f. II、VI 题内容重复

g. II、VI 题的备选肢排列缺乏逻辑性

h. V 题位置不当，应在 II 题前或在 VI 题后

### 关于科教兴农问题的调查问卷（主体部分）

Ⅰ. 你对党中央提出的科教兴农的方针：

非常赞成□　基本赞成□　不赞成□　无所谓□

Ⅱ. 请你按重要程度为下列影响科教兴农的因素排出次序，最重要的为 1，最次要的为 7：

□领导重视程度　□资金投入　□农民的素质

□科技和教育的普及程度　□交通状况和地理位置

□教师和科技人员的待遇　□人口出生率

Ⅲ. 对农业技术推广，你认为应该实行：

有偿服务□　无偿服务□　两者结合□　不知道□

Ⅳ. 对农村一些基层干部大吃大喝，你认为应该：

抵制□　查办□　不提倡不反对□　参与□

Ⅴ. 你认为当前农村教育应解决的问题是：

|  | 十分紧迫 | 无须解决 | 不太紧迫 |
|---|---|---|---|
| 学校危房 | □ | □ | □ |
| 学生失学 | □ | □ | □ |
| 教育投入 | □ | □ | □ |
| 教师待遇 | □ | □ | □ |

Ⅵ. 你认为农业科技推广难的原因有：

领导不重视□　资金短缺□　农民科技意识差□

科技人员待遇低□　农民文化程度普遍偏低□

科技人员缺乏推广经验□　农技推广网络不健全□

其他（请说明）＿＿＿＿＿＿＿＿＿＿

## （二）卷首语和指导语制作训练

（7）下面是一份问卷调查表的卷首语，阅读后完成以下训练：

1）用简洁的词或词组概括每段话的主旨。

第一段：（　）

第二段：（　）

第三段：（　）

2）把文中省略的话填在（　）内。

### 当代中国青年职工状况系统调查表

青年朋友：

　　您好！

　　我们这次在全国六个城市进行的"当代中国青年职工状况调查"，是国家"六五"规划中社会科学重点科研项目之一。像这类大型的青年职工调查在我国还是第一次。

　　（　）是要切实了解我国青年职工日常工作、学习、娱乐及思想等方面的真实状况，并据以进行科学的分析研究，为党和政府制定（　），提供（　）依据和（　）建议。

　　填写本表是不记名的，希望您在填表时（　），怎么干的，怎么想的，就怎么填，毫无隐讳地将您的欢乐和苦恼、愿望和需求尽情地倾诉。同时希望您按照表中的说明在□内用"√"标记，或在＿＿内填写。

　　（　）合作。

中国社会科学院青年少年研究所

当代中国青年职工状况调查组

1983 年 6 月

　　（8）请为下面几道问题设计指导语，将指导语填入问题后的括号内。

　　1）你认为影响知识分子积极性发挥的下列诸因素的重要程度依次是（　）。

□收入　　　　□住房　　　　□与领导关系　　　□与同事关系

□家庭关系　　□工作条件　　□个人兴趣爱好　　□劳动福利

　　2）您是否赞成在丰乐园景点修建游泳池？（　）

赞成 |  |  |  |  | 不赞成

2　1　0　-1　-2

　　3）您认为当前不正之风的突出表现是什么？（　）

①大吃大喝　　②行贿受贿　　③乱买小汽车

④乱盖私房　　⑤乱发文凭　　⑥乱发资金、实物

⑦公款旅游　　⑧提干走后门　　⑨闹无原则纠纷

⑩其他＿＿＿＿＿

## （三）问题、答案及编码设计训练

（9）请为下面的备选答案设计相应的问题，将设计的问题填入括号内。

1）（　　）

①很强　②较强　③一般　④较差　⑤很差

2）（　　）

①很重要　②比较重要　③一般重要　④较不重要　⑤很不重要

3）（　　）

①未婚　②已婚　③丧偶　④离婚　⑤其他

4）（　　）

①步行　②骑自行车　③乘公共汽车　④乘单位交通车　⑤其他方式

（10）请为下面的问题设计备选答案，并将备选答案填入括号内。

1）您对您目前从事的工作是否感到满意？（请按您的感受在下列适当的□内打"√"）

①□（　　）　　②□（　　）　　③□（　　）

④□（　　）　　⑤□（　　）　　⑥□（　　）

2）您希望自己的生活在哪些方面得到改善？（请在适当的□内打"√"）

|  | （　） | （　） | （　） | （　） | （　） |
|---|---|---|---|---|---|
| ①（　） | □ | □ | □ | □ | □ |
| ②（　） | □ | □ | □ | □ | □ |
| ③（　） | □ | □ | □ | □ | □ |
| ④（　） | □ | □ | □ | □ | □ |
| ⑤（　） | □ | □ | □ | □ | □ |
| ⑥娱乐方面 | □ | □ | □ | □ | □ |

3）请您对求职过程中优先考虑事项进行选择，选三项并排序（将选项序号填入［　］内）

第一位［　］　　第二位［　］　　第三位［　］

①地域　　　　②（　　）　　　③（　　）

④（　　）　　⑤（　　）　　　⑥（　　）

⑦（　　）　　⑧（　　）　　　⑨其他＿＿＿＿

（11）下面的一份问卷是学生的作业。认真阅读和思考，完成以下练习。

1）它的内容有哪些变化和过时？这种变化对你现在设计问卷有什么启示？

2）即使从当时的情况看这份问卷也存在不少问题。分析说明它存在哪些问题，仍然以《大学生消费结构调查》为题，重新拟定一份调查问卷。

## 大学生消费结构调查

为了正确引导消费，特拟定下表调查我校大学生每月的消费结构情况，请您如实填写。"√"表示肯定的回答，"×"表示否定的回答，其他没有方框的请用文字填写。多谢合作。

调查人：××系××专业×××

1. 性别：

男□　女□

2. 您来自的地区：

城市□　城镇□　农村□

3. 您是几年级学生？

一年级□　二年级□　三年级□　四年级□

4. 您父母月收入情况：_____元

5. 您家里每月资助您多少钱？

30元以内□　31~50元□　51~80元□　81元以上□

6. 您每月的伙食费用支出：

30元以内□　31~50元□　51~80元□

81~100元□　101元以上□

7. 您每月除伙食外支出还包括哪些项目：

各种聚会□　招待费□　书籍费□　服装□

化妆品□　零食□　其他_____

8. 你认为你的消费结构合理吗？_____

---

（12）下面是一份调查职工对企业房改问题看法的问卷中的问题。问题由浅入深，由易到难，已有清晰的结构，请根据这些问题设计出一份完整的民意调查型问卷。

1）您向单位缴纳了多少住房公积金？约占您年工资的百分之几？

2）房租改革后，贵单位房租每平方米月租多少元？

3）您认为五年内买房合算还是租房合算？

4）您单位是否成立了房业经营公司？

5）您认为住房建设、分配、管理、维修全由企业包下来合理吗？为什么？

6）您认为当前企业房改的步伐过快、过慢，还是适中？

7）您认为企业住房走向商品化、社会化的主要阻力是什么？

8）您是赞成还是反对企业房改？为什么？

（13）下面是为设计"青年装消费意向调查"问卷而想好的四个方面的问题。根据这些问题设计一份简明实用的商品营销型调查问卷。

1）什么人穿青年装？（职业；年龄）

2）什么场合适宜穿？什么场合不宜穿？（家里、工作场所、逛街、郊游、宴会、其他）

3）青年装有什么特点？（好看、方便、耐穿、易洗、经济、流行、其他）青年装有什么缺点？

4）你喜欢怎样的青年装？（A. 质料：纯棉、人造纤维、混纺；B. 花色：浅、深、纯色、直条、方格、其他；C. 款式：领——西装领、衬衣领；D. 口袋——几个、口袋样式；E. 腰位——紧、宽、松紧、全带、侧带、无带）

（14）下面是本章［案例5.2］所引《武汉市居民生活质量调查问卷》的第四部分，现将原文设计的编码删去，请你根据编码规则，对其中问题及其答案进行编码（编码从"D1"和"49"开始）。

四、交通状况

D1. 你一般采用哪种交通方式上下班　　　　　　　49 ＿＿＿

①步行　②骑自行车　③乘公共汽车　④乘单位交通车　⑤其他方式

D2. 采取这种方式上下班单程需要多少时间：＿＿＿分钟

D3. 步行到你们常去的下列地方各需要多少时间

①菜市场：＿＿＿分钟

②公共汽车站：＿＿＿分钟

③百货商店：＿＿＿分钟

④饮食店（餐馆）：＿＿＿分钟

⑤副食店：＿＿＿分钟

⑥医院（卫生站）：＿＿＿分钟

⑦储蓄所：＿＿＿分钟

⑧邮局（邮政所）：＿＿＿分钟

⑨理发店：＿＿＿分钟

⑩孩子的学校（幼儿园）：＿＿＿分钟

D4. 你觉得在武汉乘出租车是否方便

①很方便　②比较方便　③不太方便　④很不方便

D5. 你认为目前武汉市出租车的价格如何

①太贵了　②比较贵　③合适　④比较便宜　⑤很便宜

D6. 你在武汉市内坐过出租车吗

①坐过　②没有坐过

D7. 你觉得武汉市的公共汽车是否拥挤

①十分拥挤　②比较拥挤　③不拥挤

D8．你觉得武汉市的公共交通秩序如何

①很有秩序　②比较有秩序　③比较混乱　④十分混乱

D9．你觉得武汉市内的公共交通是否方便

①十分方便　②比较方便　③不太方便　④很不方便

D10．你认为目前武汉市公共交通方面存在的最大问题是什么

①汽车太少　②汽车太多　③管理不好　④道路不够

⑤价格太高　⑥其他（请写明）＿＿＿＿＿＿

（15）每个小组根据已选定的课题和设计的课题方案，在查阅文献和探索性调查的基础上，进行 1~2 次小组讨论，写出调查问卷初稿，然后进行一次试调查，检验问卷的信度和效度，最后完善问卷，并将定稿交老师审阅。

## （四）设计调查问卷工作成效测评训练

（16）讨论和制定测评标准和确定实际测评事项。

表 5-2　设计调查问卷工作成效测评标准

| 序号 | 测评项目与分值 | 测评指标与分值 | 实际测评项 |
|---|---|---|---|
| 1 | 小组活动（10 分） | （与选题相同） | |
| 2 | 查阅文献（20 分） | （与选题相同） | |
| 3 | 基本方法<br>（20 分） | 1．弄清不同调查问卷的特点与设计的基本要求（5 分）<br>2．掌握调查问题的基本结构和写法（5 分）<br>3．掌握各种题型的特点和使用方法（10 分） | |
| 4 | 撰写调查问卷<br>（50 分） | 1．主题正确、集中、鲜明（10 分）<br>2．条理清楚、结构完整<br>①标题、卷首语（5 分）<br>②指导语（5 分）<br>③问题和备选答案（20 分）<br>3．语言准确、简明（10 分） | |

（17）根据以上标准对小组和个人在调查问卷设计工作中的成效进行实评，并将评定的成绩交任课老师。

# 第六章　工作过程六：实施问卷调查

> **教学要求**：学习和理解不同发放和填答问卷方法的优点、缺点和适用范围；掌握提问以及与被调查者进行良好沟通和有效互动的方法；通过训练，能熟练运用不同方法，发放和填答问卷，并能设计调查质量监控方案和制订培训计划。

## 一、知识要点

实施问卷调查是社会调查工作成败的关键环节之一。它有以下几项主要工作：一是恰当地选择问卷发放与填答方法；二是组织调查队伍和培训调查人员；三是实施问卷填答；四是做好问卷调查的质量监控。根据调查规模的大小和重要程度，较大型和复杂的社会调查项目还应制定详细的调查实施方案，对整个调查过程作出妥善安排。调查实施方案有以下要求：①进一步确定调查目标和调查范围。②制定调查的原则和要求，不同调查虽然各有特点，但一般都应做到完整、可行、经济、有效、留有余地。③选择恰当的调查方法和工具，包括选择必需的硬件、软件，硬件如摄像机和照相机、录音机、计算机、交通工具等；软件如访问提纲、问卷表、统计卡、卡片等。④组织调查人员与培训。⑤安排调查时间。⑥筹集经费与预算等。实施问卷调查方案，也可称"操作计划""操作说明"。它与"调查方案"不同，是针对问卷的发放、填答、回收等环节制定的更为详细、具体且操作性更强的实施办法。下面着重介绍几项主要工作及其方法。

### （一）选择问卷的发放与填答方式

问卷的发放与填答方式可以分为两大类，一类是一般问卷发放和填答方法，另一类是网络问卷的发放与填答方法。前者又有两种：一是自填问卷法，即由被调查者自己填答问卷的方法，其问卷发放方式有个别发送法、集中发送法、邮寄发送法；二是代填问卷法，或称访问填答法，即调查人员对被调查人员通过当面或电话访问后，根据被调查人员的回答，代替被调查人员填写问卷的方法。两种方法各有利弊，适用于不同情况，要从实际出发进行选择。下面首先重点介绍两种非网络的问卷发放与填答方法。

1. 自填问卷法

自填问卷法是指调查员将问卷直接发送给被调查者，由被调查者自己阅读和填答后，交调查员收回的调查方法。与代填问卷法相比，这种方法更为实用，它的优点是节省时间、经费和人力；具有很好的匿名性；可避免访问人的干扰。其缺点是：回收率难以保证；对被填人文化水平有一定要求，因而适用范围受到限制；调查质量有时难以保证。自填问卷法又有三种不同的发送问卷方法：

(1) 逐个发送自填问卷法。指调查员依据所抽取的样本，将问卷逐个发放到被调查人员手中，由被调查人员根据要求填答，并当场或按约定方式收回的方法。个别发送法的优点是调查人员和被调查人员有相互沟通时间，被调查者有较充分的时间进行思考，这有利于提高问卷的回收率和问卷填答质量。但是由于需要调查者一一面对每个被调查人员，因此要花费较大的人力、物力和时间。

(2) 邮寄发送自填问卷法。指调查者通过邮局将问卷寄给被调查者填答后，再通过邮局将问卷回收的方法。这无疑是一种最方便的方法，省时、省力、省钱，且调查规模大、范围广，不受地域限制，填答者也有充分考虑时间。但它的缺点也很突出，就是回收率难以保证。有社会学家统计，这种方法的问卷回收率有时只有10%，达到50%就被认为"足够"了，而达到70%、80%的回收率就被认为"相当好"了。原因是多方面的，如对调查对象的地址和姓名不清楚；调查者与被调查者无法直接沟通、关系疏远；等等。为了提高回收率，常采用的方法有：提高被调查者的填写热情和兴趣，如说明意义、给予奖励；为被调查者提供寄回的信封和邮资；给填答和寄回问卷较长的时间；用跟踪信和电话提示被调查者填答和寄回等。表6-1是美国一位社会学者对某次邮寄调查问卷回收进行的统计。从表中的数据可以看出，跟踪信和电话提醒对提高问卷回收率起着十分重要的作用。

表6-1　某次邮寄调查的问卷回收统计

| 批　次 | 占发出问卷总数的比例（%） |
|---|---|
| 发出问卷后第一批寄回 | 46.2 |
| 发出第一封跟踪信后又寄回 | 12.2 |
| 发出第二封提醒信和问卷后又寄回 | 8.8 |
| 电话通话提醒后又寄回 | 10.1 |
| 总回答率 | 77.3 |

（3）集中自填问卷法。指通过各种方法将被调查者集中起来，每人发放一份问卷，然后由调查者统一讲清填写要求与方法，请被调查者当场填写，由调查员当场收回的方法。这种方法也是一种省时、省事的方法，并且收回率高，也有利于提高填写问卷的质量。但它只适用于某些学校、企事业单位以学生或职工为被调查对象的情况，并且一般必须先征得单位领导的认可和支持。因此，这是很多社会调查难以采用的方法。另外，将众多调查者集中，有时会形成一种"团体压力"，不利于个人表达特定看法。

2. 代填问卷法

代填问卷法，又称访问填写问卷法，也称结构访问法。它是以访问形式进行访谈后，由访问者严格按被访者的回答，代被访者填写问卷的方法。之所以称结构访问法，是因为这种访问是严格按问卷的内容结构进行的访问，不同于一般的访问。代填问卷法又可分为下面两种情况：

（1）当面访问代填问卷法。指调查者与被调查者进行面对面访问和交谈，并按问卷的内容和填写要求，对被调查者逐一进行询问后，客观地按被调查者的回答，代被调查者填写问卷的方法。这种方法的最大优点是可靠程度高，回答率和回答质量有保证。但这种方法对调查人员要求高，且调查成本高、费时、费力，没有充分的人力、经费难以采用。此外，当面访问，对被调查者也有较大的心理压力，处理不好也影响问卷质量。

（2）电话访问代填问卷法。指调查员通过打电话方式与被调查者联系，在电话中对被调查者进行询问，根据被调查的答复由调查员代为填写问卷的方法。目前的主要方式是利用电脑辅助进行个人访问和代为填写问卷。

3. 其他填写方法

网络调查是正在迅速发展的新兴的现代调查方法。网络调查有一系列的调查类型，除网上问卷调查外，还有网上讨论法、网上测验法、网上观察法等。通过网络进行问卷调查，其问卷的设计要更为简明扼要，多采用表格方法设计问卷。发放和填答问卷有两种主要方式：一是站点法。即将调查问卷放在网站上，由受访者在网上自愿填写和提交问卷，经调查者统计分析后在网上公布调查结果的方法。二是电子邮件法。即调查者通过电子邮件发送调查问卷给被调查者，被调查者填答后，将填好的问卷发回调查者指定邮箱的方法。

此外，还可通过报刊等媒体发布问卷，由读者自愿填写并寄回调查者。这些方法覆盖面广，但难以控制，问卷回收率和质量常常难以保证。

## （二）组织调查队伍和培训调查人员

一支好的调查队伍是实施高质量调查的保证。调查队伍的数量和质量要求要根据调查任务的性质及繁重程度决定。一般性课题都应建立一个调查小组，小组以 3~7 人为宜。大型课题往往有若干调查组，有几十甚至成百上千的调查人员。调查人员应具备能吃苦、实事求是、有一定的文化知识和实际工作经验、谦虚、耐心、对调查工作有兴趣等品质。

每个课题，在入户调查前都应对调查人员进行培训，培训时间视具体情况而定，短则几小时，长则几天。培训的主要内容有：第一，学习和讨论调查方案、调查实施计划，使每一位调查员熟悉调查的目的、意义、内容、方法；第二，通过实训，让所有调查人员掌握从问卷发放，到问卷填写、回收，以及问卷质量监控等各个环节的关键技术；第三，让每位调查员弄清本次调查的特点，学会根据实际情况，处理各种常发或偶发事件；第四，逐条逐项弄清调查问卷每道试题的内容、填写方法以及各种注意事项；第五，制定必须共同遵守的相关制度或管理办法。下面是一份《调查员须知》的格式，以供参考。

#### 调查员须知

为保证这次问卷调查的质量，调查员应注意以下事项：

(1) 调查员必须严格按照样本分布明细进行调查，不能任意增减某一群体的被试数量。

(2) 调查员应当衣着整齐，态度和蔼、礼貌，切忌生硬粗暴。

(3) 调查员应充分尊重被调查者的意愿，不能强迫被调查者回答问卷。

(4) 调查者必须对调查内容有准确的理解。对调查过程中被调查者提出的疑问和不解之处，调查员必须给予耐心、准确的说明。对不识字的被调查者，调查者要读出书面指导语，并按顺序读出题目，让被调查者自主选择答案。

(5) 调查员应当坚决制止被调查者一人多份填答，或代替他人填答。要求被调查者独立回答问卷，不准他人干预、提示。

(6) 被调查者交卷时，调查者要迅速检查其是否对所有的项目都做了填写或选择。要特别注意个人基本情况部分是否有遗漏，尤其要注意收入部分是否准确详细。

(7) 调查者要认真、整齐地收好填答完毕的调查问卷，不要当着被调查者的面随意交给他人翻阅。

×××××××调查组
×××年××月

### (三) 实施问卷填写

无论采用何种方法实施问卷调查，调查员都必须直接或间接地与被调查人联系，并从被调查者那里获取充分信息，最后按要求，高效、高质回收自填或代填的问卷，这个过程就是实施问卷填写过程。它是实施问卷调查工作中实践性和操作性最强的阶段。做好以下工作，是完成这个阶段任务的关键：

1. 了解和掌握被调查者的情况和心理

无论是与被调查者直接接触，还是间接接触，取得被调查者的信赖、理解和支持都是重要的条件。因此，调查者应对被调查者的情况有比较全面、准确和深入的了解。"知己知彼，百战不殆。"一是要了解被调查者的基本情况和特征，如年龄、性别、职业、文化程度、家庭背景、兴趣爱好等。二是要分析和理解被调查者的心理和想法，对可能影响他们填写问卷的各种阻碍因素一一进行排查，并设计和构想破解各种阻力的措施和办法。三是要尽量缩小与被调查者之间的心理距离，使被调查者解除各种顾虑，使他们回答问题或填写问卷更准确、客观、全面。

2. 争取与调查者关系密切的单位或个人的理解与支持

每个被调查对象都生活在特定的社会关系网络中。善于调查者，不仅要了解被调查者个人，而且要了解被调查者的社会关系网络。首先，要了解与被调查者关系密切的具有权威性和知名度的上级单位、专业部门以及权威人士等。若有可能，尽量联合他们开展调查，可以将他们列为主办单位、指导单位或专家，调动他们的积极性。一旦得到他们的认可和支持，调查将会顺利得多。其次，要得到被调查对象直接上级单位及其领导的理解和支持。假如我们要对某城市贫困居民生活状况进行调查，一方面要争取省市民政部门以及该市此方面的权威人士的支持，另一方面也要直接到被调查对象所属的街道或居委会进行联系，取得他们的支持和配合。最后，要善于利用熟人、朋友、同学、亲戚、甚至是熟人的熟人、朋友的朋友，从各方面打通与被调查者的关系，使被调查者与调查者更为融洽、信任。这对直接与被调查者接触的自填式问卷调查和当面访问的问卷调查工作的顺利开展，尤其重要。

3. 给被调查者良好的第一印象

与被调查者直接接触时，调查者给被调查者的第一印象十分重要。一是对外表的第一印象，如穿着既要整洁大方，又不要太引人注目。二是对态度的第一印象，即要处处表现出礼貌、诚恳、踏实。三是对语言、交谈的第一印象，态度在很大程度上表现于语言，一般首先要表示某种歉意，如见面即说"对不起，打扰您了"；有时要根据情况对被调查者表达敬重之意，如说"您作为全市居民代表"、"您是这方面最有发言权的人"、"您是最熟悉这方面工作的人"；等等。必要时还可简要说明调查项目与被调查者的关系，尽量解除被调查者的心理障碍。这些话称为"开场白"，虽然不是正题，却能增进亲和力，有利于与被调查者建立起轻松、融洽的互动关系。下面是某大学学生在入户进行"城市交通问题调查"时的"开场白"：

> 您好！我叫×××，是××大学××系的学生，这是我的学生证（出示学生证）。我们正在进行一项城市交通问题的社会调查。我们从全市抽选了300位市民作为代表，您是其中的一位。我们只会占用您15分钟的时间，希望您支持我们的调查。

4. 善于提问和互动

当建立了一定的互信关系后，便应及时引入正题。要根据情况，从实际出发，掌握提问内容和方法。当气氛已相当和谐时，不妨开门见山按问卷内容逐题询问，并及时做好记录；但当气氛还没有达到较融洽时，应先以交谈方式，询问被调查者较熟悉、较有兴趣的问题，而不要刻板地按问卷试题排列顺序逐一询问。提问速度开始也应慢一些。询问过程还应注意以下几点：一是调查员要主动控制言谈过程，当话题扯远时，要善于通过转移话题，使访问回到正题；二是调查者的表情要与被调查者回答内容时的心情相适应，要对被调查者回答问题时的喜怒哀乐作出反应；三是目光要直接与被调查者交流，不要只顾记录，不看被调查者；四是提问语气和语言要谦恭随和、简明扼要、重点突出、通俗易懂。

## （四）问卷调查质量的监控

在实施问卷调查的全过程，要对问卷调查质量进行实时监控。一是实施调查前要对问卷进行试调查，根据试调查的情况对问卷进行修订，保证问卷科学、可行。同时，为保证调查质量，入户调查前应对调查员进行培训。二是在实施调查过程中，首先，课题组负责人必须实地参与调查问卷的填写工作，发现问题要及时指导和纠正；其次，调查人员如果发现问题，要向上级反映，及时解决；最后，调查组要定期或不定期召开会议，检查、交流实施问卷调查的情况与问题。三是问卷回收后，要及时进行整理，并在现场进行初步审查，如果发现不合格的问卷，应及时核实，及时补救。整理问卷，要注意审查以下问题：①调查对象的选择是否符合原设计要求；②调查指标的理解及其操作是否恰当；③被调查者的回答是否符合要求；④填写的事实、数据是否真实、可靠；⑤对问卷中设计的检验性问题的回答是否经得起检验；⑥是否有漏填、错填和填写内容书写不清等问题。

# 二、案例评析

## 【案例6.1】

### 从实际出发选择发放和填答问卷方法
——以××社区居委会开展"第六次全国人口普查"为例

由于每一项调查的目的、对象、内容以及规模、难易度不同，实施问卷调查所采取的方法必然是多种多样的。即使同一项调查，由于不同阶段、不同类型的调查目的和调查对象各有特点，有时必须同时采用不同的发放问卷和填答问卷的方法。下面是第六次全国人口普查中，××社区居委会从实际出发选择的五种方法，几乎包括我们在知识要点中讲过的所有方法。请看下面某社区调查小组在实施人口普查项目时，同时采用的各种发放和填答问卷方法的实例。

1. 个别发送填答问卷法

这是该调查项目实施调查时采用的主要方法。其做法是：社区调查小组先派普查员根据被调查户的地址，逐一登门将事先印制好的问卷发送到居民手中，请被调查居民在普查员的指导下现场填答，并由普查员当场收回；或让普查员将问卷留下，并约定时间（如1小时或1天后）登门取回，或由被调查居民将填好的问卷送回社区居委会办公室。

2. 邮寄填答法

对于那些属于"户籍外出人口"的居民，居委会调查组则采用邮寄调查法发放和填答问卷。社区普查员要先获取被调查居民的详细居住或工作地址，并把信封填写好，把印制好的问卷装到信封中，同时在信封中也要装上写好回信地址、收信人和贴好邮票的空信封，两样物件通过邮局一同寄出，再由居民将填答完毕的问卷邮寄回社区调查组。

3. 集中填答法

对于社区中的公共户单位，如机关、学校、医院、工厂和企业等组织，依据具体情况，有的则采用集中填答法发放和填答问卷。办法是社区居委会或调查小组先同调查单位的负责人进行沟通，以取得他们的理解、支持和帮助，通过单位统一组织安排，将调查对象集中起来（规模太大则分批集中），可集中在会议室、教室等既方便填答问卷，又不受外界干扰的地方；然后普查员将问卷发放给每一位被调查者，同时要对此次调查的目的、意义、要求等统一进行介绍，由被调查者当场填答问卷，普查员可解答被调查者所提出的疑问，问卷填答完毕之后，现场将问卷收回。

4. 当面访问法

对于有些专项调查，居委会调查组采用当面访问法发放和填答问卷。做法是，社区调查小组先按照调查的要求选择普查员并对他们进行严格培训和模拟演练，然后由普查员带着问卷深入被抽中的居民家里，严格按照调查问卷的问题及其顺序对被调查居民进行访谈，并按照问卷的格式和要求将居民的回答详细和真实地记录下来，并代被调查居民填好，经他们认可后收回。

5. 电话访问法

对于那些"户籍外出人口"，包括人户分离、外出学习、因公出差和工作较忙的居民，居委会调查组还采用电话访问法发放和填答问卷。做法是，进行电话访问之前需要准备一套"计算机辅助访问系统"，事先将问卷数据按照系统的格式录入到计算机中，同时也要对访问员进行挑选和培训，由访问员通过访问系统向被调查居民提出问题，问题的内容和顺序以计算机屏幕显示的调查问卷为依据，并将居民的回答直接输入到计算机系统中；调查小组的其他成员在主机上监控和管理所有访问员的工作情况；访问结束后，将所有的调查数据通过计算机系统进行整理后，直接用 SPSS 或 STATA 等统计软件进行统计分析。

**【案例 6.1 评析】**

一般来说，较复杂的大型调查在实施调查过程中都不可能简单地采用一种方法。一切都要遵循真实可靠、经济有效的原则，从具体实际情况出发，选择适当的方法。但是要注意两点：一是要区别主要方法和辅助性方法。如本案例中主要方法是个别发送和填答法，其他四种则是辅助性的方法，是无法采用主要方法时不得不采用的方法。二是中型和小型的社会调查活动，要尽量做到方法的统一、简要，防止过于繁复，这是保证社会调查有较高调查质量的重要条件之一。

**【案例 6.2】**

### 重视对调查全过程的监控
#### ——以"××市第六次人口普查质量监控方案"为例

实时进行调查全过程的监控，是开展高质量、高效率、高水平问卷调查的重要前提。尤其是较大型、复杂的调查项目，为了使全过程的监控能有序进行，应制定"监控方案"。下面是"××市第六次人口普查质量监控方案"

的实例。

<h1 style="text-align:center">××市第六次人口普查质量监控方案①</h1>

一、质量监控的目的与任务

为了保证调查的质量，根据"××市第六次人口普查工作方案"的要求，调查组将对全市各地调查表填报情况进行全程质量监控。为此，特制定本方案。其任务是：

（1）实时监控各县、市、区填表人员的填表质量。

（2）检查各县、市、区填表人员填表的科学性、准确性。

（3）更正各县、市、区填表人员填表的各种错误。

（4）分析本次调查的科学性和可信性。

二、质量监控的范围

根据随机性、区域性、层次性原则，从全市各个县、市、区的辖区内各选一个乡镇（街道）进行质量监控，建立市、县（区）、乡镇（街道）三级监控体系。

三、质量监控的内容与方式

对调查质量的监控主要从信息来源、信息流动环节、信息处理形式三个方面进行。

（1）信息来源监控。实地调查分析填表人填表态度的认真性，填表内容的真实性，理解填表方法的准确性，并进行实地回访与核实。

（2）信息流动环节监控。对照比较各表信息转换形式数据的统一性，如将纸质文档转化为电子版。

（3）信息处理形式监控。通过设计相关信息处理程序，鉴别填表中的错误及识别废表。

四、质量监控工作安排

1. 质量监控人员的选取及培训

（1）成立质量监控小组。质量监控人员将按照属地化及专业化等原则，成立市、县（区）、乡镇（街道）三级质量监控小组。

（2）组织对质量监控人员培训。

培训时间：××月××日下午2：30～5：00。

培训内容：调查内容、填表方法、调查方法、质量监控的流程、内容真伪识别方法、调查信息审查方法、突发事件处理方法等。

---

① 赵淑兰：《社会调查方法》，机械工业出版社，2011年，第126－128页。

2. 质量监控的时间

××××年××月××日至××××年××月××日。

3. 质量监控的总结

对全市所有监控点进行监控后反馈监控信息，进行质量评估，写出评估报告。

五、质量监控的操作过程

（1）在正式调查之前，应在调查工作领导小组的统一安排下，认真完成对参加调查工作人员的培训。

（2）对调查样本进行适度调控，保证调查样本分布相对均衡。工作小组对所有的调查对象，按照所在地区相对均衡的基本原则，从中遴选出调查对象并进行调查。

（3）对回收的调查问卷，先由普查员自查、互查，接着由普查小组组长和普查指导员检查，最后由质量监控小组进行认真地审核和验收。若发现问卷填写不符合要求或存在其他问题，要及时通知有关调查员采取措施并予以补充和完善，以确保调查数据资料的完整性。

（4）在调查结束后，质量监控小组应在一个星期内对调查结果进行抽查性回访，了解调查工作的性质和数据采集的可靠性。

（5）质量监控小组对回收的调查问卷，通过检查审核和回访核对无误后，由调查员把经过审核的调查问卷输入计算机系统，并经质量监控小组检查验收合格后，才能进行数据分析。

（6）做好调查数据和相关信息的保密和保管工作，不得擅自发布或传播调查结果及相关信息。

图6-1为调查过程的质量监控流程。

【案例6.2评析】

　　社会调查是严肃的科学研究工作，调查结果是否真实、可靠，往往对政府和相关部门、单位的决策与行动具有重大的影响。因此，无论项目的大小，都必须加强对调查全过程每个环节、每个部分的监控。制定监控方案是保证监控有效开展的好办法。监控方案不可烦琐，要切实、具体、可操作性强。本案例在这方面为我们的学习提供了范式，只是它在结构上还有可改进的地方，第四点"工作安排"一般应放在最后。

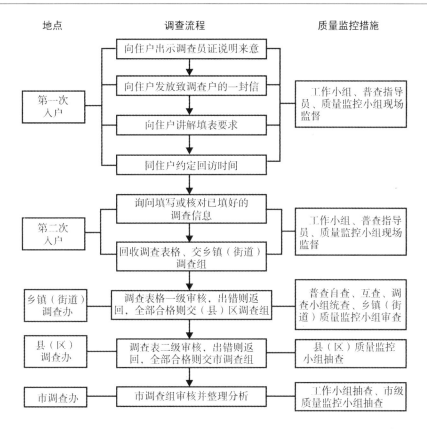

图 6-1　调查过程的质量监控流程

## 【案例 6.3】

**实施调查过程的"操作说明"**
——以"当代中国社会结构变迁研究"课题为例

　　较大型的社会调查工作，其实施调查过程往往涉及复杂的社会关系和人际关系。为了使课题组各个方面的工作统一、协调地开展，有时不仅需要对监控工作，而且需要对其他方面工作一并制定"实施方案"，也称"实施计划"或"操作说明"。下面是"当代中国社会结构变迁研究"课题组制定的课题实施调查过程的"操作说明"，即"实施方案"。为了节省篇幅，引用时作了适当删减。

## 当代社会结构变迁课题实施调查的操作说明①

### 一、课题说明

●"当代中国社会结构变迁"课题旨在采用定量方法划分转型期的中国社会阶级阶层，描述阶级阶层的特征并探索分层的机制。这一课题具有重大的政策意义和学术价值。

●课题采用概率抽样的入户访问方式。共涉及 12 个省、自治区、直辖市，总样本量为 6000 人，其中城镇居民和乡村居民分别为 4000 人和 2000 人。

●课题由中国社会科学院总课题组和各地方分课题组协作完成。总课题组负责提供调查问卷和技术设计，分课题组负责调查实施。

●根据前期调查的经验，每一地区调查的顺利进行应具备三个条件：

（1）地方政府的行政和财力支持。

（2）地方科研机构的主持。

（3）高质量的调查员队伍。

### 二、课题任务

各地方课题组的工作任务是：

1. 设立各省课题组

（1）确定承担课题的研究机构和课题队伍。（略）

（2）争取地方政府的支持。（略）

（3）组建调查员队伍。

每省平均有 500 份左右的调查问卷，应相应配备 20～30 名调查员。试调查的经验表明：第一，调查员一定要来自某一类组织，以便有纪律地约束。第二，一定要有高中以上的文化程度，最好是大专以上，否则难以理解调查问卷。第三，带有研究兴趣或作为组织任务来完成的调查员队伍要大大好于单一报酬性的队伍。第四，调查员有一定的社会工作经验和社会阅历，则能够更好地理解调查意图。调查员通常来自以下的渠道：

A. 大学师生：组织性强，便于管理，态度认真，素质高；对社会问题不熟悉，和被访人共同语言少，难以取信，不利于调查的深入；年轻，缺乏应变能力。

B. 地方政府部门工作人员：熟悉当地情况，有行政优势，对社会状况较为了解；难以规范管理，官气较重，影响调查质量。

C. 党校/行政学院师生：综合大学师生与行政干部的优点，是较理想的调查员队伍，但在素质上和管理上也会有一些问题。

---

① 水延凯：《社会调查案例教程》，中国人民大学出版社，2008 年。

（4）收集、提供地方居/村委会统计资料。（略）

2．组织调查实施

（1）居/村委会抽样。（略）

（2）培训调查员。

●培训的目的在于使调查员和督导员能够称职地遵循实施方案，履行职责。

●调查员的职责：入户选样、现场访问、查核问卷、事后编码。

●督导员的职责：住户抽样、分配问卷、更换被访家庭及被访人、查核问卷、组织编码。

●培训共六个单元，大约3天时间。

●培训调查员一律使用"工作卷"，该卷的封面上要写明调查员的姓名。首页的问卷编号栏填写"工作卷"字样，调查员编号栏填写调查员姓名或编号。工作卷不能混入正式调查卷中。要求访问时一定要携带工作卷。

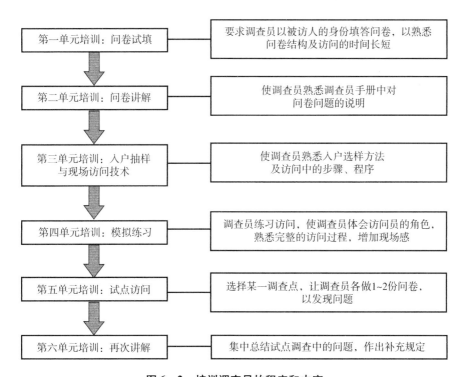

**图6-2　培训调查员的程序和内容**

（3）现场访问。

●问卷编号。调查正式开始之前，正式访问问卷要经过编号。编号方法是：首先将 A～H 的 8 类问卷各取 1 份依次叠放，这样将所有问卷叠放成一摞；然后按顺序在每一份问卷的首页右上角填写 4 位数的问卷编号。备用卷不用编号。

●规定选样表。调查正式开始之前，要确定每份正式访问问卷的首页选样表采用哪一类型。选样表共有 1～12 类（选样表第 2 行的 12 个数字），督导员在调查前要在样表上圈选这些数字。方法是：1 号问卷圈"1"，2 号问卷圈"2"……12 号问卷圈"12"，13 号问卷再圈"1"，14 号问卷再圈"2"……依此类推，直到所有正式调查问卷的选样表都被圈定。圈定结果不能变更，为了防止涂改，应采用钢笔、圆珠笔。备用卷不事前圈定选样表。

●调查员以小组为单位进行现场访问，每组 1～3 天完成一个居/村委会的调查。每组调查员人数 5～6 名，督导员 1 名；调查员平均 1～1.5 小时访问 1 份。

●为保证被访家庭中成员均能入选，城镇居民调查时间应尽量安排在周末或下班之后（晚 6：00～9：30）。

●为控制访问质量，督导员应逐批发放问卷。调查员交回第一份问卷后，再领取第二份问卷。第二份问卷访问期间，督导员检查交回的第一份问卷的质量，如不合格，当令调查员再访修正。

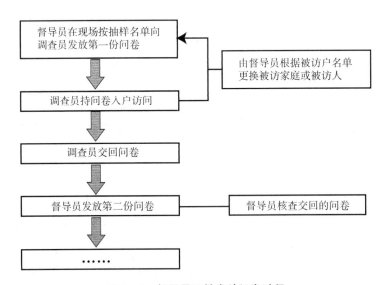

图 6-3　督导员逐批发放问卷过程

（4）问卷编码。每天访问结束后，由督导员组织调查员进行编码。

### 三、督导员工作事项

督导员的工作主要是负责调查中的技术指导和质量控制，因此，对于调查中可能遇到的问题，都要能遵循技术规则指导调查员来妥善处理。下列事项为督导人员在工作中所必知。

1. 村委会/居委会选样

2. 分派调查人员入户访问

督导员完成抽样后，将抽中的样本户登记在入户登记名单上，负责分配的调查员持不同的问卷入户访问。分配时要记录被访户的姓名、地址、问卷编号、问卷类型及调查员的姓名。为保证调查员不误用选样表，督导员应每次只发出一份问卷，回收后再发第二份问卷。

3. 负责更换被访人及样本户

更换被访人及样本户的规则详见《调查员工作规则》。更换权由督导员掌握。

4. 问卷核查

问卷核查分两个环节：①现场核查：每个调查点的问卷核查要在现场完成。具体方法是：督导员每回收一份问卷，就在现场核查。核查的重点参看《调查员工作规则》。如发现问题，用铅笔或粘签在问卷上注明。调查员交回下一份问卷时，令其回访有误的题目。核查无误，签字生效。每一调查点的问卷，要在离开现场前核查完毕。②事后复查：问卷回收后，督导员要对每个调查员的问卷抽查20%（每5份问卷抽查1份），并对其中的部分题目问题进行电话或面访复核。如发现1份有误（包括选样错误、擅自更换被访人、没有入户访问自行填写、问题答案不属实），则该调查员的所有问卷均要复访修正，否则均视为废卷。

5. 事后编码

督导员主持在调查结束当晚编码。编码一律用铅笔。如发现问题，次日再派人员回访。

在调查现场遇到问题要和当地调查负责人协商解决。有较大技术上的变动要和调查组联系。每天必须在规定时间向调查组汇报一次工作进展情况。

---

### 【案例6.3 评析】

"细节决定成败"，这句话也适用社会调查工作。本案例的突出优点就是对调查的实施过程作了周密、具体、精细的安排。此外，课题组在实施调查前还制定了《督导员工作事项》、《调查员手册》、《问卷说明》

等一系列指导性文件。正是因为事前有了如此充分的准备，才大大提高了在全国开展这项大型调查的成功度。当然，一项复杂的社会调查工作，在实践中是不断发展变化的，常常会出现我们事先无法预料的情况和问题。因此，事前制订的计划和安排以及提出的各种措施，必须不断修改、完善，使之与实际情况相符合。

# 三、能力训练

## （一）选择问卷发放和填答方法训练

（1）根据下列社会调查课题确定的目的及调查对象，选择不同的问卷发放和填答方法。

1）课题《大学生消费状况调查》，目的是了解和把握当前大学生的消费特点、心理及消费行为导向。拟采用问卷调查方法，在全国高校中选择有代表性的重点高校、普通高校及民办高校三种类型高校10所，对这些高校按学院或年级进行分层抽样，然后对2000名学生样本实施问卷的发放和填答。

应选择的问卷发放和填答的方法是：＿＿＿＿＿＿＿＿＿＿＿＿＿

＿＿＿＿＿＿＿＿＿＿＿＿＿＿＿＿＿＿＿＿＿＿＿＿＿＿＿＿＿＿＿＿

2）《××市2012年重点人群防病知识情况调查》课题的目的是，了解××市重点人群对基本卫生防病知识的掌握情况，为制定进一步提高市民防病知识水平和保障市民健康工作决策提供依据。拟随机抽取15岁以下本市在校学生200名、15~65岁本市城乡常住人口200名、企业职工及农民工200名，共600名市民为调查对象。

应选择的问卷发放和填答的方法是：＿＿＿＿＿＿＿＿＿＿＿＿＿

＿＿＿＿＿＿＿＿＿＿＿＿＿＿＿＿＿＿＿＿＿＿＿＿＿＿＿＿＿＿＿＿

（2）根据本书第二章"制定调查方案"训练题第9题《大学生手机偏好情况调查方案》的调查目的和调查对象，为该课题设计出具体、可行的问卷发放和填答方法。

## （二）实施问卷调查训练

（3）本章能力训练题1之2）《××市2012年重点人群防病知识情况调查》课题，要入户对本市在校大学生、机关干部、农民工进行调查，请您根据三类不同对象设计三种入户调查的"开场白"。

（4）下面是用于网络调查的表格式问卷。表6-2刊登于有关网站，不限定调查对象；表6-3是某大学两位研究生通过 E-mail 对高校教师健康状况的调查问卷。请你给它们各写一份卷首语，并比较说明两种卷首语有何不同。

### 表6-2　通常您是如何评价健康的？

| 序号 | 答题选项 | | 投票数 | 百分比 |
|------|----------|---|--------|--------|
| 1 | 身体没有疾病 | □ | | |
| 2 | 身体没有伤残 | □ | | |
| 3 | 能吃能睡，身体好 | □ | | |
| 4 | 身体、心理的良好状态 | □ | | |
| 5 | 自我感觉良好 | □ | | |
| 6 | 精力充沛 | □ | | |

### 表6-3　高等院校教师健康状况调查问卷（节选一、二部分）

一、基本情况（请在合适选项后面的方框内打"√"）

| 序号 | 指标 | 答项 |
|------|------|------|
| 1 | 性别 | 男 □　女 □ |
| 2 | 年龄 | 29 岁及以下 □　30～39 岁 □　40～49 岁 □　50 岁及以上 □ |
| 3 | 婚姻状况 | 未婚 □　丧偶再婚 □　丧偶未再婚 □　分居 □<br>已婚 □　离婚再婚 □　离婚未再婚 □　同居 □　其他 □ |
| 4 | 最高学历 | 大专 □　大学本科 □　硕士 □　博士 □　博士后 □ |
| 5 | 专业职称 | 初级 □　中级 □　副高 □　正高 □　其他 □ |
| 6 | 专业年龄 | 10 年及以下 □　11～20 年 □　21～30 年 □<br>31～40 年 □　41～50 年 □　51 年以上 □ |
| 7 | 行政级别 | 科级及以下 □　副处 □　正处 □　副厅 □　正厅及以上 □ |
| 8 | 所在学校类型 | 综合类高校 □　理工类高校 □　农林类高校 □　医学类高校 □<br>政法类高校 □　经管类高校 □　文艺类高校 □　其他类高校 □ |

二、过去一年您曾患过哪些疾病？自我感觉如何？（请在合适选项的方格内打"√"）

| 序号 | 疾病种类 | 自我感觉 | | | |
|------|----------|------|------|------|------|
| | | 较轻 | 较重 | 很严重 | 说不清楚 |
| 1 | 感冒 | | | | |
| 2 | 胃病 | | | | |
| 3 | 心脏病 | | | | |
| 4 | 高血压 | | | | |

续表

| 序号 | 疾病种类 | 自我感觉 | | | |
|---|---|---|---|---|---|
| | | 较轻 | 较重 | 很严重 | 说不清楚 |
| 5 | 贫血 | | | | |
| 6 | 肾病 | | | | |
| 7 | 肝病 | | | | |
| 8 | 糖尿病 | | | | |
| 9 | 头痛 | | | | |
| 10 | 眼疾 | | | | |
| 11 | 发烧 | | | | |
| 12 | 牙痛 | | | | |
| 13 | 内分泌失调 | | | | |
| 14 | 妇科病 | | | | |
| 15 | 肌肉酸痛 | | | | |
| 16* | | | | | |
| 17* | | | | | |
| 18* | | | | | |
| 19* | | | | | |
| 20* | | | | | |

注：16~20 项的"＊"为"其他"，请说明实际患病种类。

### （三）问卷调查质量监控方案设计训练

（5）下面是第四次国家卫生服务调查设计方案（征求意见稿）第六部分"调查质量控制"的设计，请认真阅读并回答下列问题：

1）什么是"全过程"监控，全过程监控包括哪些阶段？

2）调查组和每位调查员应如何进行质量监控？

3）调查质量控制的设计如何做到切实可行？

**《第四次国家卫生服务调查设计方案》第六部分**

**关于"调查质量控制"的设计**

为了保证调查的顺利开展和调查的质量，必须对调查的每一个环节实行严格的质量控制，并贯彻于调查的全过程，包括设计阶段（含调查表的设计）的质量控制、对调查员的质量控制、现场调查阶段的质量控制和资料整理阶段的质量控制。其中，抓好现场调查阶段的质量控制尤为重要。

（一）调查方案设计、论证和试调查

调查方案设计遵循科学合理可行的原则，围绕调查目的对调查指标进行认真筛选和清晰的解释。对调查方案进行反复、多方论证并广泛征求社会各有关方面及专家的意见。调查方案设计完成后组织开展预调查活动，检验调查设计的科学合理性及可行性，进一步修改完善调查表，积累现场调查组织实施的经验；样本地区在正式开展调查前也应当进行预调查，通过预调查使调查员熟悉调查内容，准确、完整地填写调查表格。

（二）调查人员的选择与培训

严格挑选和培训调查人员是取得准确、可靠资料的不可缺少的前提。由于调查内容主要是关于健康、疾病与卫生服务的问题，故要求选择愿意从事调查工作、责任心强、工作认真、耐心细致并且有一定社会交往能力的卫生人员为调查员，每位调查员都要经过正规培训。培训的要求是：明确调查的目的和意义，了解调查设计的原则和方法，统一指标的含义及填写要求；了解调查员可能导致什么样的调查质量问题；掌握访问的程序，明确现场调查工作纪律，以保证调查工作的质量和进程。人员培训按统一的培训计划、统一的培训教材分两级培训。卫生部负责培训省级和县级的调查负责人和师资，省级和县级的调查负责人和师资负责组织和培训样本地区的调查指导员和调查员。培训结束后，应对培训效果进行考查，考查合格后才能参与正式调查。

（三）明确调查人员工作职责，建立调查质量核查制度

明确调查人员任务与职责分工是保证调查质量的重要因素之一，有利于提高调查人员的责任心和积极性，防止由于分工不清和责任不明造成的扯皮现象。调查指导员和调查员必须按照《国家卫生服务调查人员职责及现场工作准则》的要求工作。调查质量的核查制度包括：

1. 现场调查中，在每户询问并记录完毕后，调查员都要对填写的内容进行全面的检查，有疑问要重新询问核实，有错误要及时改正，有遗漏项目要及时补填。

2. 每个乡镇（街道）的调查指导员要对每户的调查表逐项进行审核，从正式调查开始后的当晚就应逐日检查每份调查表的准确性和完整性，发现错漏项时，要求调查员在第二天重新询问予以补充更正，认真核实无误后，方可签字验收。

3. 每个县（市、区）设立质量考核小组，在调查过程中抽查调查质量，调查完成后进行复查考核，家庭健康询问调查的复查考核应在已完成户数中随机抽取5%，通过电话或再入户的方式对复核调查表的内容进行询问，复核调查结果录入计算机后，观察复核调查与原调查结果的符合率。

4. 在现场调查过程中，各省（区、市）卫生行政部门要组织专人进行

现场督导。

5. 卫生部将组织国家卫生服务调查质量督导组，分赴各地进行质量考核。

6. 专题调查将通过专家组，对不同调查内容、调查对象、调查方法和工具进行讨论，由有经验的专题研究人员具体实施，由各专题调查负责人总体负责，对不同调查的调查进度和质量进行监督。专家组和各专家调查负责人共同对不同调查开展过程和调查结果进行评价，对各个过程进行质量控制。

（四）质量要求

1. 调查员调查技术一致性考核的百分比：用来衡量调查人员调查技术的一致性。要求经过培训后，调查人员调查技术的一致性达到95%以上。

2. 调查完成率：在三次上门未调查成功而放弃该户时，应从候选户中按顺序递补。调查完成率应控制在95%以上。

3. 本人回答率：回答应以本人为主，本人不在场时可由熟悉其情况的人代替回答；婴幼儿一般应由直接抚养者回答，育龄妇女应由本人回答；要求成年人的本人回答率不低于70%。

4. 复查的符合率：复查考核中，同户复查项目与原调查结果的符合率要求在95%以上。

（6）召开一次小组会议，专门讨论如何对本组选择课题的调查质量进行监控，并设计出调查质量监控方案。

（7）本课程实训阶段，小组在入户调查前，请以小组为单位，对参加课题调查的成员进行一次培训，并为这次培训制订一个计划。

## （四）实施问卷调查工作成效测评训练

（8）讨论和制定测评标准和确定实际测评事项。

表6-4　实施问卷调查工作成效测评标准

| 序号 | 测评项目与分值 | 测评指标与分值 | 实际测评事项 |
|---|---|---|---|
| 1 | 小组活动（10分） | （与选题小组活动测评标准相同） | |
| 2 | 选择并掌握问卷发放和填答方法（40分） | 1. 正确辨别不同发放和填答问卷方法的优点、缺点和适用范围（20分）<br>2. 准确、熟练地运用不同方法发放和填答问卷（20分） | |

续表

| 序号 | 测评项目与分值 | 测评指标与分值 | 实际测评事项 |
|---|---|---|---|
| 3 | 实施问卷填写（20分） | 1. 了解被调查者的情况和心理，能与被调查者进行良好的沟通（10分）<br>2. 善于提问和与被调查者互动（10分） | |
| 4 | 问卷调查质量的监控（30分） | 1. 掌握调查质量监控方法，并能设计调查质量监控方案（15分）<br>2. 掌握调查员培训方法，并能制订培训计划（15分） | |

（9）根据以上标准对小组和个人在实施问卷调查工作中的成效进行实评，并将评出的成绩交任课老师。

# 第七章　工作过程七：开展个案访谈

## 一、知识要点

### （一）个案访谈的意义和作用

个案访谈同问卷调查一样也是一种社会调查方法。以问卷调查为主要方法进行的社会调查为定量调查；以个案访谈为主要方法进行的社会调查为定性调查。在问卷调查过程中，同时采用个案访谈方法收集材料，进行必要的定性分析，印证、充实、校正问卷调查研究获得结果和结论的准确性与科学性，常常是问卷调查活动中一项十分重要的工作。

在问卷调查活动中之所以要辅以个案调查，这是由问卷调查的局限性决定的。问卷调查有很多优点，特别是它能突破时空限制，能在广阔范围内对众多调查对象同时进行调查，这是观察、个案访谈以及实验等调查方法无法相比的。此外，它还具有匿名性，节省人力、时间和经费，有较强的客观性、有利于定量统计分析等优点。因此，它是一种与现代社会相适应的社会调查方法。但是，它也有明显的缺点。其中最突出的缺点就是它只能通过问卷这种书面方式获得一些局部的、固定的、没有弹性的社会信息，而不能了解到生动的、具体的、不断发展变化着的更全面的社会情况，因此，对那些新事物、新情况、新问题的研究，仅靠问卷调查是难以深入的。此外，问卷调查过程调查者与被调查者难以进行沟通，在大多数情况下，双方是不直接见面的；调查者对被调查者回答的真实性和正确性很难作出准确判断；问卷调查的回收率和有效率一般都比较低。这些缺点直接影响问卷调查研究结果和结论的可靠性。为了解决这些问题，除了不断改进问卷调查自身的缺点外，最好的办法就是结合采用一些其他方法，如文献研究法、观察法、访谈法、实验法等。其中个案访谈法虽然只是访谈法中的一种方法，但却是最常用、最重要的一种定性调查研究方法。

个案访谈法是访谈调查法的一种，它首先是相对于集体访谈法而言的对调查对象个体进行的访谈。访谈调查法，也称访问调查法，它的最大特点就是整个过程中，访问者与被访问者是面对面的，有充分时间相互沟通、相互影响、相互作用。有时访问者还同被访问者生活在一起，能从多方面观察、了解被访问者，因此这种方法具有直接性、现场性、体验性等优点。同问卷调查、观察等方法相比，由于它是一种直接同人打交道的方法，能获得更深入、广泛的高质量的信息，因此更复杂、更困难。访问法除了可分为个案访谈、集体访谈外，还可以分为标准化访问和非标准化访问；直接访问和间接访问。标准化访问也称结构性访问，就是严格按统一标准设计的、有一定结构的问卷所进行的访问，其目的是通过访问由访问者代替被访问者填答问卷。非标准化方法，是个案访谈采用的主要方法。非标准化访问也就是非结构性访问或半结构性访问。虽然访问者一般也要事先拟定访问提纲，但这种提纲只是粗线条的、开放性的，被访问者不必按统一的标准和要求回答，一切都要根据访问时的具体情况灵活处理。这种方法有利于充分发挥访问者和被访问者的主动性、创造性，有利于适应不断发展变化的新情况、新问题，有利于拓展对社会问题研究的深度和广度。它所获得的材料和问卷调查获得的材料相比，不具有标准化的特点，难以运用于定量分析，但是有其丰富性和深刻性。直接访问，即访问者与被访问者面对面的交谈；间接访问，即访问者通过电话、书面问卷等工具对被访问者进行访问。本章介绍的个案访谈并不排斥适当采用电话、问卷等方式进行辅助性的调查，但其主要方法必须是面对面的直接访谈。

个案访谈，又是相对于统计调查而言的一种社会调查方法。它是指从研究对象中选取一个或几个个体进行深入、细致的访谈，其调查目的不是为了描述大量样本的总体特征，而是针对个体对象的独特情况和个性进行更具体的调查，它采用的是"解剖麻雀"的方法。同问卷和统计调查研究相比，它的主要作用：一是可以通过对个案调查获得材料的描述和分析发现影响事物的主要因素，从而导致假设的形成以及提供与群体或类型特征相关的更为详细、具体的资料；二是检验和丰富问卷调查的结果和结论，运用个案材料对结论进行更全面、更有力的论证；三是它在充当论据时更具体、生动、形象，也更具感染力；四是它能对个案的社会背景进行全面深入的了解，因此，个案访谈有利于对研究对象进行整体、系统的分析。

个案访谈或个案访问与个案调查或个案研究有联系也有区别。个案访谈是个案调查研究中的一种主要方式，或者说是进行个案调查研究的一项最核心、最主要的工作。但个案调查研究，并不是只能充当问卷调查的辅助方法。不依赖于问卷调查研究的个案研究也有其独立社会作用。它不仅可以从个案访谈获取材料，而且可以运用查阅个案的有关文献，如通信、笔记、传记、日记、论文等获取研究材料；可以通过个案的录音、照片以及与个案有关的"知情人"或"内线"等获取研究个案的材料；可以通过组织渠道间接了解个案的情况；当然，它也可以辅之以问卷调查获取材料。但是要对个案进行调查研究，除了研究对象已过世或者已成为无法直接访问的历史对象外，一般来说，个案调查研究最重要的获取材料的方法就是个案访谈。本章不全面论述个案调查研究方法，也不全面论述访谈方法，只重点论述"个案访谈方法"。目的只是为问卷调查提供一种辅助性的方法。个案访谈既可在问卷发放和填写前、填写中进行，也可在问卷回收后进行。

## （二）个案访谈的一般过程

1. 个案访谈的准备与访谈提纲的编写

个案访谈是非结构性或半结构性访问法，要求访问者和被访问者必须进行面对面的深入交谈。因此，同问卷调查一样，个案访谈也要做好充分准备。主要准备工作有：立案、拟定访谈提纲、确定访谈方式和进程、准备访谈的材料与工具等。

（1）立案。选择和确定个案调查对象和建立个案调查对象的档案。个案来源有两个方面：一是在问卷调查前，经分析研究，决定与问卷调查同时进行的个案调查的人、单位和事物；二是在问卷调查过程中发现的有进一步调查研究价值的个人、单位和事物。个案可以是典型的有代表性的人和事，也可以是非典型的随机抽取的样本。为了做好个案的选择工作，访问前要尽可能收集有关访问者的材料。立案除了需要认真研究和选择立案对象外，还应做好个案的登记、编号、制卡等工作。

（2）拟定访谈提纲。访谈提纲是访谈目的和任务的具体化，是需要通过与被访问者的交谈，从被访问者那里了解主要信息的预先设计方案。访谈提纲虽然不是问卷，不必一一列出要问的问题，但是也不能过于宽泛。要紧紧围绕主题，逐层设计出要了解的问题的具体内容。访谈提纲初稿应请有经验的专家或同行参与讨论，有条件的可先进行小范围"试访"，最后修改定稿，打印分发给每位访问者，并作为培训访问者的重要材料。

（3）确定访谈的方式与进程。为了使访谈获得预期的效果，必须根据被访问者的特点与实际情况，妥善地选择和确定访谈的方式，对访谈时间、地点做出周到的安排。根据具体的目的和任务的不同，访谈可分为不同方式，有初次访谈、二次访谈、多次访谈；有问卷调查前的访谈、问卷调查后的访谈；有对个案主体的访谈，对与主体关系密切的上级、朋友、同事、亲人的访谈等。访谈时间、地点的确定，一定要有利于访谈的开展，有利于充分调动被访问者的积极性；有利于访谈双方开展交流和讨论。一般来说，初次访谈时间不宜长，应以相互沟通、建立信任与合作基础为目的；正式访问时间的长短要根据被访问者的心理、身体、工作、学习的具体情况决定，每一次的访谈时间也不宜过长，问题多时可以分几次进行。此外，还要认真考虑选择一天的什么时候、一周内的什么时候进行访谈，一般而言，应利用被问访者心情最好和比较闲暇的时间。选择地点也很重要，如有关个人或家庭的问题，以在家里访谈为宜；有关工作方面的问题，以在工作地点访谈为宜；或选择环境条件更好、更适合被访者要求的地点进行访谈。

（4）准备访谈所需的材料和工具。如笔、记录本、记录表、录音机、录音笔、摄像机等访谈所需工具；此外，为了与被访问者讨论、交流，有时还要准备供讨论、交流以及启发被访问者的材料，如有关的证明材料、证件、实物、书信等。在使用录音机、摄像机等工具时除特殊情况外，一般都应征得被访者同意。

2. 访谈的实施与控制

（1）自我介绍。包括自己的姓名、身份等基本情况的介绍和自己访问目的的介绍。自我介绍要简明扼要、意图明确、重点突出、谦虚诚恳。自我介绍是正式访谈前必须有的环节。对于初次访问者，被访者从保护自己的心理出发，首先要知道他是什么人，然后要知道他来干什么，最后要知道他干这些事到底为了什么。只有弄清这些问题及其与自己的关系和对自己的影响后，才可能建立起对访问者的信任，为进一步访谈创造良好气氛。但是一定要注意，不要刻板地介绍这些问题，也不要一次就想把一切都告诉对方，要在同对方的交谈中，逐步使对方明了这些问题。

（2）交谈及其控制。这是实施个案访谈的核心环节。交谈包括相互的提问和回答。所谓控制，就是被访者主动掌握谈话进程，一方面使谈话紧紧围绕主题展开，使谈话内容由此及彼、由浅入深地有序进行；另一方面当发现偏离主题或转换话题时，要有意识地帮助、引导被访问者认识到谈话内容与主题的关系，发现有价值的新问题或原来没有预想到的情况时，要通过发问、插话等方式，主动使话题转换到对新问题的讨论上，使访谈不断深化。此外，还要注意不断激发被访问者的谈话兴趣和激情，调动被访问者谈话的积极性。控制的手段不仅有语言的交谈，还有语气、目光、动作、姿态、穿着以及其他非语言交流手段。

（3）听与记录。个案访谈一方面要有礼貌、有耐心地倾听被访问者的谈话，另一方面又要客观地把被访问者的回答记录下来。这是一件很不容易的事。为了使听和记两不误，有时需要同时有两位访问者参与访谈，一位以提问和交谈为主，一位以听和记录为主。如果只有一位访问人时，可以运用录音机或录音笔作为辅助的记录工具，当场把谈话录下来，谈话结束后再及时将谈话整理出来。如果只有一位访问者，一定要以听为主，适当记录要点和关键词语，谈话结束后及时追记。谈话过程中不要反驳被访问者，也不宜对被访问者的谈话做肯定或否定的评价。谈话中目光要关注被访问者，可用赞许的目光，或"是"、"懂了"、"明白了"、"请继续说"等非指导性的话语鼓励被访问者谈下去。为了更有效地进行访谈，往往需要事先制作好"访谈记录表"，表上有访谈人员姓名、被访人员姓名、性别等基本情况以及访问的日期、地点、时间等信息。访谈记录中除被访问者的回答外，追问、评价、解释、访谈情境和特殊事项的描述等内容都需要加括号，使之与被访问者的谈话区别开来。记录要力求忠实于被访问者的原话，避免掺入访问者的主观成分。

3．访谈结束

一次个案访谈一般不要超过两小时。初次访谈，少则一二十分钟，多则半个小时，时间应更短一些。何时结束访谈，应根据访谈需要和被访问者的身体、精神状况灵活掌握。当感到被访问者不耐烦，如不时看表，谈话的音调、节奏明显变化时，或发现谈话已超过约定时间，被访问者家中有事等情况时，应及时结束访谈。未尽事项可以留待下次再谈。谈话结束时，应对被访问者的支持与合作表示感谢，表示自己通过与被访问者交谈获得了很多有价值的信息，学到了很多知识。如需继续访问，应与被访问者约定下次访问的时间，最好简要说明再次访问的主要目的和内容，让被访问者有所准备。

### （三）个案访谈的方法与技巧

1．个案访谈的提纲写法与技巧

个案访谈提纲是个案访谈主要内容的设计方案。它建立在文献研究以及试调查等活动的基础上。其内容必须为实现调查项目的总目的服务。同调查问卷一样，它也可以分为引言、基本情况的调查、主要事项调查等部分，不同的是它不需要为问题设计备选答案，只需要粗略地列出要调查的问题。下面是个案调查提纲实例，其格式和写法可供参考。

**"社会分层与流动"课题家庭个案调查提纲**[①]

（开场白）

您好，为了了解改革开放以来我国社会分层与流动的情况，我们在全国

---

[①]　http：//www.xici.net/d16700567.htm。

多个地区开展了这项调查工作。访谈大约占用您30分钟的时间，我们会对您的回答保密的，希望您不要有所顾虑。

提问内容：

一、个案概况

1. 家庭成员构成：家庭成员的身份、性别、年龄、文化程度、职业，家庭成员的结构。

2. 夫妻双方的家庭背景。

3. 家庭经济状况：年收入、收入来源、住房状况、主要家庭资产、大件。

4. 是否有投资行为？

5. 在当地社区的经济地位、社会地位，大致所属社会阶层。

二、家庭生活方式

1. 家庭的消费结构（吃、穿、住、行的花费比例）与消费方式。

2. 节假日（闲暇时间）家庭一般如何安排？

3. 在消费方式与闲暇生活方式方面有何变化？影响因素是什么？

4. 当前家庭最关心的事情、最快乐的事情、最不愉快的事情。

5. 对自己生活的满意程度的看法。

三、社会心态

1. 在社区里，哪些职业的声望比较高？哪些比较低？别人如何评价自己的职业？自己认为自己所处的地位。

2. 对当前政策与形势的看法。

3. 对贫富分化的看法。

4. 家庭中发生的或经历的最难忘的事件。

四、地位获得

1. 家庭主要成员的经历：出生、教育状况（或参军）、婚姻、生育、初始职业、第二职业、当前职业（最后职业）等。（注意通过对人生历程的了解把握影响个人的关键事件）

2. 代际流动：了解家庭两代以上成员之间社会地位的变化，发生了垂直流动（向上、向下）还是水平流动。（注意：不一定局限于当前的核心家庭）

3. 家庭主要成员的地位获得：每一次地位获得的途径，影响地位获得的客观因素与重要条件（社会流动的自致性、先赋性与他致性的关系），对自己与后代的期望。

五、社会互动

1. 平时家庭社会交往的密切程度、交往方式。父母、亲戚、同学、同事、邻居等依次排序。

2. 春节时一般要拜访哪些人？或要请哪些人到家里吃饭？

3. 如果家庭或工作上出现困难，首先会找谁商量？

4. 如果家庭急需一笔资金，首先会找谁帮忙？

5. 家庭内部有矛盾怎么办？

6. 家庭成员中谁的社会关系最广？被访人对社会关系作用大小的看法。

六、调查员对访谈效果进行评估与分析

1. 访谈所用时间、访谈者合作程度、访谈可信程度。

2. 心得体会。

结束语

谢谢您接受我们的访谈，这件小礼物表示我们对您的一片谢意。以后，如果您还有什么需要补充的内容，可与我们联系，电话：×××××××。

2. 接近被访者的方法与技巧

接近被访者，指拉近与被访者的距离，建立与被访者的信任和融洽关系的过程。初次访问能否与被访者接近是实现成功访谈的关键。如何接近被访者，通常有以下一些方法可供选择运用：一是自然接近，即在某种共同活动中，如与被访者一同工作、劳动、开会、学习、乘车、住宿、就餐、跳舞时，逐步接近对方，拉近与被访者距离。二是求同接近，即利用同乡、同学、同行以及共同的经历、兴趣、爱好等拉近与被访者的距离。三是友好接近，即从关怀、帮助被访者入手，拉近与被访者的距离。如为被访者家里的病人求医、买药；如被访者生活工作有困难时帮助出主意、想办法，条件许可时也可给予物质上的帮助等。四是正面接近，即开门见山，说明来意，直接进入访谈。五是隐蔽接近，即以某种伪装的身份和目的接近对方，在对方没有察觉访问者真实意图的情况下对被访者实施访问，这种方法只能运用于特殊情况对特殊对象的访谈。选择什么方法和方式，一定要从实际出发。

3. 提问和追问的方法与技巧

访谈中提出的问题有两类：一是直接与调查主题有关的问题，称实质性问题。这类问题又可分为四种：①有关个案基本情况的问题，如姓名、年龄、文化程度、职业等。这些问题有的在访问前通过其他渠道已弄清；有的则需要在访谈时问清。②与主题有关的被访者行为方面的问题，即弄清被访者做了什么的问题。如从事什么工作、阅读什么书籍、是否已经结婚等，根据不同的调查目的，这类问题是千变万化的。③个案认识和观念方面的问题，即与主题有关的被访者的思想、知识状况，主要弄清被访者想什么。如"你认为当前大学生消费状况有哪些不合理的地方？"、"你对大学生就业质量有何看法？"等。④情感、态度方面的问题，主要弄清被访者喜爱什么或赞成什么。如"你对学校、对就业工作的指导是否满意?"、"你打算参加学生会干部的竞争吗?"、"你赞成学生在校外租房居住吗?"等。

二是辅助性的问题。这类问题不直接与主题有关,是为弄清实质性问题服务的,故称功能性问题。①拉近关系的问题,如"你身体好吗?"、"工作忙吗?"等。②试探性的问题,如"你接触过××问题吗?"、"你常去××地方吗?"。③过渡性或转换性的问题,用来提示被访问者转换话题。如"下面你能从问题的另一方面谈谈看法吗?"。④检验性问题,如先问"你对现在工作岗位感到满意吗?",经过一段谈话后再问:"你是否希望调换一下工作?"后一问题可以检验前一个问题是否真实、可靠。

提问中有些问题是紧承上一个问题的发问,称"追问"。访问中什么时候需要追问及如何追问是很讲究的。需要追问的情况主要有以下三种:一是事先预想或设计好的由浅入深或由此及彼的逐层深化或扩充的追问;二是被问者答非所问或回答不具体、不完整时的追问;三是问而不答,或故意回避提问,不愿吐露真情时的追问。追问有多种方法:一是正面追问,即直接指出,对于回答不真实、不具体、不准确、不完整的地方,请对方重新回答或补充回答;二是系统追问,即从现象到本质、从结果到原因,逐层深入地追问;三是补充追问,即对还不清楚的问题,从不同方面、不同角度继续提问;四是重复追问,对已提过的问题,在后面再次追问,以检验前后回答是否真实、一致;五是"激将"追问,即带有反对或反驳式的追问,如问"恐怕不能这样说吧?"、"有不少人并不这样看,是吗?"、"这样谈是否有悖常理?"等。采取什么方法追问以及追问什么,都要视具体语境状况而定。要注意适时、适度,一切要以不伤害与被访者的感情,有利于建立和谐互动关系为原则,目的只能是引导和激发被访者更真实、具体、深刻、全面地回答问题。

4. 听与记录的方法与技巧

访谈不仅要做到"会问",而且要做到"善听"。"善听"的基本标准:一是主动、积极,聚精会神地听;二是能把握要点,客观公正,不带主观成见,不为表面现象所惑;三是善于随机应变,能及时做出评价或判断;四是记忆力好,能存储大量信息;五是有头有尾,善始善终。不能消极地听,不能表面地听,不能机械地听,不能为听而听。要做到这些不仅需要有一定的理论和知识水平,同时还要有一定的经验。要做到高质量、高效率地听取被访者的谈话,首先,要学会排除听的障碍。这种障碍来自以下三个方面:一是来自访问者自己,自己知识准备不足、态度不谦虚、对被访者或要问的问题有成见、缺乏应变能力、语言能力差等都是访谈的障碍,因此,要做好访谈,访问者首先要靠自己,从各方面提高自己的能力;二是来自被访者,如被访者回答不清、身体不好、语言不通、口语表达能力差、知识水平低等;

三是来自环境，如谈话时间、地点、环境条件不好，这些也会影响听的质量和效果。在谈话中应尽可能地排除这些障碍，或想办法尽量减少这些障碍的影响。其次，要有正确的态度，虚心诚恳是访谈的要诀。最后，要努力提高信息的识别、储存和再现能力。

做好记录是保存访谈获取信息最基本的途径。好的谈话记录不仅要记得全面，而且记录的质量要高，记录准确、客观、完整。记录有三种方式：当场记录、事后追忆、当场记录和事后追忆结合使用。记录的方法有速记、评记、简记，记要点、记特点、记疑点、记易忘点、记主要感受等。事先设计记录表或记录卡，尽量采用录音方法辅助记录，同时对几位采访者的记录进行比照，这些都是有效的记录方法。

5. 个案访谈调查材料的整理分析方法与技巧

通过个案访谈等方法收集到的个案材料，必须经过整理和分析才能发挥它们的作用。整理个案材料一般有以下步骤和方法：首先，要对材料进行核实、修订、补充。其办法是查阅个案的有关文献资料，了解个案发展的历史、环境状况；通过个案的亲朋好友，从侧面了解个案的情况；通过个案所属单位组织了解个案情况；根据需要再次同被访者交谈，请被访问者进一步澄清有关问题。其次，在对材料的可靠性进行核实和对材料的内容有了全面了解后，就要运用发散与收束思考，即分析与综合相结合的创造性思维方法对材料进行加工。先对散乱的材料进行收束、综合，通过比较、分析、归纳，从材料中寻找出具有普遍意义的概念、思想、观点。最后，在这个基础上通过再发散、再收束思考找到材料与研究主题的关系，分析它们对课题研究结论的意义和价值，并使它们成为研究结果和结论的有机组成部分。

# 二、案例评析

## 【案例7.1】

### 拉近关系是访谈的第一道门坎[①]
——法拉奇对邓小平的第一次采访

意大利著名记者奥琳埃娜·法拉奇（1929~2006年）被誉为"国际政治采访之母"，她成功地采访过许多在世界上影响巨大的人物。她说："我的人物采访大多连续进行两次（天）。第一次主要是相互熟悉，当然，我事先做了大量准备。例如，访问邓小平以后，我看了好几公斤的材料。不过，要见了面，才真正熟悉对方的性格，掌握对方的特点。第一次采访以后，我不是

---

① 余国瑞：《实用写作》，高等教育出版社，2002年。

去游山玩水，而是关在小屋里，把录音记录下来的内容加以整理，看看哪些问题没有弄清楚，或者遗漏了而没有问。第二次访问效果要好得多，因为我跟采访对象互相熟悉了，精神上放松得多，问答也更得要领。"① 在法拉奇看来，相互熟悉，拉近关系是成功访问的第一道门坎。她非常重视首先与被访者建立和谐的相互信任的关系。下面是她第一次采访邓小平时，通过与邓小平沟通情感，巧妙地化陌生为熟悉、化被动为主动的方法。

1980 年 8 月，法拉奇获准采访邓小平。邓小平是位不愿宣扬自己的领导人，当初他本来不愿接受这次采访。怎么才能与采访对象积极互动起来，成为法拉奇要解决的第一个问题。她不愿这次采访停留在一般层次的互动上。她熟练地使用"情感手段"打破了这位举世瞩目的中国领导人的"防线"，使浅层次互动迅速上升到深层次互动。她一见邓小平就说："明天是您的生日！"邓小平惊讶地说："我的生日，我的生日是明天吗？"法拉奇答道："不错，邓小平先生，我是从您的传记中知道的。"邓小平接着说："既然你这样说，就算是罢！我从来不记得什么时候是我的生日，就算明天是我的生日，你也不应祝贺我啊！我已 76 岁了，76 岁是衰退的年龄啦！"法拉奇说："邓小平先生，我父亲也是 76 岁，如果我对他说那是一个衰退的年龄，他会给我一个耳光呢！"邓小平笑了，说："他做得对。你也不会这样对你父亲说话的，是吗？"邓小平为记者的真诚所动，接着便以父辈的口吻开始了交谈。以上的话虽不多，但一种和谐、融洽的深层次的互动关系便因此形成，正是这种互动保证了采访任务高质量地完成。

## 【案例 7.1 评析】

访谈调查与问卷调查的主要区别在于调查者和被调查者的关系不同。虽然两者都要有一定程度的互动，但后者只要有较浅层次的互动就能满足获取材料的需要；而前者必须达到深层次互动才能获得有价值的材料。而要达到深层次互动，其前提条件就是要创造相互信任的氛围，以获取和谐、融洽的相互关系，每位成功的访谈者都具有这种本领，本案例的主人公法拉奇就具有极善于创造这种氛围和关系的访谈能力。本案例提示我们：第一，访问前要有准备，要阅读和研究大量有关被访者的材料；第二，访问者的态度要谦虚诚恳；第三，要善于从贴近被访者有兴趣的日常生活话题入手，以情动人。

---

① 水延凯等：《社会调查教程》，中国人民大学出版社，2010 年。

# 【案例7.2】

## 个案研究与统计调查相结合的范例
### ——严景耀先生博士论文的研究方法

严景耀先生（1905~1976年）是我国著名社会学家、犯罪学家。1934年他在美国芝加哥大学攻读博士学位时，撰写了一篇具有深远影响的论文，即《中国的犯罪问题与社会变迁的关系》。他的研究方法的特点就是将个案研究与问卷调查相结合。他的这种研究方法为我们提供了研究社会问题的范例。本案例只重点介绍这篇论文的研究过程，说明个案研究与问卷调查等方法结合的重要意义。

严景耀先生对中国的犯罪问题与社会变迁的关系课题的研究始于1927年夏。作者首先从文献研究入手。学习和研究了大量西方国家犯罪学文献，从理论上弄清了犯罪学的一些重大问题。但当他要研究中国犯罪问题时，却找不到中国犯罪问题的现存资料和文献。于是，他下决心亲自到监狱去找，要为中国在这一领域的研究开辟新的园地。经过学校导师与司法部联系，最后他在北平第一监狱当了一名"犯人"，认认真真过起了"铁窗生活"。当了三个星期的假犯人后，他认识了大多数犯人和看守，并同他们建立了良好关系。这时他的真实身份也为大家所了解。但即使如此，所有犯人仍然很理解他，并愿意继续与他交往，愿意同他交谈。一个月后，他利用自己通过查阅文献以及对犯人的初步了解后所设计的问卷，对研究对象一一进行了问卷调查。就这样，他在北平第一监狱度过了整整一个夏天。

当他对问卷资料进行整理和分析后，他觉得问卷调查存在缺点，于是再次回到监狱进行个案调查研究。他写道："夏天过后，我仍然每星期去监狱搜集个案。1928年春，我打算写一份400个个案的报告，我发现从问卷的回答中不能找到很多材料。最好的材料往往在'备注'。问卷是凭我主观想象制成的，问卷的回答使整个情况一致，但有许多要点被抛开了。所以，到1928年春天以后，我放弃了问卷，采取和犯人个别谈话，以一般问题为基础，顺其自然地谈下去。然后我发现犯罪的研究牵涉许多其他社会问题，而且与其他社会问题密切相关。我开始认识到犯罪与社会环境的有机关系。我从一个土匪头头那里得到他的故事，我发现他的故事不仅是他个人的传略，而且是我所生活时期的社会现象。我注意到搜集他的生活史，累积其他犯罪者生活史的重要意义。因此，在我结束我的研究时，我开始学会了一些如何做研究工作的方法。"

在做个案调查的同时，1928年和1930年他还两次从12个省搜集有关的统计资料，认真进行了统计分析。这使得他对中国社会的犯罪问题有了综合性的、全面的、系统的了解。

　　然而，他的研究工作重点是对个案调查获得材料进行深入的分析研究。这是他研究工作的主要特点。根据大量调查个案，他在论文中将犯罪分为五类，每类列举了几十个案例（共 129 个案例）逐个进行分析，从中总结出各种犯罪现象的特征以及彼此之间的联系和规律。最后，他将个案分析与问卷调查、统计调查获得资料结合起来研究，归纳出 48 条结论，对中国犯罪文化与社会变迁的关系提出了很多具有独创性的见解，以及科学和系统的认识。他最后深刻地指出："解决犯罪问题的办法只有依靠进一步细致的调查研究。对犯罪问题的研究途径和适当的了解必须从努力调查文化变迁的过程、矛盾和不稳中去探求。"①

【案例 7.2 评析】

　　任何一项研究要取得成功，运用正确的方法是至关重要的。研究复杂的社会现象，仅仅进行定量研究是不够的，必须将定量研究与定性研究相结合。而问卷和统计调查与对个案的观察、调查相结合，就是定量研究与定性研究相结合，即量化研究与质化研究相结合的最好体现。正如有学者所指出的，在相当多的情况下，量化研究的优势是质化研究的不足，质化研究的长处恰是量化研究的短处，这预示着两类方法最终会由对立走向整合。因为这两类方法的结合可以实现宏观与微观的整合，静态与动态的整合，控制情境与自然情境的整合，有利于实现事实与意义相统一，建构假设与验证假设相统一，客观度量与主观体验相统一，实现多层面、多角度、多方法研究某一主题的目的。②

## 【案例 7.3】

### 访谈技巧和访谈材料的分析方法
#### ——一篇博士论文的个案研究方法简介

　　一篇题目为《大学生就业能力结构研究》的博士论文，曾成功地运用了个案研究的方法。该课题首先采用文献研究和问卷进行调查，并在此基础上

---

　　①　袁方：《社会研究方法教程》，北京大学出版社，1997 年。
　　②　向敏、王忠军：《论心理学量化研究与质化研究的对立与整合》，《福建医科大学学报》（社会科学版）2006 年第 6 期。

对大学生能力结构进行建构，根据这一建构，编制了大学生就业能力自评量表的初始问卷，选取适当样本进行了测试，提出了大学就业能力的系统结构框架。然而从一定意义上说，这个框架仍然还是一种理论假设。因此，紧接着研究者选择了一位有代表性、已就业的大学生做个案，进行了较深入、全面、细致的个案调查研究，从而验证、丰富、完善了提出的理论框架或假说。最后形成了由80个条目组成的大学生自评量表。本案例不拟全面介绍该课题所有的研究内容和方法，只重点介绍在个案研究中研究者是如何通过个案访谈收集资料、整理和分析个案资料的。

### 《大学生就业能力结构研究》中的个案研究（节选）①

#### 一、研究对象的选择

选择个案研究对象，研究者认真、慎重地从各个方面进行了考量。最后选择了××企业市场部新进员工"小A"作为对象。研究者提出：最终选择小A作为研究对象是基于以下的考虑：首先，小A是来南京读书的外乡人，家庭出身是农村，家庭经济状况处于当地的中下水平。这也意味着，他们这样的地域情况和家庭出身情况不大可能为他们提供其他的社会关系方面的帮助。其次，小A是非名牌大学毕业生，这就意味着学校品牌对被研究者的良性促进作用微乎其微。再次，她是非专业对口的就业，这就意味着专业或知识因素对就业的促进作用也不存在。最后，作为研究被试的小A是一位女性，这就使因性别差异所造成的就业差异也在一定程度上得到了抵消。因此，综上所述，小A是一个完全靠自己的就业能力实现顺利就业的个体。对她的研究应该能更好地揭示就业能力的内涵和结构。

#### 二、第一次访谈

（一）访谈时间、地点和方式的选择

与小A的实质性接触是在她三个月试用期满后的第一个星期。选择这样的时间段首先是因为只有度过试用期并签订正式合同后才能算作真正就业。其次，这样一个时间段也是企业对小A以及小A对自己的就业过程还处于一个清晰记忆的阶段，在这样一个时间段进行有关就业主题的访谈或者观察能够获得大量真实的资料。否则，随着时间的推移，大量真实的感觉、情感以及判断都会模糊和淡化，从而使研究缺乏真实的情境。在进行第一次沟通的时候，研究者就本次研究的目的和性质与小A进行了沟通，主要目的是为了尽可能消除小A的不必要的顾虑。时间是选择在一个晴朗周日的上午10点左右。选择晴朗的上午，是因为这样一个天气会让人情绪饱满和思维敏捷。选择休息日进行交流是因为考虑到作为一名新员工在工作日都有大量的工作

---

① 贾利军：《大学生就业能力研究》，知网优秀博士论文。

安排，而选择周日的上午是考虑经过周六的一天休息，再加上是人体周期处于高潮的时间段，有利于回忆的进行和思路的展开。地点选择了一家茶馆里比较安静、适合谈话的一个角落。地点的选择充分征求了小 A 的意见，这样能够给对方以被尊重的感觉，而且对方选择的地方往往也是她比较熟悉和能够让自己放松的地方。这样，有利于对方心扉的打开。座位的安排，研究者选择了靠窗的四人座台席，被研究者坐在逆光的方向与研究者错位对应。这样安排，避免了两人直接面对的紧张氛围，同时临窗的座位也有利于交谈间隙的目光修整，而且逆光而坐能够让被研究者清晰地辨别研究者的一言一行，从而准确地把握研究者的言行状态减少不必要的误解和紧张情绪。交谈过程中只提供了茶水，主要是考虑太多美味的小吃也许会干扰被研究者的情绪和思维，而茶是比较能够让人心情平静和思路清晰的饮品。此外，在着装方面研究者主要以休闲、宽松和年轻化为主，其目的也是为了创造一种宽松、亲近的氛围。在第一次的整个交谈过程中采取了作简要记录的方式，这主要是考虑第一次见面，无论是录音还是笔录都有可能打断对方思路，引起对方的情绪波动和造成紧张氛围。以下的访谈记录是当天下午根据回忆整理而得。

（二）第一次访谈记录

### 研究者与小 A 的第一次（非正式）访谈记录（节选）

R = 研究者

A = 小 A

R：小 A，听说你应聘的时候挤掉了许多名牌大学的学生啊，很了不起啊！

A：（面带微笑）也没有啦，只不过运气好一点而已。

R：真的是靠运气吗？

A：也不是啦，可能是自己平常比较关注就业的问题，准备得比较充分一些吧。

R：你的同学像你运气这么好的多不多啊？

A：不多，他们好多都回老家了，据我所知，像我这样能找到比较满意的工作的，大概只有一两个，其中一个是他家里帮他找的。

R：你知道我今天找你来的原因吗？

A：××经理说让我来配合您的一个研究。

R：也不是什么研究啦。（模仿小 A，对方笑）主要是想了解一下企业的用人现状，看看什么样的人更容易找到工作。

A：什么样的人更容易找到工作？（疑问的表情）

R：对啊，企业用人有的时候并不太看重专业和成绩，他们可能更看重能力。

A：对对，我这次就碰到了很多市场营销专业的男生，但是他们没有被录用。反倒录用了我这个不是此专业的女孩。当时我还奇怪呢！但是这种能力究竟是什么啊？

R：这就是我来的目的，我这次来主要是想发掘和找出你身上的这种能力，这样你就可以有的放矢地增强它，以后就能在工作岗位上发展得更好了。

A：哎呀，那太好了，我们什么时候才能开始啊？（急切的表情）

R：不急，不急，我得告诉你一些注意事项才能开始。

……（略）

在进行第一次访谈准备时，研究者参用了半结构化的访谈提纲，这是因为第一次访谈主要是解决两个问题：第一，建立与小 A 的联系，并使这种联系变得自然轻松；第二，要激发对方参与的兴趣，而不能让她产生刻意迎合的心态。

## 三、第二次访谈记录

### 研究者与小 A 的第二次（正式）访谈记录

R = 研究者

A = 小 A

R：还记得来这家企业应聘前后的情况吗？

A：当然记得啦，因为比较重视嘛！

R：来面试的前一天都做了哪些准备啊？

A：我主要是思考了考官可能会问哪些问题，然后还对形象认真准备了一下。

R：还准备了什么？

A：好像也没有其他的什么了。

R：准备考官要问的问题肯定是应该的，但是形象好像没有多大必要吧。

A：形象当然重要了，这是好多师兄师姐传授的经验。你不要误解我，我说的整理形象并不是把自己打扮得花枝招展哦。

R：那应该是一个什么样的形象啊？

A：不能太幼稚，也不能太老气。

R：究竟是什么样啊？

A：嗯，我也不好说，反正就是那种感觉啦。

R：那你能说说那天你的穿着打扮吗？

A：嗯，那天我头发是扎起来的（用手比画了一下），化了个淡妆，外面穿的是深色的呢子大衣，里面穿的是西服套裙。

R：为什么要把头发扎起来啊，像今天这样不是很好？（当天小 A 是披

肩发)

　　A：嗯，感觉利索点。

　　R：重要吗？

　　A：不知道。

　　R：你自己觉得你那天的打扮怎么样？

　　A：嗯，跟一般的学生不大一样，挺职业的。（笑）

　　R：那天什么时候到企业的？

　　A：嗯，九点钟开始，我好像八点半就到了。

　　R：干嘛那么早啊，提前十分钟不就好了吗？

　　A：这种场合万一迟到了就太不好了，我出发早，所以就早到了，早到总比晚到好啊。

　　R：你是几点开始面试的啊。

　　A：好像是十点多，具体我记不清了。

　　R：那你等了很长时间喽？

　　A：也没有觉得长啦，我跟前台的小姐聊了会儿天，后来考务人员不够，她去当考务人员，我就帮她接了会儿电话。

　　R：为什么要和她聊天啊。

　　A：紧张啦，也想从她那里了解点信息啦。（笑）

　　R：还做了点什么啊？

　　A：还和一起来面试的几个人聊了聊，对了，有两个后来都成了朋友。

　　R：这两个人也在这个企业工作吗？

　　A：不，他们那次运气不好。不过后来他们找的工作也不错啦。

　　R：那你怎么就运气这么好啊？

　　A：我也不知道啦。

　　R：我来帮你分析一下好吗？

　　A：太好了。

　　R：现在你仔细回忆一下当天的情境好吗？

　　A：好的。

　　R：你是第几个去面试的？

　　A：记不清了，好像……反正是在中间的。

　　R：你是怎么进去的？

　　A：他们有专门的考务人员来叫你，然后自己走进去。

　　R：能说的再详细一点吗？

　　A：叫完我后，我记得当时很紧张，特别是敲门的时候，感觉自己好像都不会敲门了，我进去以后和他们问了声好，后来他们让我坐下，面试就开始了。

R：他们都问了哪些问题啊？

A：好多，不过有一些是我前一天准备到的。（得意的笑）

R：这么多，你回答得很好了？

A：没有啦，我还有几个问题一点都不知道，当时我就想这下子完了。

R：当时你是怎么回答的？

A：我就说不知道啦，又不能骗人家了，再说又骗不了。

R：问的什么问题你不会回答，说一个听听。

A：对了，我记得当时有个评委，后来才知道他就是我们老总，他问我市场调研报告怎么写，我一下子就懵了，我们没有学过。

R：那你就傻在那里？

A：也没有啦，我就说我是学影视编导专业的，没有学过，真的不知道怎么写，不过今天回去我就会去了解的。

R：现在会了吗？

A：太小看我了，当天回去我就查资料了。

R：什么时候结束的？

A：记不清了，感觉好像有20分钟。对了，走的时候他们还问了我一个问题。

R：什么问题啊？

A：当时我走的时候，就把自己喝水的一次性纸杯也拿起来了，他们就问我干嘛要把杯子也拿走，我就说怕后来的人拿错了杯子。

R：然后，你就回家了？

A：没有，我又和前台的小王，就是我刚才说的那个前台小姐，聊了一会儿，然后回的家。

R：再后来你就接到通知啦？

A：对，好像是一个星期以后，不过在这之前，我给他们人力资源部经理打了个电话，谢谢他给了我这个机会。

R：你怎么知道谁是人力资源部经理？

A：小王告诉我的，还说他有决定权。

R：这么说你是有目的的喽？

A：也不完全是啦，这也是礼貌啦。

R：还有其他的细节要补充吗？

A：嗯，（长时间的停顿）暂时好像想不起来了，想起来再告诉你。

R：那么，我们今天就到这里。

## 四、与企业负责人访谈及访谈记录

为了印证和充实对小 A 的了解，研究者又分别找了两位负责人进行了两次访谈。一位是人力资源部经理，另一位是小 A 的顶头上司，即市场部经理。下面只介绍研究者与市场部经理的访谈。

### 研究者对市场部经理 B 的第一次访谈记录

B = 市场部经理

R = 研究者

R：B 经理，今天麻烦你了。

B：贾老师（研究者）您客气了。

R：听说小 A 的实习期是你建议提前结束的。

B：也不完全是我，还有一些老同志也是这么建议的。

R：为什么？

B：大家都觉得这个小丫头挺不错的，是个好员工。您也知道现在找个好员工挺不容易的，不早点把她签下来，万一跑了就麻烦了。

R：好在哪里呢？

B：小丫头挺懂事的，这 3 个月差不多每天都是她最早到，来了以后给大家冲开水、拖地，从来不偷懒，每次汇报工作知道先预约，这是很多工作过的人都没有注意的。

R：就这些？

B：当然很多了，比如我们部门的人基本都挺喜欢她的，小丫头做事很利索，从不丢三落四，喜欢帮助人，工作上进步也很快，很要求上进。

R：你自己怎么评价小 A？

B：比现在一般的大学生要成熟一些：善良，有礼貌，尊重人，能为别人着想，做事积极主动还很有条理。

R：这完全是你自己的观察所得吗？

B：有的是我的，还有的是她的同事对她的评价。

R：同事们都怎么评价她了？

B：说她人很本分，比较能吃苦，不大计较个人得失，交代她做事很放心诸如此类的。

R：你愿意用她的最大原因是什么？

B：比较稳重，工作中学习能力很强，性格特别好。

R：性格？

B：对，比如说乐观、积极主动、没有现在小孩儿那种娇气。

R：还有吗？

B：还有就是行为习惯非常好，从待人接物、做事中都能感觉出来。

R：没有缺点吗？

B：（笑）当然有，当前最重要的是还不能独立开展工作。

R：好的，谢谢你。

B：不客气，有什么问题您随时提出来。

R：好的，那我就先告辞了。

B：好的，再见。

## 五、访谈结果的整理与分析

访谈结束后，研究者对原始资料进行了初步整理。这个阶段主要是建立一个编号系统。编号系统通常包括以下几个方面的信息：①资料的类型；②资料提供者的姓名、性别、职业等；③收集资料的时间、地点和情境；④研究者的姓名、性别、职业等；⑤资料的排列序号（如对某某人的第一次访谈）等。在此基础上，研究者对资料进行了系统分析。

分析资料的第一步是认真阅读原始资料，熟悉资料的内容，仔细琢磨其中的意义和相互关系。第二步是在此基础上进行了对原始资料共同意义的寻找。寻找过程主要是通过登录来完成的。登录是利用发散与收束思考方法，将收集的资料打散，逐个赋予一定的概念和意义，然后以收束的方式重新组合在一起的过程，即登录是将通过发散和收束思考后的初步结果通过编码表加以描述的过程。登录的一个十分重要的、具体的工作是找到对本研究问题有意义的登录码，"码号"表示的是资料分析中最小的意义单位。为了保留资料的"原汁原味"，登录时应该尽量使用被研究者自己的语言作为码号。被研究者语言往往代表的是对他们来说有意义的"本土概念"，作为码号可以更加真切地表现他们的思想感受和情感感受。本案例的登录结果如表7-1所示。

### 表7-1　员工小A个体特征描述编码表

| 码号 | 具体的行为表现 |
| --- | --- |
| 与人为善 | 面试的时候能主动给别人提供钢笔 |
| 积极主动 | 面试的时候能主动参与考务服务 |
| 有礼貌 | 汇报工作总是电话预约 |
| 思路清晰 | 交代的任务有始有终 |
| 团队精神 | 愿意帮助别人，承担团队的责任 |
| 自信乐观 | 很少抱怨，整天笑容挂在脸上 |
| 纪律性 | 几乎很少迟到，也不早退 |
| 体谅别人 | 在工作中能关心同事 |

　　最后一步是进一步通过发散与收束思考，探寻具有就业能力大学生个性特质的类属关系。通过收束思考可以得到图 7 - 1：

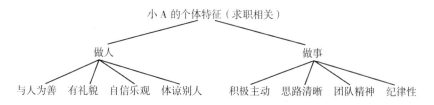

**图 7 - 1　小 A 个体特征关系图**

　　这样，通过个案研究，就从另一方面获得了大学生就业能力个体的特质结构与具体包含的意义的关系，如表 7 - 2 所示。这一结果验证、丰富、完善了研究者通过文献研究与问卷调查提出的大学生就业能力结构框架。

**表 7 - 2　新员工小 A 特质结构类属及码号之间的关系表**

| 类属 | 码　号 |
|---|---|
| 做人 | 与人为善、有礼貌、自信乐观、体谅别人 |
| 做事 | 积极主动、思路清晰、团队精神、纪律性 |

**【案例 7.3 评析】**

　　本案例较详细地展示了一项重要课题是如何进行个案访谈和个案研究的。通过这个案例，我们可从三个方面向研究者学习个案访谈方法。第一，学习研究者为了做好个案访谈的认真态度。为保证访谈的成功，研究者费尽心思，对每一个细节都进行了反复思考和周到的安排。第二，从引用的三篇访谈记录看，研究者的访谈艺术值得我们学习。每一次谈话，研究者都始终掌握着主动权，处处围绕主题展开，双方谈话自然、融洽，提问用语简洁、明快。第三，研究者在访谈资料的整理和分析过程中，充分利用了发散与收束思考方法，通过分析、综合、比较、归纳，使我们从那些看似平常、散乱的星星点点的现象中发现了具有普遍意义的、与大学生就业能力有关的特质，以及这些特质的结构特征与相互关系。这些方法应引起我们的重视。只有学习和运用这些方法，才能达到个案访谈与个案研究的真正目的。

# 三、能力训练

## （一）个案访谈提纲编写训练

（1）阅读和分析本章［案例7.3］的"第一次访谈记录"，试为这次访谈草拟一份个案访谈提纲。

（2）召开一次小组会，讨论小组确定的研究课题在开展问卷调查的同时，如何开展个案调查研究。把讨论结果填写在下面横线上。

1）个案研究对象：_____。

2）个案访谈的主要内容：_____

_____

_____。

3）个案访谈的方式：_____

_____。

4）个案访谈次数及时间安排：_____

_____。

5）个案访谈的地点：_____。

6）个案访谈所需的材料和工具：_____。

（3）每个同学都为小组确定的研究课题即将开展的个案访谈起草一份访谈提纲，并在小组讨论，形成小组课题个案访谈提纲。

## （二）个案访谈的实施与控制训练

（4）分析并说明以下三位访问者接近被访者时采用了哪些方法，请在备选答案中选择（可多选），并将选择结果填入相应的括号内。

1）法拉奇对邓小平的第一次采访（见［案例7.1］）　（　　）

2）严景耀对犯人的访谈（见［案例7.2］）　（　　）

3）［案例7.3］的研究者对小A的第一次访谈　（　　）

A．自然接近法　　B．求同接近法　　C．友好接近法

D．正面接近法　　E．隐蔽接近法

F．其他接近法（请用文字填写）：_____。

（5）分析本章［案例7.3］的第二次访谈记录，用阿拉伯数字对研究者的问话或谈话一一标出序号，然后完成以下练习。

1）找出实质性问题和功能性问题，并将问题的序号分别填在以下横线上。

A．实质性问题：_____

    B. 功能性问题：＿＿＿＿＿＿＿＿＿＿＿＿＿＿＿＿＿＿＿＿＿

  2）找出追问问题，分析追问方法，将不同方法的追问的序号填入以下横线上。

    A. 正面追问：＿＿＿＿＿＿＿＿＿＿＿＿＿＿＿＿＿＿＿＿＿＿

    B. 系统追问：＿＿＿＿＿＿＿＿＿＿＿＿＿＿＿＿＿＿＿＿＿＿

    C. 补充追问：＿＿＿＿＿＿＿＿＿＿＿＿＿＿＿＿＿＿＿＿＿＿

    D. 重复追问：＿＿＿＿＿＿＿＿＿＿＿＿＿＿＿＿＿＿＿＿＿＿

    E. "激将"追问：＿＿＿＿＿＿＿＿＿＿＿＿＿＿＿＿＿＿＿＿

    F. 其他（请用文字填写）：＿＿＿＿＿＿＿＿＿＿＿＿＿＿＿＿

  （6）下面的谈话中被访者的回答存在什么问题，应该怎样追问？请将追问的问题填在横线上（可连续追问，直到弄清问题为止）。

  1）访问者："在最近一周内，有几个晚上您是在家中用餐？"

  被访者："我一般都在家中用餐。"

  访问者追问：＿＿＿＿＿＿＿＿＿＿＿＿＿＿＿＿＿＿＿＿＿。

  2）访问者："在您看来，工作场所里最好的事情是什么？"

  被访者："这里的人。"

  访问者追问：＿＿＿＿＿＿＿＿＿＿＿＿＿＿＿＿＿＿＿＿＿。

  3）访问者："您觉得目前公司订餐的快餐店的饭菜质量如何？很好、不错、还可以，还是不好？"

  被访者："公司附近的快餐店就那么回事。"

  访问者追问：＿＿＿＿＿＿＿＿＿＿＿＿＿＿＿＿＿＿＿＿＿。

  （7）请你和你身边的两位同学一起对另一位同学的课外阅读情况进行一次十分钟的访谈。访谈前认真做好准备，访谈时安排一位同学提问，另外两位同学做记录。访谈结束后，将两位记录员的记录加以比较，找出各自的优缺点，分析存在问题的原因。

## （三）个案访谈资料的整理与分析训练

  （8）下面的材料是台湾大学的学生就台湾花卉业有关问题对该校园艺系教授的访谈记录。请用发散和收束思考的方法对材料进行加工，并将加工后的结果填在表7-3里。

表7-3　台湾花卉业的特性类属及其表现

| 特性类属 | 表　现 |
| --- | --- |
|  |  |
|  |  |
|  |  |

### 访谈记录一则

时间　1994 年 4 月 2 日中午

地点　本校外语中心招待所

对象　台湾大学园艺系李一平教授

内容　台湾花卉业有关问题

记录 ×××（学生）

学生（以下简称"X"）：李教授，您好!

李一平（以下简称"L"）：你们好!

X：今天我们主要想请您介绍一下有关台湾（以下简称"TW"）花卉（以下简称"H"）业的情况。首先，我们最想知识的是 TWH 业的发展历史，能否请您赐教？

L：TWH 业真正的发展应该说是在 20 世纪 70 年代后半叶。在这之前则不是很受重视。我们台大园艺系原先有一位老教授，他是搞 H 的，但是那时候他就一直没事干。为什么？政府不给他钱啊。拿不到钱他就没法搞研究，结果在 1974 年他一气之下移民去了加拿大。所以说那时养 H 是很不受重视的。

X：听说您正是在那个时候开始搞 H 的，那么您当时怎么决定干这一行的呢？

L：我原先是学蔬菜的，在我们台大园艺系读蔬菜研究生。我毕业时正好那位教授移民走了。他一走，H 这门课就没人教了。这时系主任把我叫去，让我教 H。那时我想，这门课没人搞，才具有挑战性（我这个人就是这样的性格，喜欢向自己挑战），所以我就接了下来。然后，大概过了几年吧，政府讨论农业发展方向，觉得在 TW 这样一个岛上，耕地不多，而且种粮食和棉花不会有很好的效益，这才开始重视 H 业。H 业是一种高投入、高产出、而且是技术密集型的产业，很适合 TW。从这以后，TW 的 H 业才发展起来，到现在已经形成一门很大的产业。我呢，也就一直升、升、升，从讲师升到副教授，从副教授又升到教授（笑）。

X：那么，现在 TW 的 H 业主要侧重于哪些 H 呢？

L：TW 的 H 业发展是比较全面的。但从产量和出口情况来看，又以玫瑰、香石竹和兰花等为多。另外，百合花、菊花等（还有唐菖蒲）产量也较大。

X：听说您在兰花的种植方面造诣很高，能不能请您细谈一下兰花的情况？

L：TW 兰花的品种很多，有一叶兰、蝴蝶兰、寿星兰、拖鞋兰、旗兰，还有金边龙舌兰、银边龙舌兰等。在这么多兰花中，我最喜爱的是对蝴蝶兰的研究。

X：蝴蝶（以下简称"HD"）兰是很难养的 H 品种。

L：Yes，HD 兰很好看，但非常难养。经过几年努力，我终于掌握了其习性，并开始了批量生产，使之成为了一个产业。其实，对于一个产业来说，难养的 H 才会有潜力、有市场。现在我们在台中有几间大型现代化温室，年产几十万枝鲜切 H（HD 兰），利润很高。

X：对 HD 兰的管理具体应该注意哪些方面呢？

L：HD 兰的生产首先必须有现代化（非常现代化）的设备。我们用于 HD 兰生产的温室，每间投资都不下几百万新台币。这样才能将环境控制在 HD 兰的最佳生态要求。所以一开始我就说过，H 是一门需要很高投入的产业，没有钱是养不好 H 的。

X：我还想问一下，"一叶兰"在人工养殖条件下为什么一般都不开花？

L：在 TW，一叶兰野生分布主要是在阿里山。那里天然条件非常适合一叶兰生长，所以花开得很好。人们将野生一叶兰的球茎挖下来人工栽培时，就开不出花来了。我对这种情况作了几年研究，发现一叶兰的花芽分化条件要求非常严格，而且要在低温下花才开得比较好。在高温下根发不出来，所以开花很小，甚至不开花。加上野外采集的球茎，一般花芽都没有分化好，这就更不容易开花了。

X：好了，谢谢李教授给我们介绍了这么多的重要情况。在您离校之前，我们说不定还会来打扰您，向您请教。

L：不用客气。那么，再见吧！

X：再见！

## （四）个案访谈工作成效测评训练

（9）讨论并制定测评标准和确定实际测评事项。

表 7-4　个案访谈工作成效测评标准

| 序号 | 测评项目与分值 | 测评指标与分值 | 实际测评事项 |
|---|---|---|---|
| 1 | 小组活动（10 分） | （与选题要求相同） | |
| 2 | 个案访谈准备工作（20 分） | 1. 选择访谈个案（5 分）<br>2. 拟定访谈提纲（10 分）<br>3. 确定访谈方式方法（5 分） | |

续表

| 序号 | 测评项目与分值 | 测评指标与分值 | 实际测评事项 |
|---|---|---|---|
| 3 | 个案访谈的实施与控制（40分） | 1. 与被访者建立和谐的关系（10分）<br>2. 掌握提问、追问的方法（15分）<br>3. 掌握听和记的方法（15分） | |
| 4 | 个案访谈材料的整理与分析（30分） | 1. 用发散和收束思考方法，从材料中提炼出个案的特性与规律（20分）<br>2. 用个案访谈的结果检验、补充、完善通过问卷调查结果的研究所得出的结论（10分） | |

（10）根据以上标准组织小组讨论，对小组本项工作进行全面测评。最后将测评结果交任课老师。

# 第八章　工作过程八：处理调查资料

**教学要求：** 弄清处理调查资料的目的要求、主要任务以及具体操作过程。重点掌握审核与复查、问卷编码、使用 SPSS 录入和清理数据、数据分组和统计图表的制作等方法。通过训练，具备制作编码手册、录入和清理数据以及设计统计图表的基本能力。

## 一、知识要点

调查资料收集工作完成后，即进入资料的处理阶段。资料处理包括对原始资料进行审核、复查、编码、输入、清理、汇总以及图表制作等一系列工作。它不仅要对定量资料进行处理，也要对定性资料进行处理。对定量资料的处理是进行统计分析的前提和基础。本章主要讲授对定量资料的处理知识和方法。处理调查资料，必须遵循真实性原则、准确性原则、完整性原则、统一性原则、简明性原则、新颖性原则。只有按照这些原则对资料进行有效处理，才有可能通过统计分析得出具有科学性和创造性的结论。

### （一）原始资料的审核与复查

1. 原始资料的审核

原始资料审核是资料处理的第一步。资料审核是指研究者对调查所收集的原始资料进行初步的审查和核实，校正错误和误填的答案，剔除乱填、空白和严重缺答的废卷。其目的是使原始资料具有较好的准确性、完整性和真实性。资料的审核包括实地审核和集中审核。

实地审核主要是对问卷资料质量的检查和访问质量的检查，是调查员在调查过程中边调查边审核。审核中常见的问题有：在同一份问卷中，有相当一部分题目没有作答；答案记录模糊不清，如字迹不清楚，无法辨认，或把"√"打在两个答案之间等；不符合作答要求，如不应该回答的问题做了回答；调查对象不符合要求，如在调查某个产品的使用效果时，没有使用该产品的人员却填答了；问卷中答案之间前后矛盾或有明显错误；答案选择可疑，如只选第一个答案；问卷缺损，如个别页码丢失，或页面破损，影响到阅读；回答的模式说明调查员没有理解或遵循访问指南；几份问卷的答案完全一样；问卷是在事先规定的截止日期以后回收的；等等。当发现有以上这些问题时就要及时向被调查者询问核实。实地审核的优点是特别及时且效果较好。但要求调查工作的组织和安排要特别仔细，调查员个人处理各种情况的能力比较强。

集中审核是先将调查资料全部收集回来后再审核。若集中审核中发现问题，如有必要，调查员应重返调查地点，向被调查者进行核实或询问。集中审核的优点是使调查工作便于统一安排和管理，审核工作可以统一在负责人的指导下进行，审核的标准比较一致。不足的是整个调查工作的周期会相对拉长，少数个案的重新询问和核实工作有时因时间相隔较长而无法落实。集中审核完后要对问卷进行分类：一是有的问卷可退回重新填写；二是含有缺失值的问卷可采用一些方法进行补救；三是有的问卷可以作废。

2. 资料的复查

所谓资料的复查，指的是研究者在调查资料收回后，根据审核情况，按照一定方法，从回收的问卷中抽取一定比例（一般为5%~15%）的个案资料，进行第二次调查。这样做的目的有两个：一是核实原来的调查员是否真的对个案进行过调查；二是将两次调查的结果进行对比，以检查第一次调查的质量。通过资料的复查，可以发现并纠正原始资料中存在的一些错误，还可以普遍了解整个资料收集工作的质量。并不是所有的调查都能进行复查。有些调查由于调查时间相距太长，已经难以找到原来的被调查者，这就要求研究者在抽样方案时，要充分考虑怎样才能方便复查。

## （二）问卷编码

通过对问卷的审核和复查，淘汰那些不合格的问卷后，需要对问卷进行重新编码。编码的目的就是将问卷上的文字信息转换成数字信息，以便输入计算机和利用计算机进行统计分析。在本书第五章讲设计调查问卷时，曾介绍过问卷编码的方法。本章将对"后编码"方法进一步作一些补充论述。

1. 编码手册的内容结构

无论是事先编码还是事后编码，为了减少资料录入过程中的误差，保证数据的质量，研究者都需要事先制作一份编码手册或编码标准。在这份编码手册里，研究者将要编码的问题一一列举出来，规定好它们的答案代码、代码宽度、栏码及其他特殊规定。研究者在数据转换过程中还要注意以下几个问题：一是提供给编码员一份空白的参考问卷；二是让所有的编码员都在同一地点、使用同一编码方法进行工作；三是提供编码指南，说明什么时候以及怎样设立一个新的代码；四是设立较多较窄的类别优于设立较少较宽的类别；五是保持编码册的整洁和清晰。

编码手册一般由以下几项内容构成：

（1）提问项目。或称项目名称，指问卷的问题及其编号。一般在预编码时已经确定。事后编码就需要重新调整。

（2）变量名称。一般情况下，问卷上的一个问题就是一个变量，但当一个问题化为多个小问题时，相应就会有多个变量。这时需要给每个变量取名，也就是用概括、简约的文字说明变量的含义。如性别、出生年月、文化程度等。变量名称特指这种含义的代码，如性别用"W01"表示，出生年用"W02"表示等。

（3）变量名称标签。即变量名称的含义，是问题所问内容的概括说明。如问"您的个人收入是多少"？其含义可概括为"个人收入"。

（4）宽度。指回答问题时选择答案的数码位数的多少。如性别，选"1. 男"或选"2. 女"，选择答案的代码都只有1位数，"1"或"2"，所以宽度为"1"；而出生年，至少需要选择2位数，如"99"、"08"、"12"年等，所以宽度为"2"；住房面积，它常以平方米计算，一般设计为3位数，如"50、101、201"等，所以宽度为"3"。工资等变量，一般月工资都在10000元以下，所以要设计4~5位数，宽度则为"4"或"5"。

（5）栏码。是所有编码项目按栏目和宽度综合编写的顺序号。例如，编码栏第一栏一般是问卷的编号，如果调查了800人，那么，其宽度为"3"，栏码则为"1~3"；第二栏是性别，其宽度为"1"，栏码则为"4"。可依次类推，按顺序列出每个栏目的栏码。

（6）答案赋值。又称"变量值标签"，也就是提供答题者选择的答案及所标示的数码。如性别变量的答案赋值是"1. 男，2. 女"。

（7）未填写及个别特殊值。又称缺失值，即为未选择或虽选择但答案是用文字填写的"其他"项设计的一些特定代码，如用"9，99，999"表示"不回答"；用"8，98，998"表示"不清楚"。编码手册的结构可参见表8-4。

2. 编码方法

由于问卷题型不同，如有填空题、单项选择题、多项选择题等，因此，进行编码时必须根据题型采用不同的编码方法。

（1）单项选择题的编码方法。单项选择题会给出两个或两个以上的答案，但只能选择其中一个答案，通常直接使用赋予每一个答案的顺序号或数字为代码值，如"您的性别：1. 男 √  2. 女"，选择了"2"，编码即为"2"。又如"您的婚姻状况：1. 未婚  2. 已婚 √  3. 离异  4. 丧偶"，选择了"3",编码即为"3"。

（2）多项选择题的编码方法有两种：

1）多项任选式问题的编码方法。即不确定选择答案个数的试题，答题者可从备选答案中任意选取1个、多个或全部答案。对这类问题的编码，一般采用"0，1"的形式。"0"表示没有选择；"1"表示选择。如表8-1所示。

表8-1　不定项选择题的编码形式

| A5. 在选择工作时，人们会考虑很多因素，你认为最重要的是：（有几个选几个） | |
|---|---|
| 1. 收入　2. 个人发展机会　3. 公司声誉　4. 单位类型 | 0 1 0 0 |
| 5. 地理位置　6. 个人学习机会　7. 兴趣爱好　8. 专业对口 | 1 1 0 1 |
| 9. 人际关系　10. 其他（请写明）＿＿＿＿＿ | 1 0 0 |

2）多项限选式问题的编码方法。多项限选问题，即限定答题者选择备选答案的个数的试题。这类试题有两种编码方法：一是用"0，1"编码形式进行编码，办法同上述多项任选问题的编码方法，只是要限定选择答案的个数；二是用答案前的数字作为代码，如表8-2所示。

表8-2　不定项选择题的编码形式

| A5. 在选择工作时，人们会考虑很多因素，你认为最重要的三项是：_2__5__6_ | 2 5 6 |
|---|---|
| 1. 收入　2. 个人发展机会　3. 公司声誉　4. 单位类型　5. 地理位置 | |
| 6. 个人学习机会　7. 兴趣爱好　8. 专业对口　9. 人际关系　10. 其他＿＿＿＿ | |

（3）矩阵式或表格式问题的编码方法。一般先要对备选答案进行编码，然后用备选答案的编码作为代码值。表8-3为表格式题型的编码法。

表8-3　您觉得下列环境问题在武汉市的情况怎么样？

| | 1. 不严重 | 2. 不太严重 | 3. 不清楚 | 4. 比较严重 | 5. 很严重 |
|---|---|---|---|---|---|
| ①噪音 | | | | | |
| ②烟尘 | | | | | |
| ③污水 | | | | | |
| ④垃圾 | | | | | |

在这个问题中，可对表中5种答案分别赋值为：1＝不严重，2＝不太严重，3＝不清楚，4＝比较严重，5＝很严重。如选择了3，编码即为3。

（4）开放式问题的编码方法。开放式问题有两种：一种是填空题，如果是用数字填空，可直接用填写的数字作为代码值。如"您的年龄（实岁）：<u>32</u>"可直接用"32"作为代码值。另一种是用文字填写的填空题或回答问题。这类题的编码处理要按照含义相似的答案进行归类后再编码，也就是，将开放题转换成为封闭式选项进行编码。具体步骤如下：①将所有答案都一一列出；②将所有有意义的答案列成频数分布表；③从调查目的出发确定可以接受的分组数；④根据拟定的分组数，对答案分布表中的答案进行挑选归并；⑤为所确定的分组选择正式的描述词汇；⑥根据分组结果制定具体编码。

例：您为什么选择这个品牌的抽油烟机？

首先，对所有问卷答案进行概括并列出全部答案：①节能环保；②外形美观；③价格公道；④噪音低；⑤抽油烟效果好；⑥比同类产品便宜；⑦高科技；⑧体积小；⑨是名牌；⑩邻居都买这个牌子；⑪经常在广告中见到；⑫我没想过；⑬我不知道；⑭没有什么特别的原因。

其次，将上述回答进行分组：

1）节能环保①、⑤、⑦　　　2）外形美观②、⑧

3）价格公道③、⑥　　　　　4）噪音低④

5）名牌⑨、⑩、⑪　　　　　6）不知道⑫、⑬、⑭

最后，根据分组给每组一个编码，可直接用每组序号作为编码值。

3．编码手册的编制

制定统一的编码表或编码手册，使编码者按照统一标准完成问卷资料由文字向数字转换是问卷调查的必要环节。表8－4是编码手册的实例，可参照办理。在实施问卷编码时还要注意以下规则：①使用统一的编码表；②对答案不明确，或答非所问、不合逻辑的答案，一般不进行编码，或修正后再编码；③当某个答案或意见在编码表上找不到合适的编码时，编码员不得自行增加新的编码，应向负责人反映，然后按实际情况进行统一处理；④有的答案有笔误、错误字等问题时，只要不影响对内容的判定，应根据编码表进行编码。

**表8－4　编码手册（节选）**

| 项目名称 | 变量名 | 变量名标签 | 宽度 | 栏码 | 答案赋值 |
|---|---|---|---|---|---|
| 区 | V | 城　区 | 1 | 1 | 1＝武昌　2＝汉阳　3＝江汉　4＝江岸　5＝青山　6＝硚口　7＝洪山 |
| 个案号 | ID | 个案号 | 4 | 2~5 | 根据问卷上的编码填写 |
| 问题A1 | A1 | 性　别 | 1 | 6 | 1＝男　2＝女 |
| 问题A2 | A2 | 年　龄 | 2 | 7~8 | 按实际填答年龄填写　大于99岁的填99 |

| 项目名称 | 变量名 | 变量名标签 | 宽度 | 栏码 | 答案赋值 |
|---|---|---|---|---|---|
| 问题 A3 | A3 | 文化程度 | 1 | 9 | 1 = 小学及以下　2 = 初中　3 = 高中及中专　4 = 大专以上 |
| ⋮ | ⋮ | ⋮ | ⋮ | ⋮ | ⋮ |
| 问题 A8 | A8 | 个人收入 | 4 | 16 ~ 19 | 根据实际数字填写 |
| 问题 A9 | A9 | 全家收入 | 4 | 20 ~ 23 | 根据实际数字填写，10000 元及以上者填 9999 |
| ⋮ | ⋮ | ⋮ | ⋮ | ⋮ | ⋮ |
| 问题 C1 | C11 | 有几人 | 1 | 39 | 1 = 完全清楚　2 = 大部分清楚　3 = 小部分清楚　4 = 不清楚 |
| | C12 | 叫什么 | 1 | 40 | 同上 |
| | C13 | 在哪里工作 | 1 | 41 | 同上 |
| | C14 | 性格特点 | 1 | 42 | 同上 |
| 问题 C2 | C2 | 串门 | 1 | 43 | 1 = 每周一两次　2 = 每月一两次　3 = 半年一两次　4 = 一年一两次　5 = 从来不去 |
| ⋮ | ⋮ | ⋮ | ⋮ | ⋮ | ⋮ |
| 问题 F2 | F21 | 平日看电视的时间 | 3 | 120 ~ 122 | 将所填的小时数乘以 60 加上所填的分钟数，以总数计 |
| | F22 | 周日看电视的时间 | 3 | 123 ~ 125 | 同上 |
| ⋮ | ⋮ | ⋮ | ⋮ | ⋮ | ⋮ |

## （三）　使用 SPSS 软件录入和清理数据

对问卷资料编码后，问卷中的大多数信息都转化为数字代码，接着就要将这些数字代码录入计算机。目前，将数据输入计算机进行资料的整理和统计分析的软件有 SPSS、SAS、Excel 等，但使用最广泛的软件是 SPSS。下面首先介绍使用 SPSS 软件的基础知识和方法。

1. 使用 SPSS 软件的基础知识和方法

（1）SPSS 软件的主要功能。SPSS 的全称是：Statistical Program for Social Sciences，即社会科学统计软件包。自 1985 年 SPSSINC 公司推出 SPSS/PCV 1.0 以来，SPSS 的版本不断更新，软件功能不断完善，操作越来越简便，与其他软件的接口也越来越多。SPSS 的主要功能有：数据编辑、图表生成、与其他软件连接以及进行统计分析等。统计功能是 SPSS 的核心部分，利用该软件几乎可以完成所有的数理统计任务。具体来说，SPSS 的基本统计功能包括：样本数据的描述和预处理；假设检验（包括参数检验、非参数检验及其他检验）；方差分析（包括一般的方差分析和多元方差分析）；列联表；相关分析；回归分析；对数线性分析；聚类分析；判别分析；因子分析；对应分析；时间序列分析等。

（2）SPSS 的安装和界面初识。根据安装盘所在的驱动器（A：或 B：或光盘）及其路径，找到 SPSSINST. EXE 文件，点击"确定"钮返回"运行"对话框，再点击"确定"钮，即运行安装程序。常用的几种启动方式有：①桌面启动。在桌面上找到"SPSSWIN"图标，鼠标左双击就可启动。②程序启动。鼠标左单击桌面"开始"，将鼠标指向"程序"选项，然后鼠标指向"SPSS for Windows"图标，再用鼠标左击之，即可启动。③文档启动。鼠标单击桌面"开始"，将鼠标指向"文档"选项，然后查找所要启动的 SPSS 工作文件并用鼠标左单击便可启动。④资源管理启动。在桌面上找到"我的电脑"，然后用鼠标右击一下，弹出并找到"资源管理器"，鼠标左击一下启动"资源管理器"，在目录上双击所要启动的 SPSS 工作文件即可。以 SPSS 20.0 为例，启动界面如图 8 - 1 所示。

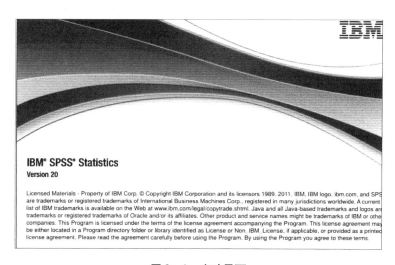

**图 8 - 1　启动界面**

启动后出现文件对话框，界面如图 8 - 2 所示。

（3）SPSS 的窗口。SPSS 的主窗口中有两个窗口，一个是变量窗口，如图 8 - 3 所示。

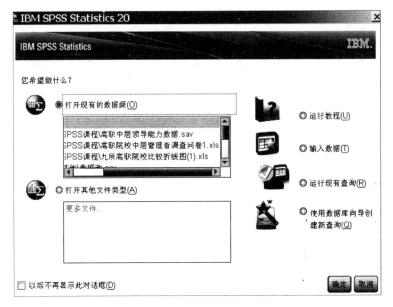

图 8-2　文件对话框

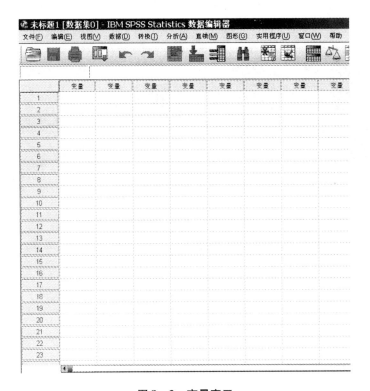

图 8-3　变量窗口

还有一个就是结果输出窗口，标题名称是"！Output1"，启动时为非活动窗口，只有当完成一项处理后，才在该窗口显示处理过程提示和计算结果，如图8-4所示。

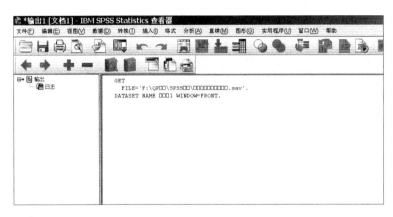

**图8-4　结果输出窗口**

（4）SPSS的菜单。菜单栏上有10个菜单命令。如图8-3所示：① File（文件）菜单。文件菜单提供了对数据文件进行新建、打开、保存、打印、退出等命令。② Edit（编辑）菜单。编辑菜单提供了剪切、复制、粘贴、删除、查找、插入变量和插入个案等命令。③ View（视图）菜单。视图菜单提供了开关状态栏、工具栏、字体、内容区网格线等命令。④ Data（数据）菜单。数据菜单提供了定义变量、定义数据、模板、查找个案、个案排序、增加个案、增加变量等命令，其性质类似于数据库的编辑与管理。⑤ Transform（转换）菜单。转换菜单提供了个案排序、随机测定、替换缺省值和自动重新编码等实用功能。⑥ Analysis（统计）菜单。这才是SPSS的精华所在，它提供了强大、完备的统计方法。⑦ Graphs（图形）菜单。无论是功能还是在效力上，与Excel的制图功能相比都要强得多。⑧ Utility（实用程序）菜单。实用程序菜单提供了变量信息、文件信息、定义设置、用户设置和自动增加新个案等命令。⑨ Windows（窗口）菜单。窗口菜单提供了SPSS最小化、SPSS数据编辑窗口和SPSS输出窗口的切换等功能。⑩ Help（帮助）菜单。帮助菜单提供了帮助主题、SPSS教程、SPSS语句指南、SPSS漫游、关于SPSS等功能。

（5）建立数据文件。建立与保存数据文件，先使用File菜单中的New命令建立一个数据文件，对数据文件完成编码，然后使用Save data（保存）或Save as（保存为）命令存储数据文件。

1）定义数据文件的结构。单击左下方的Variable view（变量视图）标签，切换到变量定义的界面，如图 8 – 5 所示。

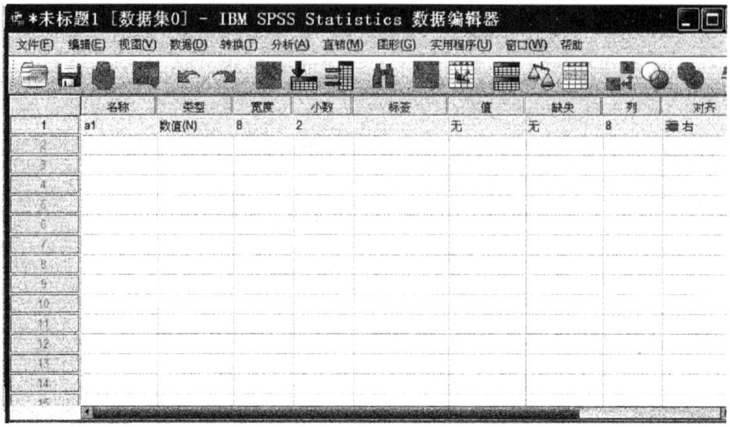

**图 8 – 5　变量定义界面**

2）定义变量名。单击 Name（名称）栏下第一个单元格，输入要定义的第一个变量名 a1，代表性别的变量名。如图 8 – 6 所示：

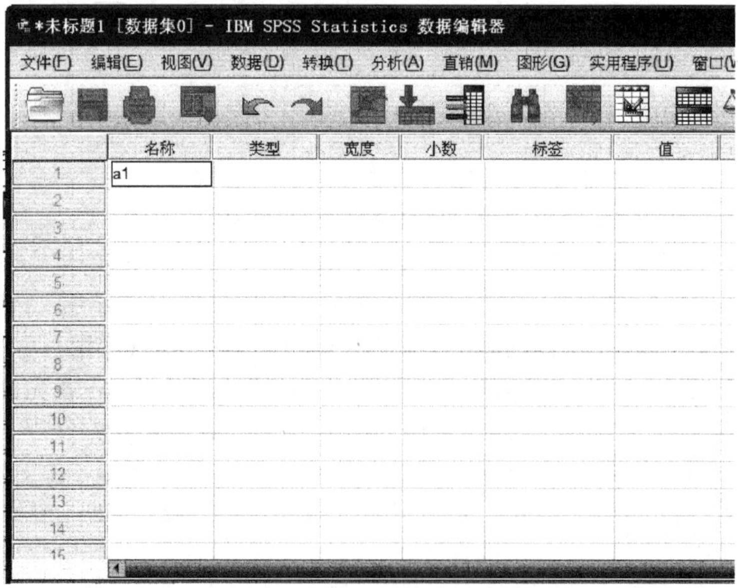

**图 8 – 6　输入定义的变量名**

SPSS 中变量名长度应在 8 个英文字符以内，系统默认的变量名为：VAR00001，VAR00002，VAR00003……

3）定义变量的类型。定义变量的类型，单击"变量类型"下面单元格中的黑色按钮，则弹出定义"变量类型"的对话框。如图8-7所示。

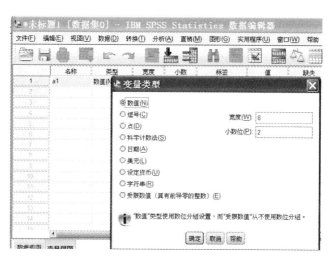

图8-7 定义变量类型

在对话框弹出时，在Numeric（数值）前面的圆圈内有一点，表示默认的变量是标准数值型。如想选择其他的数值类型，就用鼠标在变量类型前面的圆圈内点击，选择完毕可点击"OK"按钮返回。

4）定义变量的宽度。Width（宽度）后面的方框中所显示的总宽度，默认值为8；Deimal（小数位）的方框中显示的是小数位数，默认值为2。用户可根据需要改变其数值。如图8-8所示。

图8-8 定义变量宽度

5）定义变量名标签。定义变量名标签，点击由 Lable（标签）所在的列与变量名所在的行交叉决定的单元格，可直接输入要定义的变量名。在分析结果输出时，可输出变量名标签。如输入名标签：性别，如图 8 – 9 所示。

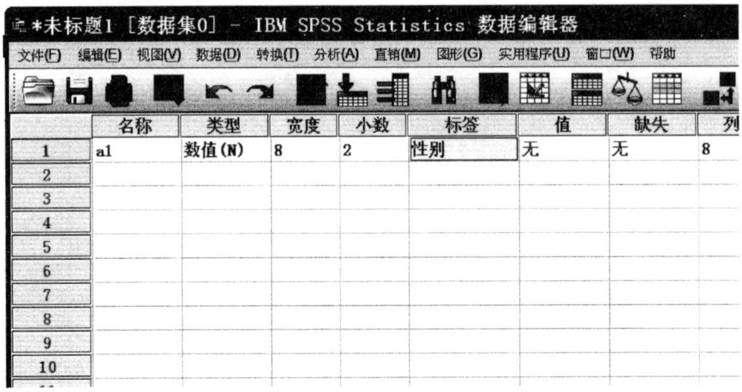

**图 8 – 9　定义变量名标签**

6）定义变量值标签。点击定义变量的对话框中的 Values 值，则在变量所在行与该列相对应的方框中显示一个黑色的按钮，点击此按钮，弹出定义变量值标签的对话框，如图 8 – 10 所示。

**图 8 – 10　定义变量值标签**

7）定义用户缺省值。在定义变量对话框中点击 "Missing"（缺失）按钮，则在变量所在行与该列相对应的单元格中显示一个黑色按钮，点击该按钮，弹出定义变量缺省值的对话框，如图 8 – 11 所示。定义完缺省值后，按"OK"按钮返回。

图 8 – 11　定义用户缺省值

8）定义变量的测量尺度。在定义变量对话框中，点击"Measure"（度量标准）按钮，由 Measure 所在的列与变量名所在的行决定的单元格中出现一个黑色按钮，点击该按钮，出现一个下拉的选择框，在下拉选择框中选择适当的度量尺度，如图 8 – 12 所示。

图 8 – 12　定义变量的测量尺度

以上 8 步只是初步完成了问卷上变量的编码录入，保存数据文件后，就建立了一个新的数据文件，编码全部完成后，经过编码员的检查没有错误后，才可以进行数据的录入工作。

2. 数据录入方法

数据录入即将编码后所得数据输入到计算机内。最常用的录入方法是直接录入法,即直接将编码后的数据输入计算机。直接录入的优点是可以避免转录出现的差错,不足的是录入时要不断地翻阅问卷,录入速度较慢。另一种录入方法是登录表法,即先将编码后的数据转录到专门设计的登录表上,然后再将登录表上的数据输入计算机。这种方法的优点是录入人员方便,录入速度较快,但增加了一次转录过程,出现误差的风险更大。

此外,还有两种不常用的方法。一是光学扫描法,即将问卷中的选择答案的方框或圆圈涂满,将问卷输入光学扫描卡,利用光学扫描器将资料转换并输入计算机。这种方法虽然快速、准确,但目前还难以用于较复杂的问卷的数据录入,只能用于问题少而且较简单的问卷的数据录入。如较简单地测试民众对某项决策的看法,即可采用这种方法。这种方法需要光学扫描器。二是条形码法,即将数据转换为不同宽度的条形码,用来表示不同的数值,然后用条码读写器将数据转换、输入计算机中。但将数据转换为条形码是一个相当麻烦而且容易出现误差的工作,且必须有条码读写器,因此一般很少采用。

数据录入是一项细致、容易出错的工作,一定要认真负责,反复校对。如果条件允许可以采取双录入法。双录入法既可以是一人录入两次,也可以是两人各录入一次,然后将两次录入相互比较,互相纠错,这样录入的误差就会减少。

3. 数据清理方法

数据录入后,在统计分析前,还有一项重要工作,就是利用计算机的有关功能,对录入的数据进行清理,不让错误数据进入运算过程。一般有以下清理方法:

(1) 有效范围清理法。对于问卷中的任何一个变量来说,它的有效的编码值往往都在一定范围,而当数据中的数字超出了这一范围时,可以肯定这个数字一定是错误的。例如,性别这一变量的有效范围是:"1. 男;2. 女;0. 无回答",我们可以利用 SPSS 软件中的分析→描述性统计→频率这个命令把所有变量都放进去进行频率统计,如图 8 - 13 所示,在频率表上查找,如果在计算机输出的这一变量栏中出现了"1、2、0"以外的其他数字,就可以肯定有错。

如表 8 - 5 所示,就出现了一个取值为 3 的变量,显示超出了编码范围。这时可用软件里"编辑"这一栏执行查找和替换的命令,如图 8 - 14 所示,3 这个编码出现在"45 号问卷",利用问卷上的编号找到"45 号问卷",对原始问卷进行审校,及时更正错误。

图 8 – 13　性别的频率统计

表 8 – 5　性别的频数和频率统计

|  |  | 频数 | 百分比 | 有效百分比 | 累积百分比 |
|---|---|---|---|---|---|
| 有效 | 男 | 45 | 48.9 | 48.9 | 48.9 |
|  | 女 | 46 | 50.0 | 50.0 | 98.9 |
|  | 3 | 1 | 1.1 | 1.1 | 100.0 |
|  | 合计 | 92 | 100 | 100 | — |

图 8 – 14　性别错误编码查找与替换命令

（2）逻辑一致性清理法。即依据问卷中问题之间的逻辑关系，检查前后答项数据之间的合理性，从而找到差错的方法。例如，前面询问："您有孩子吗?"，答项为："1. 有；2. 没有"；又问"您的孩子今年有几岁了?"。如果回答者在前面已回答"没有孩子"，却在后面出现"4"、"6"等数字，这就是不合逻辑，可以肯定答项有错。对于定类、定序或定距变量，可采用交互分类统计（列联表）方法，检查变量之间是否存在逻辑毛病。发现问题，可利用"查找"命令，查出有关的问卷编号，找到原始问卷后就可查到哪个变量出了错。

（3）数据质量抽查法。即采取随机抽样的方法，从全部样本中抽取一部分问卷，逐一进行审核、校对，然后，根据这部分问卷的审核、校对结果，对全部问卷的数据的变量进行评估。最后根据综合评估结果，找到存在的主要问题，再针对问题进行审核。

## （四）数据的统计分组和图表的制作

调查数据资料的处理，在经过录入和清理后，还要经过分组、汇总以及统计表和统计图的制作等环节，才能为统计分析提供基础。

1. 数据的统计分组

数据的统计分组就是根据调查数据的特征或标志把有关数据划分为不同类别或组成部分。分组有利于考察总体内部的构成状况，有利于研究总体内部各组成部分的相互关系，从而找出数据的规律性。分组的步骤和方法如下：

（1）选择分组标志。常用的分组标志有以下几种：一是性质标志。如人可按男、女分组或按民族分组；企业可按所在行业、规模、经营状况分组，这些都是按事物性质进行的分组。二是数量标志。即按事物发展规模、水平、速度、比例等数量特征进行的分组。如农民可按年均收入分组。三是空间标志。如中国经济发展状况，可按东部、中部、西部三大地理区域分组。四是时间标志。如工业总产值可按月、季、年分组。五是综合标志。即运用多标准进行的分组。如国家统计局规定，大型工业企业的标准是：从业人数2000人以上、销售额3亿元以上、资产总额4亿元以上；中型工业企业的标准是：从业人数300~2000人、销售额3000万~3亿元、资产总额4000万~4亿元；小型企业的标准是：从业人员300人以下、销售额3000万元以下、资产总额4000万元以下。这种分组就包括了两种标志：先是按企业性质分为大、中、小三组；而后是按人员数、销售额、资产总额等数量大小为标志进行分组。

以上只是较大层次的分组方法。每一种大的层次以下还可做一些小的分组。例如，按数量标志进行的分组，又可分为：单项式分组，如按每户有小孩的个数进行的分组；组距式分组，如按 18 岁以下、18~25 岁、26~30 岁、31~40 岁、40 岁以上对某快餐店顾客进行的分组。

（2）确定分组界线，包括确定组数、组距等。

1）确定组数。分组的目的之一是为了观察数据分布的特征，因此组数的多少应适中。如组数太少，数据的分布就会过于集中；组数太多，数据的分布就会过于分散，这都不便于观察数据分布的特征和规律。组数的确定应以能够显示数据的分布特征和规律为目的。

在实际分组时，可以按 Sturges 提出的经验公式来确定组数 K：

K = 1 + lgN／lg2

其中 N 为标志值项数，即数据的个数。当然，这只是一个经验公式，实际应用时可根据数据的多少和特点及分析的要求灵活确定组数。

2）确定各组的组距。一个组的上限与下限的差，称为组距。组距可根据全部数据的最大值和最小值及所分的组数来确定，即组距 =（最大值 - 最小值）÷组数。采用组距分组时，需要遵循"不重不漏"的原则。"不重"是指一项数据只能分在其中的某一组，不能在其他组中重复出现；"不漏"是指组别能够穷尽，即在所分的全部组别中每项数据都能分在其中的某一组，不能遗漏。为解决"不重"的问题，统计分组时习惯上规定"上组限不在内"，即当相邻两组的上下限重叠时，恰好等于某一组上限的变量值不算在本组内，而计算在下一组内。在组距分组中，如果全部数据中的最大值和最小值与其他数据相差悬殊，为避免出现空白组（即没有变量值的组）或个别极端值被漏掉，第一组和最后一组可以采用"××以下"及"××以上"这样的开口组。开口组通常以相邻的组距作为其组距。

（3）编制变量数列表。编制变量数列表即把各种数值汇总归入适当的变量数列表中。常用的变量数列表有按性质标志分组的、按数量标志分组的、按空间标志分组的、按时间标志分组的。表 8-6 和表 8-7 是分别按性质标志和空间标志分组的变量数列表。

**表 8-6 国内生产总值及其构成**

| 年 份 | | 1978 | 1980 | 1990 | 1995 | 2000 | 2008 |
|---|---|---|---|---|---|---|---|
| 国内生产总值（亿元） | | 3645 | 4545 | 18668 | 60794 | 99215 | 300670 |
| 其中 | 第一产业 | 1018 | 1359 | 5017 | 12020 | 14716 | 34000 |
| | 第二产业 | 1745 | 2192 | 7717 | 28680 | 45556 | 146183 |
| | 第三产业 | 882 | 994 | 5933 | 20094 | 38943 | 120486 |
| 人均国内生产总值（元） | | 381 | 463 | 1644 | 5046 | 7858 | 22640 |

资料来源：《中国统计摘要》（2006）；《中国统计年鉴》（2009）。

### 表 8 - 7　各省市区城乡居民收入变化情况

单位：元

| 项 目 | 城镇居民家庭人均可支配收入 | | | 农村居民家庭人均纯收入 | | |
|---|---|---|---|---|---|---|
| | 2000 年 | 2005 年 | 2008 年 | 2000 年 | 2005 年 | 2008 年 |
| 全国总计 | 6280 | 10493 | 15781 | 2253 | 3255 | 4760 |
| 北 京 | 10350 | 17653 | 24725 | 4605 | 7346 | 10662 |
| 天 津 | 8141 | 12639 | 19423 | 3622 | 5580 | 7911 |
| 河 北 | 5661 | 9107 | 13441 | 2479 | 3482 | 4796 |
| … | … | … | … | … | … | … |

资料来源：《中国统计摘要》（2006）；《中国统计年鉴》（2009）。

#### 2. 统计表和统计图的制作

数据根据研究目的分组后，一般要通过表格和图形表现出来，这就要制作统计表和统计图。

（1）统计表的制作方法。

1）统计表的一般结构形式。统计表一般由表号、标题、栏目（横栏目、纵栏目）、数字、表注和资料来源等要素构成。统计表的内容由主词和宾词两部分组成。主词是统计表要说明的主体，通常排在表的左侧，一般称"横栏目"（或称行标题）；宾词是统计表中用来说明主词的构成指标，通常排在表的右上方，一般称"纵栏目"（或称列标题）。表的下方用来为表作注或说明资料来源。

2）统计表制作注意事项。制作统计表应注意以下事项：一是目的明确，主次分明，重点突出。要反映出内容的内在逻辑性，使人一目了然。二是标题要准确、简明地概括出表的主要内容。三是纵横标题的概念要明确，排列顺序应具有一定的逻辑结构，条理要清楚。四是主词和宾词的合计项一般应放在前面，即先总后分；如果总计下只列部分子项，应加"其中"表示。五是必须注明计量单位，如频数单位（人数、个数、户数）和频率单位（百分比）。如果全表只有一个计量单位，则可写在表的右上角（见表 8 - 8），不再在表中注明计量单位。六是表中数字要填写整齐，对准位数，数字精确度要一致。下行与上行数字相同时，不能用"同上"表示，而应填写数字。不需填写或无数字的空格，用"—"表示；缺数字用"…"表示；估算数据应在表注中说明。七是各种表格均以横线为主，尽量不用竖线；需要在表中用竖线的，表的左右两端也不要画竖线。

表号 标题

表8-8 城镇居民平均每人全年消费支出

主词 宾词

| 项目 | 2000年 | | 2005年 | | 2008年 | |
|---|---|---|---|---|---|---|
| | 金额(元) | 比重(%) | 金额(元) | 比重(%) | 金额(元) | 比重(%) |
| 消费支出合计 | 4998 | 100.00 | 7943 | 100.00 | 11243 | 100.00 |
| 食品 | 1958 | 39.18 | 2914 | 36.69 | 4260 | 37.89 |
| 衣着 | 500 | 10.00 | 800 | 10.07 | 1166 | 10.37 |
| 家庭设备用品及服务 | 439 | 8.78 | 446 | 5.62 | 692 | 6.15 |
| 医疗保健 | 318 | 6.36 | 601 | 7.57 | 786 | 6.99 |
| 交通和通信 | 395 | 7.90 | 997 | 12.55 | 1417 | 12.60 |
| 娱乐教育文化服务 | 628 | 12.57 | 1098 | 13.82 | 1358 | 12.08 |
| 居住 | 501 | 10.02 | 809 | 10.18 | 1146 | 10.19 |
| 杂项商品和服务 | 259 | 5.18 | 278 | 3.50 | 418 | 3.72 |

纵标目

横标目

资料来源：国家统计局：《中国统计年鉴》，中国统计出版社，2001、2006、2009年。

表注

（2）统计图的制作。统计图具有形象、生动、直观、醒目等优点。按表现形式的不同可以分为：①几何图，即用点、线、面等几何形式来表示统计资料的图形。它又可分为圆形图、条形图（或柱形图）、直方图、折线图（或曲线图）等多种。②美术图，又称形象图、绘画图，就是用某种形象的图形来表达统计数据。多用于展览、宣传和广告。③统计地图，即以地图为背景，用几何图或形象图来表示统计资料的地域分布状况的图形。④复合图。如图8-15所示，就是将条形图和曲线图复合在一起来表达特定统计数据。

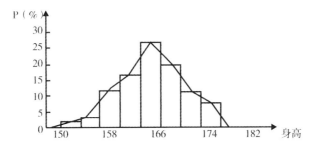

图8-15 某校大一60名男生身高分布

制作统计图要注意：一是要根据内容需要选择适合的图形；二是图示的内容应简明，不要过于复杂；三是标题、数字和文字说明要准确、清晰；四是图形设计应美观、大方、生动、鲜明。此外，表号和表的标题一般位于表的上方，而图号和图的表题一般位于图的下方。

# 二、案件评析

## 【案例8.1】

### 编码手册编写实例

在对收回问卷进行审核后，课题组对问卷进行了事后编码。首先根据已审核的问卷，制作了编码手册。

#### 昆明市低保制度实施状况调查（居民）问卷编码手册[1]

编码总的原则：

①以问卷预编码为基础，即预编码是几就编几，如预编码为1—男，2—女。女被选中，则编码为2。

②限定选项的多选题：当选中项少于限定数目时，用0补足位数。

③不限选项的多选题：转换为多个0、1变量的单选题，选中的编1，未选中的编0。

④未填写的编码规则：连续型变量编9、98、989或9898；0、1变量编为若干个9；其余的统一用0、00、000或0000表示（具体几个0视宽度而定）。

表8-9　编码手册表

| 提问项目 | 变量名 | 变量名标签 | 宽度 | 栏码 | 答案赋值（变量值标签） | 未填写及个别特殊值 |
|---|---|---|---|---|---|---|
| 编号 | ON | 问卷编码 | 3 | 1-3 | | |
| 问题1 | W01 | 性别 | 1 | 4 | 1男，2女 | 0 |
| 问题2 | W02 | 出生年 | 2 | 5-6 | | 98 |
| 问题3 | W03 | 文化程度 | 1 | 7 | 1未受过学校教育，2小学，3初中，4高中（中专/职高），5大专，6本科，7研究生及以上 | 0 |

---

① 赵淑兰：《社会调查方法》，机械工业出版社，2011年。

续表

| 提问项目 | 变量名 | 变量名标签 | 宽度 | 栏码 | 答案赋值（变量值标签） | 未填写及个别特殊值 |
|---|---|---|---|---|---|---|
| 问题4 | W04 | 职业 | 1 | 8 | 1 下岗失业，2 一般工人，3 企业专业技术人员，4 企业管理人员，5 公务员，6 教师或科研人员，7 个体工商户，8 服务业受雇者，9 退休，10 其他 | 0（注：选 10 的编为 L） |
| 问题5 | W05A | 家庭人口数 | 1 | 9 | | 0 例外 |
| | W05B | 家庭有几代人 | 1 | 10 | | 9 |
| | W05C | 家庭工作人数 | 1 | 11 | | 9 |
| 问题6 | W06 | 住房类型 | 1 | 12 | 1 单位公房，2 已购单位房，3 集资房，4 商品房，5 租赁房，6 借住房，7 其他 | 0 |
| 问题7 | W07 | 住房面积 | 3 | 13 – 15 | | 989 |
| 问题8 | W08 | 您对当前的居住状况的感受 | 1 | 16 | 1 非常满意，2 比较满意，3 一般，4 不太满意，5 很不满意 | 0 |
| 问题9 | W09 | 您家所在的位置属于哪个区 | 1 | 17 | 1 五华区，2 盘龙区，3 官渡区，4 西山区，5 其他 | 0 |
| 问题10 | W10 | 对自家经济条件的感受 | 1 | 18 | 1 非常满意，2 比较满意，3 一般，4 不太满意，5 很不满意 | 0 |
| 问题11 | W11 – 1 | 日常交往的主要对象是亲戚 | 1 | 19 | 1 是，0 否 | 999999（6 个 9） |
| | W11 – 2 | 日常交往的主要对象是朋友 | 1 | 20 | 1 是，0 否 | |

续表

| 提问项目 | 变量名 | 变量名标签 | 宽度 | 栏码 | 答案赋值（变量值标签） | 未填写及个别特殊值 |
|---|---|---|---|---|---|---|
| 问题11 | W11-3 | 日常交往的主要对象是邻居 | 1 | 21 | 1是，0否 | 999999（6个9） |
| | W11-4 | 日常交往的主要对象是同事 | 1 | 22 | 1是，0否 | |
| | W11-5 | 日常交往很少 | 1 | 23 | 1是，0否 | |
| | W11-6 | 日常交往的主要对象是其他人 | 1 | 24 | 1是，0否 | |
| 问题12 | W12A | 您通常在哪里购物之一 | 1 | 25 | 1附近商店，2农贸市场，3超市，4百货商场或购物中心，5专卖店（不含商场中的专卖店），6其他 | 00 |
| | W12B | 您通常在哪里购物之二 | 1 | 26 | | |
| 问题13 | W13A | 城里人找工作主要困难之一 | 1 | 27 | 1进城务工人员太多，2对找工作没信心，3工资太低，提不起就业动力，4没技术特长，5就业竞争太激烈，6社会没有足够的就业岗位，7文凭低，8年龄大，9其他 | 0000 |
| | W13B | 城里人找工作主要困难之二 | 1 | 28 | | |
| | W13C | 城里人找工作主要困难之三 | 1 | 29 | | |
| | W13D | 城里人找工作主要困难之四 | 1 | 30 | | |
| 问题14 | W14 | 您知道本地的最低工资标准吗 | 1 | 31 | 1是，0否 | 0 |

然后，根据编码手册对问卷逐份进行编码，下面是对编号为 1 的问卷进行的编码。

问卷编号：1                       001

1. 您的性别： √①男 ②女            1

2. 您出生于哪一年：19 <u>68</u> 年。        68

3. 您的文化程度：                      3

①未受过学校教育 ②小学 √③初中 ④高中（中专/职高）

⑤大专 ⑥本科 ⑦研究生及以上

4. 您的职业：                        2

①下岗失业 √②一般工人 ③企业专业技术人员

④企业管理人员 ⑤公务员 ⑥教师或科研人员

⑦个体工商户 ⑧服务业受雇者 ⑨退休 ⑩其他

5. 您家现在有 <u>3</u> 人（以户口在一起为准），总共 <u>2</u> 代人，有工作的人 <u>1</u> 位。

                                  3    2    1

6. 您的住房类型是：                    2

①单位公房 √②已购单位房 ③集资房 ④商品房

⑤租赁房 ⑥借住房 ⑦其他

7. 您目前的住房面积是 <u>50</u> 平方米。       50

8. 您对当前的居住状况的感受是：          4

①非常满意 ②比较满意 ③一般

√④不太满意 ⑤很不满意

9. 您家所在的位置属于哪个区：           2

①五华区 √②盘龙区 ③官渡区 ④西山区 ⑤其他

10. 您对自家经济条件的感受是：          4

①非常满意 ②比较满意 ③一般 √④不太满意 ⑤很不满意

11. 您日常交往的主要对象是：（选多少项不限）    100100

√①亲戚 ②朋友 ③邻居 √④同事（包括以前的）

⑤很少交往 ⑥其他

12. 您通常在哪里购物？（请选出您最常去的两个地方）   2   3

①附近商店 √②农贸市场 √③超市 ④百货商场或购物中心

⑤专卖店（不含商场中的专卖店） ⑥其他

13. 您认为城里人找工作主要有哪些困难？（请选出最主要的 4 项）

                           4    5    6    0

①进城务工人员太多　　②对找工作没信心　　③工资太低，提不起就业动力　√④没技术特长　　√⑤就业竞争太激烈　　√⑥社会没有足够的就业岗位　⑦文凭低　　⑧年龄大　　√⑨其他

14. 您知道本地的最低工资标准吗？　　①是　√②否　　　　　　2

【案例8.1评析】

　　本案例只是真实问卷及其编码内容的节选，但已包括了各种不同内容的编码方法的运用实例。值得注意的是，编码时采用什么方法确定和显示代码值是由研究者自己设定的，不同研究者根据自己的偏好可以采用不同的方法赋值。这就是为什么我们会在不同教材中看到不同赋值方法的原因。有三点注意事项：一是赋值时应遵循习惯做法；二是同一问卷的赋值方法和标准必须统一；三是未填写问卷答案及特殊答案的赋值应当运用不容易出现的数字赋值。

# 【案例8.2】

## 如何利用有效范围清查法

　　下面是某项课题问卷资料输入计算机后，计算机输出的性别分布如表8－10所示。

表8－10　　性别分布表

| A1 | Frequency | Percent | Valid Percent | Cumulative Percent |
|---|---|---|---|---|
| Valid　男 | 122 | 47.7 | 47.7 | 47.7 |
| 女 | 132 | 51.6 | 51.6 | 99.2 |
| 5.00 | 1 | 0.4 | 0.4 | 99.6 |
| 6.00 | 1 | 0.4 | 0.4 | 100.0 |
| Total | 256 | 100.0 | 100.0 | |

　　从这个原始输出表可以发现，在"性别"这一变量取值栏中，出现了数字5和6。我们可以马上判定这是错误的编码值。因为在编码过程中，我们对"性别"这一变量的赋值是：1＝男，2＝女，0＝无答案。换句话说，所有被调查者在这一变量上的编码值只能在0、1、2这三者中选一，凡是这三者之外的其他编码值，可以肯定地说是错误的，必须进行检查。

　　发现错误后，我们就要运用SPSS软件快速地定位出是哪个个案上出现的错误，这时就要把光标移动到A1变量的任一格上，继续点击编辑——查

找——进入查找框——查找下一个，如图 8－16 所示：在 229 号个案上出现了“5”这个赋值，这时翻看原始问卷就可以知道是什么原因造成的错误。

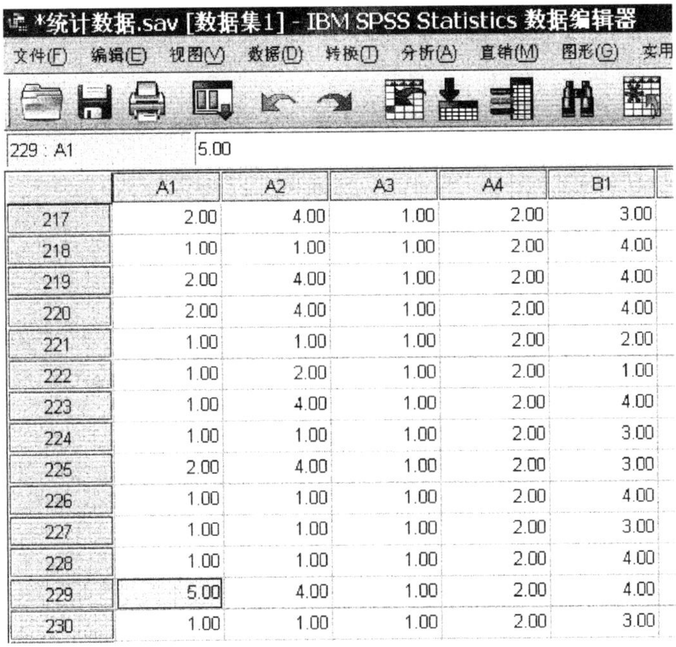


| | A1 | A2 | A3 | A4 | B1 |
|---|---|---|---|---|---|
| 217 | 2.00 | 4.00 | 1.00 | 2.00 | 3.00 |
| 218 | 1.00 | 1.00 | 1.00 | 2.00 | 4.00 |
| 219 | 2.00 | 4.00 | 1.00 | 2.00 | 4.00 |
| 220 | 2.00 | 4.00 | 1.00 | 2.00 | 4.00 |
| 221 | 1.00 | 1.00 | 1.00 | 2.00 | 2.00 |
| 222 | 1.00 | 2.00 | 1.00 | 2.00 | 1.00 |
| 223 | 1.00 | 4.00 | 1.00 | 2.00 | 4.00 |
| 224 | 1.00 | 1.00 | 1.00 | 2.00 | 3.00 |
| 225 | 2.00 | 4.00 | 1.00 | 2.00 | 3.00 |
| 226 | 1.00 | 1.00 | 1.00 | 2.00 | 4.00 |
| 227 | 1.00 | 1.00 | 1.00 | 2.00 | 3.00 |
| 228 | 1.00 | 1.00 | 1.00 | 2.00 | 4.00 |
| 229 | 5.00 | 4.00 | 1.00 | 2.00 | 4.00 |
| 230 | 1.00 | 1.00 | 1.00 | 2.00 | 3.00 |

**图 8－16　利用有效范围查找数据错误**

**【案例 8.2 评析】**

这种错误数字的出现可能发生在资料处理的每一个阶段。特别是不同类型的题型，这种问题出现的情况不一样。例如：填空式问题，它是直接将数字填入空白中。例：“你的年龄（实岁）：____”编码为录入被调查者实际填入的数值，如果被调查者没有如实填写，填为 209 岁，很显然这个答案是背离客观现实的，超出“年龄”这一变量编码值有效范围的这一错误显然来自被调查者。而如果在编码阶段，由于编码者一时粗心，把 2 看成了 5，而性别这道题只有 3 个答案，这一超出有效范围的错误数字就来自编码员。上述这道题的错误最有可能发生在计算机录入人员输入数据的过程。录入员往往是眼睛看问卷中的编码结果，手在计算机键盘上敲打 0 ~ 9 这 10 个数字键。只要录入员一马虎就有可能输入错误的结果。

# 【案例8.3】

## 数值型数据的分组与显示
### ——某电脑公司前4个月销售量分组实例

表8-11所显示的是某个电脑公司前4个月的销售量。我们要了解该电脑公司4个月的电脑销售数据分布情况，就要对数据进行分组显示。

### 表8-11　某电脑公司2003年前4个月的销售量

|  | A | B | C | D | E | F | G | H | I | J |
|---|---|---|---|---|---|---|---|---|---|---|
| 1 | 234 | 159 | 187 | 155 | 172 | 183 | 182 | 177 | 163 | 158 |
| 2 | 143 | 198 | 141 | 167 | 194 | 225 | 177 | 189 | 196 | 203 |
| 3 | 187 | 160 | 214 | 168 | 173 | 178 | 184 | 209 | 176 | 188 |
| 4 | 161 | 152 | 149 | 211 | 196 | 234 | 185 | 189 | 196 | 206 |
| 5 | 150 | 161 | 178 | 168 | 174 | 153 | 186 | 190 | 160 | 171 |
| 6 | 228 | 152 | 223 | 170 | 165 | 179 | 186 | 175 | 197 | 208 |
| 7 | 153 | 163 | 218 | 180 | 175 | 144 | 178 | 191 | 197 | 192 |
| 8 | 166 | 196 | 179 | 171 | 233 | 179 | 187 | 173 | 174 | 210 |
| 9 | 154 | 164 | 215 | 233 | 175 | 188 | 237 | 194 | 198 | 168 |
| 10 | 174 | 226 | 180 | 172 | 190 | 172 | 187 | 189 | 200 | 211 |
| 11 | 156 | 165 | 175 | 210 | 207 | 181 | 205 | 195 | 201 | 172 |
| 12 | 203 | 165 | 196 | 172 | 176 | 182 | 188 | 195 | 202 | 213 |

第一步：按 Sturges 提出的经验公式组来确定组数 K：

$K = 1 + \lg N / \lg 2$

N 为数据的个数，对结果四舍五入取整数即为组数。$K = 1 + \lg 120 \div \lg 2 \approx 8$，即应分为 8 组。本例中数据较多，我们可分为 10 组。

第二步：确定各组的组距。本例数据，最大值为 237，最小值为 141，则组距 = （237 - 141）÷ 10 = 9.6。为便于计算，组距宜取 5 或 10 的倍数。

第三步：根据分组整理成频数分布表，如表8-12所示。

### 表8-12　某电脑公司销售量的频数分布

|  | A | B | C |
|---|---|---|---|
|  | 按销售量分组（台） | 频数（天） | 频率（%） |
| 1 |  |  |  |
| 2 | 140 ~ 150 | 4 | 3.33 |

续表

| | A | B | C |
|---|---|---|---|
| 3 | 150～160 | 9 | 7.5 |
| 4 | 160～170 | 16 | 13.33 |
| 5 | 170～180 | 27 | 22.5 |
| 6 | 180～190 | 20 | 16.67 |
| 7 | 190～200 | 17 | 14.17 |
| 8 | 200～210 | 10 | 8.33 |
| 9 | 210～220 | 8 | 6.67 |
| 10 | 220～230 | 4 | 3.33 |
| 11 | 230～240 | 5 | 4.17 |
| 12 | 合计 | 120 | 100 |

【案例8.3评析】

　　对数据的分组实际上是一种最基本的统计分析方法，它是对散乱的数据进行的初步整理，以显示数据整体的特征和规律的重要方法。本案例最后显示的频数分布就描述了该电脑公司2003年前4个月销售量的某些特征和趋势。每天销售170～180台显然是该公司的主流，而销售150台以下、200台以上的情况很少。这就为继续深入探讨其中的原因提供了线索。

# 三、能力训练

## （一）问卷编码训练

（1）下面是从回收的某问卷中节选的部分内容，试对其编码。

---

A1. 请问您的年龄：32岁　　　　　____

A2. 您的文化程度　　　　　____

①小学　②初中√　③高中　④大学

A3. 您家共有几口人：4口人　　　　____

A4. 您是否同意医疗制度改革方案

①同意　②不同意√　③无所谓　　____

---

（2）请给下面一份调查问卷编制宽度和栏码。

| 标志或问题 | 宽度 | 栏码 |
|---|---|---|

问卷编号

    A1. 您的性别①男　②女

    A2. 您的婚姻状况：①未婚　②已婚　③离异　④丧偶

    A3. 您是哪一年到该市打工的？_____年

    A4. 您现在的工作是_____

（3）请给下面的编码手册中每个提问项目补上变量名、宽度、栏码、未填写及个别特殊值的编码。

表 8 – 13　编码手册

| 提问项目 | 变量名标签 | 宽度 | 栏码 | 答案赋值（变量值标签） | 未填写及个别特殊值 |
|---|---|---|---|---|---|
| A1 | 年月编号 | | | 1991 年 6 月第二个个案为 910602 | |
| A2 | 性别 | | | 1 = 男　2 = 女 | |
| A3 | 年龄 | | | ____，如实填写 | |
| A4 | 学历 | | | 1 = 小学以下　2 = 中学　3 = 高中<br>4 = 中专　5 = 大专　6 = 大学<br>7 = 硕士　8 = 博士 9 = 其他 | |
| A5 | 身高 | | | ____厘米，如实填写 | |
| A6 | 职业 | | | 01 = 工人　02 = 农民　03 = 党政机关公务员　04 = 私营企业主<br>05 = 离退休人员　06 = 教师、医生<br>07 = 公安、司法、军人　08 = 企业白领　09 = 专业技术人员　10 = 其他 | |
| A7 | 婚姻状况 | | | 1 = 未婚　2 = 离婚　3 = 丧偶<br>4 = 其他 | |

（4）召开一次小组会，讨论如何对小组承担课题回收的问卷进行编码，制作编码手册，对全部有效问卷进行编码。

## （二）数据录入和清理训练

（5）下面是某大学就业质量调查收回的某份问卷的节选，请进行编码并用 SPSS 软件将编码输入，然后对其进行有效范围清理和逻辑一致性清理。

8. 您找到第一份工作的时间是 [2]

(1) 毕业当年6月以前　　(2) 毕业当年6月至8月内

(3) 毕业当年9月至年终　　(4) 毕业当年年终以后

(5) 至今仍未找到工作

9. 您现在就业单位的层次是 [2]

(1) 较高层次单位（包括国际国内知名企业；党政机关；重要事业单位、研究单位等）

(2) 其他 民营企业

10. 您现在工作岗位的层次是 [1]

(1) 重要岗位（包括部门主管、技术研究人员、重要管理人员）

(2) 其他_____

11. 您现在的工作岗位与您所学专业对口程度 [2]

(1) 很对口 (2) 比较对口 (3) 不太对口 (4) 完全不对口

12. 请您对不同时期就业薪金水平进行选择

表8-14　就业薪金水平分布表

| | ①1000元以内 | ②1001～2000元 | ③2001～3000元 | ④3001～5000元 | ⑤5001元以上 |
|---|---|---|---|---|---|
| (1) 初次就业起薪水平 | | √ | | | |
| (2) 就业半年后的薪金水平 | | √ | | | |
| (3) 现今薪金水平 | | | √ | | |

(6) 表8-15显示了某养老院10个老年人的资料，包括年龄、性别、性格类型、健康状况（用1~10级尺度来测量，得分越高越健康）、日活动量（用1~10级尺度来测量，日活动量越大，得分越高）。阅读表8-15并完成下列训练。

1) 在"性别"项中，男性用1表示，女性用2表示；在"性格类型"项中，外向用1表示，内向用2表示。根据这一赋值规则，将表8-15中的文字信息转化为数字信息。

2）创建 SPSS 数据文件，变量分别命名为"个案号"、"年龄"、"性别"、"性格类型"、"健康状况"、"日活动量"，并要求为"性别"和"性格类型"两个变量定义变量值标签。将文件保存为"老年人基本情况"。

3）把转化后的数据（数字信息）输入到 SPSS 数据文件中。

4）对"性别"和"性格类型"这两个变量的数据做有效范围清理。

表 8 - 15　某养老院 10 个老年人的基本资料

| 个案号 | 年龄 | 性别 | 性格类型 | 健康状况 | 日活动量 |
|---|---|---|---|---|---|
| 1 | 83 | 男 | 外向 | 8 | 7 |
| 2 | 86 | 女 | 外向 | 5 | 4 |
| 3 | 81 | 男 | 内向 | 4 | 5 |
| 4 | 72 | 男 | 内向 | 7 | 8 |
| 5 | 76 | 女 | 外向 | 9 | 6 |
| 6 | 88 | 女 | 内向 | 3 | 2 |
| 7 | 91 | 男 | 外向 | 7 | 8 |
| 8 | 89 | 女 | 外向 | 6 | 5 |
| 9 | 82 | 男 | 内向 | 8 | 6 |
| 10 | 73 | 女 | 外向 | 6 | 4 |

（7）录入小组承担课题所收回问卷的数据，并对数据进行清理，说明清理结果。

### （三）统计数据分组和统计图表制作训练

（8）下面是某项调查中某大学一年级 60 名男生身高的原始资料，请根据这些资料完成以下训练。

1）将这些身高数据资料由低到高排成序列；

2）对 60 名男生的身高数据进行分组；

3）列表显示 60 名男生身高频数分布，要有级别（cm）、人数（5）、人数比重（%）三项内容。

60 名男同学身高（以厘米计）的原始资料如下：

```
161  179  173  162  161  169  166  155  177  165
165  171  165  168  176  174  163  173  159  170
170  169  169  170  174  169  171  167  164  169
178  160  168  166  163  158  169  172  178  171
152  176  167  171  161  176  168  181  175  159
162  165  168  164  179  157  173  166  172  167
```

（9）某项有关法制建设的调查问卷第 8 题的初步统计资料如下。请根据这些资料分别做一张表和一个圆形图。

统计资料如下：

当您认为自己的合法权益受到分割时，首先想到的解决途径是（　　）。

a. 找政府（1320 人）　　b. 上法院（2049 人）　　c. 找新闻单位（491 人）　　d. 私了（1150 人）　　e. 找熟人帮忙（1374 人）　　f. 写信申诉、上访（1454 人）　　g. 忍了算了（729 人）　　h. 找律师（367 人）　　i. 找司法所（472 人）

合计：9388 人

（10）请根据下面的资料绘制柱形图。

**表 8 - 16　调查对象的文化程度分布**

|  | 频数（人） | 比重（%） |
|---|---|---|
| 小学及以下 | 50 | 10 |
| 初中 | 100 | 20 |
| 高中或中专 | 250 | 50 |
| 大专以上 | 100 | 20 |
| 合　计 | 500 | 100 |

（11）请根据下面的资料绘制曲线图。

1901～1985 年，全世界已有 300 多位科学家获得过诺贝尔物理学奖、诺贝尔化学奖和诺贝尔生物医学奖。对这些科学家取得成果的年龄进行统计，结果如表 8 - 17 所示。请以年龄为横坐标、人数为纵坐标，制成"诺贝尔奖的年龄曲线图"。

**表 8 - 17　诺贝尔奖获得者取得成果的年龄**

| 年龄 ＼ 获奖人数 | 物理学 | 化学 | 生物医学 | 总计 | 各组比重（%） |
|---|---|---|---|---|---|
| 25 岁以下 | 9 | 3 | 3 | 15 | 4.9 |
| 25～30 岁 | 18 | 10 | 6 | 34 | 11.0 |
| 30～35 岁 | 33 | 19 | 18 | 70 | 23.0 |
| 35～40 岁 | 14 | 20 | 34 | 68 | 22.3 |
| 40～45 岁 | 22 | 16 | 15 | 53 | 17.4 |
| 45～50 岁 | 11 | 13 | 13 | 37 | 12.1 |
| 50 岁以上 | 4 | 10 | 14 | 28 | 9.2 |
| 合计 | 111 | 91 | 103 | 305 | 100 |

（12）对小组录入数据进行分组，并绘制出统计图表。

## （四）处理数据资料工作成效测评训练

（13）讨论并制定测评标准和确定实际测评事项。

（14）对统计分析工作、学习全过程的成效进行实测，评定分数，并做出客观评价，提出改进意见。先由个人根据表 8 – 18 规定的各项标准对自己选题过程中的表现进行小结和评估，然后由小组长评出组员的成绩，由组员评出小组长的成绩，并将结果交任课老师审阅。

表 8 – 18　处理数据资料工作成效测评标准

| 序号 | 测评项目与分值 | 测评指标与分值 | 实际测评事项 |
|---|---|---|---|
| 1 | 小组活动（10 分） | （与选题等相同） | |
| 2 | 问卷编码（30 分） | 1. 弄清编码手册内容结构（10 分）<br>2. 掌握编码方法（10 分）<br>3. 制作编码手册（10 分） | |
| 3 | 数据的录入与清理（30 分） | 1. 能使用 SPSS 软件（15 分）<br>2. 掌握数据录入和清理方法（15 分） | |
| 4 | 数据分组与统计表、统计图制作（30 分） | 1. 掌握分组的步骤和方法（15 分）<br>2. 制作统计表和图（15 分） | |

# 第九章  工作过程九：进行统计分析

**教学要求：** 弄清统计分析的意义与作用；学习和掌握单变量描述统计、单变量统计推论和双变量统计分析的基本方法；能较熟练地运用 SPSS 软件进行单变量描述统计和双变量统计分析。

## 一、知识要点

### （一）统计分析概述

1. 统计分析的含义、作用与特点

统计分析是运用统计学方法对调查资料进行定量分析，以揭示事物内在相互关系、规律和发展趋势的研究方法。它有以下作用：一是对资料进一步简化；二是对变量间的关系进行描述分析；三是通过样本资料推断总体的状况；四是帮助人们探索和预测社会现象的发展趋势。

统计分析可按照不同标准划分为不同类型。一是按照统计分析的性质，可分为描述统计和推断统计。描述统计是相对推断统计而言的。它的分析结果是样本的统计量。凡是只对样本数据进行分析而不涉及对总体进行推断的统计分析都是描述统计。推断统计是运用样本统计量对总体进行推断的一种统计分析方法。它比描述统计方法更复杂。推断统计的样本资料必须来自随机抽样调查。二是按统计分析变量的多少可以分为单变量统计分析、双变量统计分析、多变量统计分析。本书不讲多变量统计分析，重点讲授单变量描述统计、单变量推断统计和双变量统计分析的基本方法。

2. 统计分析的步骤

统计分析一般要经过以下步骤：第一，对统计分析的前提条件进行考察。如资料在总体中的分布是否能满足统计分析的要求；抽样方法是否正确、合理；资料的信度和效度是否达到应有要求等。第二，制定统计分析方案。方案的主要内容包括：确定自变量和因变量；定义复合变量；对变量进行分组；提出统计分析要求等。第三，选择适当统计方法。各种统计方法都具有特定的假设前提、应用范围和作用，必须根据课题研究目的以及资料本身的特点选择适当的统计分析方法。描述性研究，一般采用描述性统计方法；解释性研究除采用描述性统计方法外，还要采用控制变量、建立因果统计模型等多种分析技术。第四，对统计结果进行解释。要结合文献研究、个案访谈等研究资料，以实事求是的态度考察统计分析结果，综合各方面分析结果揭示调查对象及其所反映的社会现象的特征、本质和规律。

## （二）单变量描述统计

单变量统计分析可以分为单变量描述性统计和单变量推论统计两类。描述性统计主要的目的是用简单的统计方法概括地反映出大量数据资料所容纳的基本数据信息。单变量描述统计主要包括频数分布与频率分布、集中趋势测量法和离散趋势测量法等。而推论统计的主要目的，则是用从样本调查中所得到的数据资料来推断总体的情况，单变量推论统计主要包括区间估计和假设检验等。本节首先讲授单变量描述统计方法。

1. 基本简化技术

（1）频数分布与频率分布的含义与作用。频数分布是指变量内每一个值在原始资料中出现的次数。例如，某班有学生30人，我们通过对这些学生的政治面貌进行调查，得到下列结果：党员、党员、团员、团员、团员、党员、群众、群众、群众、党员、党员、团员、团员、其他、其他、团员、团员、团员、团员、群众、团员、团员、团员、其他、团员、团员、团员、团员、团员、团员。表9-1就是描述学生的政治面貌分布状况的频数分布表。

**表9-1　某班学生政治面貌分布状况的频数分布表**

| 政治面貌 | 人数 |
| --- | --- |
| 党员 | 5 |
| 团员 | 18 |
| 群众 | 4 |
| 其他 | 3 |
| 总计 | 30 |

从上面的频数分布表我们可以清楚地看出，它可对原始数据进行初步的简化，让比较零乱的原始数据以十分简洁的统计表形式反映出来，而且可以了解调查数据中哪组数量最多，哪组数量最少等信息。例如，通过上例我们可以发现，这个班级学生的政治面貌有四类，其中团员居多。

频率分布指的是一组数据中不同取值的频数相对于总数分布的比率，比率的表达形式常用的有百分比、千分比、万分比。比率的公式为，百分率：f/N×100，千分率：f/N×1000，万分率：f/N×10000。频率分布情况也可以用统计表的形式表现出来。表9-2就是表9-1的频率分布表。

表9-2　某班学生政治面貌频率分布表

| 政治面貌 | 人数比例（％） |
|---|---|
| 党员 | 16.7 |
| 团员 | 60.0 |
| 群众 | 13.3 |
| 其他 | 10.0 |
| 总计 | 100.0 |

在制作频率分布表时要注意：如果分类是穷尽的和互斥的，各百分比相加应当为100。使用百分数的前提是数目的稳定性，由此，我们可以得出两条重要原则。第一，一定要在百分数或比例的旁边列出个案的数目。表9-1和表9-2可以形成一个新的统计表，即表9-3。频数和频率在一起出现，此统计表的数据显示更充分。第二，只有在百分数基数（分母）的个案数目达到50左右，才使用百分数。如果个案数目很少，最好直接用每个类别的个案数目表示。

表9-3　某班学生政治面貌频数和频率分布表

| 政治面貌 | 人数 | 人数比例（％） |
|---|---|---|
| 党员 | 5 | 16.7 |
| 团员 | 18 | 60.0 |
| 群众 | 4 | 13.3 |
| 其他 | 3 | 10.0 |
| 总计 | 30 | 100.0 |

（2）累加频数和累加频率的含义与用法。上面讲的基本技术，频数分布和频率分布、长条图和圆形图等，适用于简化定类资料，当然也可以用于简化定序资料，适用于定序层次而不可用于定类层次的，有累加频数和累加百分率。累加频数就是把频数逐级相加起来，它分为两种：一种是向上累加（cf↑），一种是向下累计（cf↓），其作用是使我们容易知道某值以下（或以上）次数的总和。向上累加表示由低层向高层累加；向下累加表示由高层向低层累加。累加频率指将各级的百分率数值逐渐相加。通过下面的例子我们

可以看到累加频数和累加频率的用法。

例如，在一项城市住房问题的研究中，在甲、乙两个城市各抽样调查300户，其中的一个问题是："您对您家庭目前的生活状况是否满意?"设5种回答："1. 非常不满意；2. 不满意；3. 一般；4. 满意；5. 非常满意"。调查结果经整理制作成频数和频率分布表如表9-4、表9-5所示。

表9-4　甲城市生活状况满意度调查频数分布表

| 回答类别 | 户数 | 百分比 | 向上累积频数 | 向上累积频率（%） | 向下累积频数 | 向下累积频率（%） |
|---|---|---|---|---|---|---|
| 非常不满意 | 20 | 7 | 20 | 7 | 300 | 100 |
| 不满意 | 112 | 37 | 132 | 44 | 280 | 93 |
| 一般 | 96 | 32 | 228 | 76 | 168 | 56 |
| 满意 | 42 | 14 | 270 | 90 | 72 | 24 |
| 非常满意 | 30 | 10 | 300 | 100 | 30 | 10 |
| 总计 | 300 | 100 | — | — | — | — |

表9-5　乙城市生活状况满意度调查频数分布表

| 回答类别 | 户数 | 百分比 | 向上累积频数 | 向上累积频率（%） | 向下累积频数 | 向下累积频率（%） |
|---|---|---|---|---|---|---|
| 非常不满意 | 21 | 7 | 21 | 7 | 300 | 100 |
| 不满意 | 96 | 32 | 117 | 39 | 279 | 93 |
| 一般 | 81 | 27 | 198 | 66 | 183 | 61 |
| 满意 | 57 | 19 | 255 | 85 | 102 | 34 |
| 非常满意 | 45 | 15 | 300 | 100 | 45 | 15 |
| 总计 | 300 | 100 | — | — | — | — |

通过计算累加频数和累加百分率我们可以发现，甲城市300户居民里对生活满意度选择"一般及以上"的有228人，生活满意度"一般及以上"的累计频率占到76%；乙城市300户居民里对生活满意度选择"一般及以上"的有198人，生活满意度"一般及以上"的累积频率占到66%。累加频数和累加频率的计算告诉我们，甲城市居民的生活满意度比乙城市居民的生活满意度高。

（3）数据的分组与显示和直方图绘制的含义与用法。累加次数或累加频率的方法可以分析定序资料，当然也可以用于定距资料的分析。现在介绍一些特别适用于简化定距资料的基本技术。

一是数据的分组与显示。由于定距变量的值是非常多的，如果要用定类、定序的方法（如百分比、频数等）概括定距尺度数据，则必须先决定使用什么类别，即分组，要对定距层次的数据进行分组与显示，这个方法我们在第八章已经作过介绍，在这不再赘述。用定距变量进行分组显示时，要分多少组，组距是多大是首要解决的任务，这里有个一般原则：第一，作为间距的距离一般是 5 或 10 以及它们的整数倍，如 5、10、20，而不会选 4、16；组限（即端点）一般用整数，如 5、10。第二，首先采用大数目（间距的数目）的窄间距记分。因为应用窄间距以后还可以用更大的间距概括个案，如果开始时用的是小数目的较粗糙的分类，就无法再细分，除非全部重新点算一遍。第三，间距的宽度不应超过可忽略的数值之差，例如：房价相差 5 美元微不足道，但是衬衫的差价如此就不行了。

二是直方图的绘制。所谓直方图指的是以一个矩形的面积（长×宽）表示每组数值的次数或百分率的多少。这种方法与前述的条形图不同。条形图是只将长度、宽度固定。矩形图则是计算面积，长度与宽度均有意义，而且由于数值有连续性，各个矩形要相连排列，不像条形图那样是可以分开的。绘制直方图时，通常是以一个坐标的横轴的宽度表示组距，以纵轴的长度表示次数或百分率，如图 9 - 1 所示。

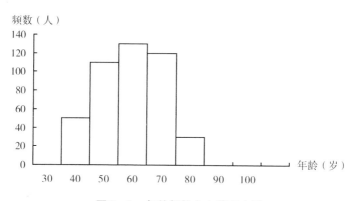

图 9 - 1 年龄频数分布的直方图

应该注意：如果所有的间距都封闭并且宽度相等，则矩形的高度与各类的频数成正比；如果某一组距是其他组距的 1 倍，那么矩形就取原来的一半，例如，其他组距为 10，某一组为 20，频数为 30，则组距为 20 的矩形高度应为 30/2 = 15。直方图在等距情况下，组距算是一个单位，总面积应等于所有个案数之和或在百分率情况下为 1。组距（即矩形的宽度）的大小会影响线条的平滑程度，一般是组距愈小，线条就愈平滑，因为前后两个矩形的顶端中点会愈接近。假定我们能把组距变作无限小，曲线就会很平滑。定距资料是有连续性的，原则上可以使组距无限小，因此可用平滑曲线来显示次数分布。

2. 集中趋势分析

集中趋势分析是指用一个典型值或代表值来反映一组数据的一般水平，或者说反映这组数据向这个典型值集中的状况。不同类型的变量用不同的集中趋势测度值。一般情况下，定类变量用众数，定序变量用中位值，定距变量用平均值。集中趋势分析有一个特殊意义，就是可以根据这个代表值来估计或预测每个研究对象（即个案）的数值。这样的估计或预测，当然会有错误，但由于所根据的数值最有代表性，故所发生错误的总和理应是最小的。

（1）众数（Mo）。众数就是一组数据中出现次数最多或频数最高的那个数值。一般用"Mo"表示。其主要作用是概括反映总体一般水平或典型情况。常用的求众数的方法有以下两种：

一是单值分组法。即由最大频数或频率对应的标志值求众数的方法。只要找到最大频数或频率所对应的标志值，这个标志值即为众数。表9-6、表9-7都是单值分组资料，其中前者是频数分布表，后者是频率分布表。前者最大频数是50，与它对应的年龄值19岁就是众数。它说明19岁年龄段反映了总体的一般水平。后者最大频率甲样本是70.0%，乙样本是60.0%，它们对应的标志值都是一个子女家庭，这说明它们具有共同的众数值"1"，即一个子女的家庭，1就是这组数据中最典型的情况。

表9-6　某年级学生的年龄频数分布

| 年龄（岁） | 人数（频数） |
|---|---|
| 17 | 10 |
| 18 | 25 |
| 19 | 50 |
| 20 | 40 |
| 21 | 20 |
| 22 | 5 |
| 合计 | 150 |

表9-7　千户与五百户家庭子女数的频率分布

| 子女数（个） | 甲样本（1000户） | 乙样本（500户） |
|---|---|---|
| 0 | 8.0% | 8.0% |
| 1 | 70.0% | 60.0% |
| 2 | 19.0% | 26.0% |
| 3 | 2.0% | 4.0% |
| 3以上 | 1.0% | 2.0% |
| 总计 | 100.0% | 100.0% |

　　二是组中值法。它不仅要通过最高频数找到对应的组，而且还要求出组中值，这个组中值即为众数。调查中很多变量不是按单值分组，而是按组距分组的。人口普查中就常按年龄分组，如 0 ~ 4 岁、5 ~ 9 岁、10 ~ 14 岁等。如果通过最高频数找到与之对应的标志值是无法确定为众数的，因为它不是具体的年龄数，而只是一个年龄的范围，因此，它不能作为众数，还必须求出这个对应值的组中值，这个组中值才是众数。组中值的计算公式是：

$$组中值 = \frac{上限 + 下限}{2}$$

　　当组中值为小数时，通常采用四舍五入的方法将其化为整数。表 9 - 8 就是用这方法求出组中值的。有了组中值后，找到最高频数 40，也就找到对应的组中值 350，它就是 100 名职工收入的众数，代表了 100 名工人收入的典型情况。

表 9 - 8　某企业 100 名职工收入的分布

| 收入（元） | 职工数（人） | 组中值 | Xf |
|---|---|---|---|
| 100 ~ 199 | 10 | 150 | 1500 |
| 200 ~ 299 | 10 | 250 | 2500 |
| 300 ~ 399 | 40 | 350 | 14000 |
| 400 ~ 499 | 20 | 450 | 9000 |
| 500 ~ 599 | 20 | 550 | 1100 |
| 合计 | 100 | — | 38000 |

　　（2）中位数（Md）。又称中数、中点数。把一组数据按值的大小顺序排列起来，处于中央位置的那个数就叫中位数。一般用"Md"表示。它说明这个数据有这样的集中趋势：有一半的数据比它大，另一半数据比它小。只有定序、定距、定比数才能求中位数。定类数据无中位数。计算中位值有以下两种情况。

　　第一种情况是根据未分组的原数据求中位值。即先把所有数据按大小顺序排列，如果总体单位数为奇数，则取第（N + 1）/ 2 位上的变量值为中位数，例如：求 54，65，78，66，43 这些数字的中位数，先把这 5 个数字按大小排序，中位置的位置应当是 3，排在第 3 位位置的数字为 65，中位数为 65。如果总体单位数为偶数，因为居中的数值不存在，按惯例，取第 N/2 位和第 N/2 + 1 位上的两个变量值的平均作为中位数。如 6 位被调查者的年龄由小到大为：18，21，26，28，35，44，中位数所在位置为（n + 1）/ 2 = 3.5，即在 3 与 4 之间。中位数的值则是取两位数据之和的一半，即（26 + 28）/2 = 27。

第二种情况是根据分组资料求中位值。分组资料求中位值，在运用中位值公式进行计算前，我们要了解间距、间距的真正上限和下限等概念。间距就是每组的范围，包括上限和下限，如表9-9所示。

**表9-9　不同年龄段频数分布表**

| 间距 | 频 数 f |
|---|---|
| 0.0 ~ 4.9 | 5 |
| 10.0 ~ 19.9 | 17 |
| 20.0 ~ 29.9 | 39 |
| 30.0 ~ 39.9 | 22 |
| 40.0 ~ 49.9 | 8 |
| 50.0 ~ 59.9 | 1 |
| 60.0 ~ 69.9 | 0 |
| 70.0 ~ 79.9 | 0 |
| 80.0 ~ 89.9 | 1/93 |

10.0 ~ 19.9 组下限是10.0，上限是19.9。这里要特别注意的是，统计表上所标示的组限虽然让读者容易领会，但不是真实的组限。如果依表9-9，19.95应属于哪一组？（属于组20.0 ~ 29.9）如果间距写成10.0 ~ 20.0；20.0 ~ 30.0，那么20究竟属于哪一类？实际上，无论间距写成什么形式，都会造成混乱。根据习惯的四舍五入规则，稍高于19.9的数值经过舍入晋升为20.0，相应的选区要归入20.0 ~ 29.9的间距，如果数值低于19.95，经过舍入就成为19.9，相应的选区就要归入较低的间距，因此实际应用的真正界限如下：

$$-0.05 \quad \sim \quad 9.95$$
$$9.95 \quad \sim \quad 19.95$$
$$19.95 \quad \sim \quad 29.95$$
$$\cdots \quad \sim \quad \cdots$$

若使用真正界限则每一间距的实际宽度是10.0（不是9.9），组距＝真实上限－真实下限，其上限正好等于一个间距的下限。如果个案的记分数为9.95000，因为小数点后5的前面为奇数，所以可以按惯例进行舍入。

按照惯例，必须指明量度的精确度，如10.45表示精确到小数点后二位，10.4表示精确到小数点后一位，以便读者判别真正界限，如10.00 ~ 19.99

的真正界限是 9.995 ~ 19.995，如果是 10 ~ 19，真正界限就是 9.5 ~ 19.5。

少数情况下，数据如：距最近生日的年龄不能按惯例进行舍入。但只要仔细思考给定个案的归属问题，答案是很明确的，一个明天将满 20 岁的人在今天登记的时候，应该是 19 岁。显然，表述为 15 ~ 19 的间距，其真正界限却是 15 ~ 20。清楚了真实上限、真实下限以及间距的含义后，我们来看分组资料的中位值公式：

$$Md = L + \left(\frac{\frac{N}{2} - cf}{f}\right) W$$

L：中位值组的真实下限；

f：中位值组的频数；

cf：低于中位值组真实下限的累积次数；

W：中位值组的组距；

N：全部个案数目。

**表 9 - 10    189 名员工收入的频数分布**

| 名义组限 | 真实组限 | 频数 | 向上累加频数（cf↑） | 少于下列数字的个案数 |
|---|---|---|---|---|
| 2000 ~ 2900 | 1950 ~ 2950 | 17 | 17 | 2950 |
| 3000 ~ 3900 | 2950 ~ 3950 | 26 | 43 | 3950 |
| 4000 ~ 4900 | 3950 ~ 4950 | 38 | 81 | 4950 |
| 5000 ~ 5900 | 4950 ~ 5950 | 51 | 132 | 5950 |
| 6000 ~ 6900 | 5950 ~ 6950 | 36 | 168 | 6950 |
| 7000 ~ 7900 | 6950 ~ 7950 | 21 | 189 | 7950 |
| 总  和 | — | 189 | — | — |

表 9 - 10 显示的数据为抽取的某企业 189 名员工，调查他们的月收入情况的统计表以及真实组限的分布情况，依据表 9 - 10 的数据，我们运用分组资料的中位值公式进行计算：首先找出包含中位个案的间距，然而找出中位数的准确位置，在确定包含中位数的间距时，通常最好求得累积频数分布。接下来要找到包含中间或 N/2 个个案的间距，这里 189/2 = 94.5，显然中位值在 4950 ~ 5950 这一组。则中位值组的真实下限 L = 4950，中位值组的频数 f = 51，低于中位值组真实下限的累加次数 cf = 81，中位值组的组距 W = 1000，全部个案数 N = 189，代入公式：

$$Md = L + \left(\frac{\frac{N}{2} - cf}{f}\right) W = 4950 + \left(\frac{\frac{189}{2} - 81}{51}\right) \times 1000 = 5215 \text{（元）}$$

（3）平均数（Mean）。平均数也称算术平均值，是统计中使用最频繁的测度值，常用 M 或 $\overline{X}$ 表示。主要用于定距层次变量测量，不能用于定类变量和定序变量测量。常用的求平均数的方法有两种：一种是用于测量单个原始数据平均数的方法，其公式为：

$$\overline{X} = \frac{X_1 + X_2 + \cdots + X_n}{n} = \frac{\sum X}{n}$$

这一公式的含义是：总体各单位数值之和除以总体单位数目之商即为平均数。例如，某次考试中 5 位同学得分各为 85、74、90、65、78 分，这 5 位同学的平均分数为：

$$\overline{X} = \frac{\sum X}{n} = \frac{85 + 74 + 90 + 65 + 78}{5} = 78.4 \text{（分）}$$

另一种是求分组资料平均数的方法，其公式为：

$$\overline{X} = \frac{\sum Xf}{\sum f} = \frac{\sum Xf}{n}$$

这一公式的含义是：将每一个变量值乘以所对应的频数 f，然后将各组的数值之和全部相加，并除以单位总数（各组频数之和），即得各组平均数。例如，某次考试中得 65 分有 2 人；得 74 分有 4 人；得 78 分有 2 人；得 85 分有 3 人；得 90 分有 3 人。根据上述公式，其平均值应为：

$$\overline{X} = \frac{65 \times 2 + 74 \times 4 + 78 \times 2 + 85 \times 3 + 90 \times 3}{14} = \frac{1107}{14}$$

$$= 79.07 \text{（分）}$$

如果采用的分组方法是数字范围，如 10 人的考试分数分为三组；65 ~ 74 分共 4 人；75 ~ 84 分共 4 人；85 ~ 100 分共 2 人。一般可取每组的组中值计算平均数为：

$$\overline{X} = \frac{\sum Xf}{n} = \frac{\frac{1}{2}(65 + 74) \times 4 + \frac{1}{2}(75 + 84) \times 4 + \frac{1}{2}(85 + 100) \times 2}{10}$$

$$= 78.1 \text{（分）}$$

3. 离散趋势分析

一组统计数据不仅具有集中趋势，而且还具有离散趋势。集中趋势是以集中数量反映整体的平均水平和典型的有代表性的情况；而离散趋势是以数据的离散程度反映一组数据中各数值距离它的整体平均水平和代表值的差异程度。离散度越大，说明典型值的代表性越差；离散度越小，说明典型值的代表性越强。因此，在统计分析中只有将集中趋势与离散趋势分析结合起来，才能更好地说明总体的特性。例如，某校三个系各选 5 名同学参加智力竞赛，成绩如下：中文系学生分数：78，79，80，81，82，平均分：80；数学系学生分数：65，72，80，88，95，平均分：80；外语系学生分数：35，78，89，98，100，平均分：80。

从以上成绩可以看出，虽然平均成绩都是80分，但中文系的平均成绩最有代表性，而外语系的平均成绩最缺乏代表性。常用的离散量数有异众比率、四分位差、全距、标准差、离散系数等。

（1）异众比率（variation ratio）。异众比率，又称离异比率，指众数所不能代表的其他数，即非众数在总数据中的比重。适用于定类或以上测量层次的变量，一般用 VR 表示。VR 值越大，说明众数的代表性越小；反之，则表示众数的代表性越大。它是从反面检验众数的一项指标，VR 的计算公式是：

$$VR = \frac{n - fm_o}{n}$$

n 表示样本个数，$fm_o$ 表示众数的样本个数。例如，从某高校调查了100名二年级学生的课外书阅读情况，得到如下统计结果：喜欢政治类课外书，20人；喜欢经济类课外书，40人；喜欢历史类课外书，15人；喜欢文学类课外书，20人；喜欢其他类课外书，5人。

其众数的样本个数为40人，样本总数为100人。代入上述公式，异众比率即为：

$$VR = \frac{n - fm_o}{n} = \frac{100 - 40}{100} = 0.6$$

结果表明，众数所不能代表的那部分样本在总体中所占比重为60%。

（2）四分位差（interquartile range）。称为四位分差，或称四分互差。用于定序尺度以上的测量，作用是说明中位数的代表性。所谓四分位差就是舍去数据中最大值和最小值的1/4，只计算中央1/2的数据中最大值与最小值之差。

求四分位差，首先要将个案由低至高排列，然后分为四个等分，每两个等分之间的值就是四分位值，记为 $Q_1$、$Q_2$、$Q_3$、$Q_4$，如图9-2所示。

图9-2 个案由低至高排列方法

$Q_2$ 就是中位值（Md），它两边各有50%（25%+25%）的个案。同样 $Q_2$ 与 $Q_3$ 之间也有50%个案。在计算四分位差时，要去掉最大与最小两极，只考察中间50%的个案的差异，即 $Q_1$ 与 $Q_3$ 的差异，如果 $Q_1$ 与 $Q_3$ 的差异愈大，表示居中50%的个案分布愈远离中位值，中位值的代表性愈小。这时如果还用中位数作为估计或预测标准，即么犯错误的可能性就愈大，或者说出现的误差就愈大，这就是求四分位差的作用。四分位差，通常用 Q 表示，求四分位差的公式是：$Q = Q_3 - Q_1$，实际做法分未分组数据与分组资料两种情况。

1）根据未分组数据求四分位差。$Q_1$ 与 $Q_3$ 的位置的公式是：

$Q_1$ 位置 $= \dfrac{n+1}{4}$

$Q_3$ 位置 $= \dfrac{3(n+1)}{4}$

例如[①]：调查甲、乙两个农村的家庭人数，甲村有 11 户人家，每户人数如下：2，2，3，4，6，9，10，10，11，13，15。

Md 位置 $= \dfrac{n+1}{2} = \dfrac{11+1}{2} = 6$

甲村每户人数的中位值为：

$Md = 9$

$Q_1$ 位置 $= \dfrac{n+1}{4} = \dfrac{11+1}{4} = 3$，

$Q_1 = 3$；

$Q_3$ 位置 $= 3\left(\dfrac{n+1}{4}\right) = 3\left(\dfrac{11+1}{4}\right) = 9$，

$Q_3 = 11$。

所以甲村每户人数的四分位差为：$Q = Q_3 - Q_1 = 11 - 3 = 8$

又乙村有 8 户人家，每户人数如下：2，3，4，7，9，10，12，13。

Md 位置 $= \dfrac{8+1}{2} = 4.5$

乙村每户人数的中位值为：

$Md = \dfrac{7+9}{2} = 8$

$Q_1$ 位置 $= \dfrac{8+1}{4} = 2.25$

$Q_1 = 3 + 0.25(4-3) = 3.25$

$Q_3$ 位置 $= \dfrac{3(8+1)}{4} = 6.75$

$Q_3 = 10 + 0.75(12-10) = 11.5$

所以乙村每户人数的四分位差为：$Q = Q_3 - Q_1 = 11.5 - 3.25 = 8.25$

---

① 李沛良：《社会研究的统计应用》，社会科学文献出版社，2002 年。

从上面的统计可知，甲村每户人数的中位值（Md = 9）高于乙村（Md = 8），甲村的离势程度（Q = 8）也略低于乙村（Q = 8.25）。这些数值的估计或预测的意义是：如果以中位值作估计，在甲村所犯的错误会略小于在乙村所犯的错误，或者说对甲村利用中位值所作的估计其误差要小于乙村用中位值所作的估计。

2）根据分组资料求四分位差。计算方法和分组资料求中位值原理相同，只不过这次计算的是四分之一位置和四分之三位置数值的差。计算步骤如下：第一步：计算累加次数（cf↑）；第二步：求出 $Q_1$ 和 $Q_3$ 位置，$Q_1$ 位置 = $\frac{1}{4}$N，$Q_3$ 位置 = $\frac{3}{4}$N，其中 N 是全部个案数目；第三步：参考累加次数分布，决定 $Q_1$ 和 $Q_3$ 的位置应属于哪一组；第四步：从所属的组中，计算 $Q_1$ 位置和 $Q_3$ 位置的数值，公式如下：

$$Q_1 = L_1 + \left( \frac{\frac{N}{4} - cf_1}{f_1} \right) W_1$$

$$Q_3 = L_3 + \left( \frac{\frac{3}{4}N - cf_3}{f_3} \right) W_3$$

其中，$L_1$ 为 $Q_1$ 所属组之真实下限，$L_3$ 为 $Q_3$ 所属组之真实下限，$f_1$ 为 $Q_1$ 所属组之次数，$f_3$ 为 $Q_3$ 所属组之次数，$cf_1$ 为低于 $Q_1$ 所属组下限之累加次数，$cf_3$ 为低于 $Q_3$ 所属组下限之累加次数，$W_1$ 为 $Q_1$ 所属组之组距，$W_3$ 为 $Q_3$ 所属组之组距，N 为全部个案数目。表 9 - 11 为生产队的育龄妇女节育情况，我们利用表中数据求四分位差。

表 9 - 11　生产队的育龄妇女节育情况

| 节育率（%） | f | cf↑ | 真实组限 |
|---|---|---|---|
| 5 以下 | 16 | 16 | 小于 5.5 |
| 5 ~ 15 | 38 | 54 | 5.5 ~ 15.5 |
| 15 ~ 25 | 40 | 94 | 15.5 ~ 25.5 |
| 25 ~ 35 | 30 | 124 | 25.5 ~ 35.5 |
| 35 ~ 45 | 23 | 147 | 35.5 ~ 45.5 |
| 45 ~ 55 | 24 | 171 | 45.5 ~ 55.5 |
| 55 ~ 65 | 19 | 190 | 55.5 ~ 65.5 |
| 65 以上 | 22 | 212 | 65.5 以上 |
| 总数 | 212 | — | — |

第一步：$Q_1$ 的位置 $= \dfrac{212}{4} = 53$

$\quad\quad\quad Q_3$ 的位置 $= \dfrac{3}{4}N = \dfrac{3}{4} \times 212 = 159$

第二步：参考累加次数分布，可见 $Q_1$ 位置属于 5～15 组，$Q_3$ 位置属于 45～55 组。

根据第四步的计算公式，计算 $Q_1$ 和 $Q_3$ 位置的数值：

其中 $L_1 = 5.5$、$L_3 = 45.5$、$f_1 = 38$、$f_3 = 24$、$cf_1 = 16$、$cf_3 = 147$、$W_1 = 10$、$W_3 = 10$、$N = 212$。

因而：$Q_1 = 5.5 + \left( \dfrac{\dfrac{212}{4} - 16}{38} \right) \times 10 = 15.2$

$\quad\quad\quad Q_3 = 45.5 + \left( \dfrac{\dfrac{3}{4} \times 212 - 147}{24} \right) \times 10 = 50.5$

结果：$Q = Q_3 - Q_1 = 50.5 - 15.2 = 35.3$

由此可见，我们所调查的 212 个生产队的育龄妇女节育率，在中位值的两旁共有 50% 的个案。生产队节育率是介于 15.2% 与 50.5% 之间，差距是 35.3%，这个差距的大小显示资料的离散程度，也可以反映中位值的代表性：差距越大，中位值的代表性就越小。

（3）全距（range）。又称极差，即一组数据中最大值和最小值之差，常用于定距数据的离散测量。一组数据中全距越小，说明它的离散程度越小，集中趋势统计量的代表性就越大。例如，三个系各选举 5 名同学参加智力竞赛，各代表队的成绩分别为：中文系学生分数：78，79，80，81，82；数学系学生分数：65，72，80，88，95；外语系学生分数：35，78，89，98，100。其全距分别为：

中文系：$82 - 78 = 4$（分）

数学系：$95 - 65 = 30$（分）

外语系：$100 - 35 = 65$（分）

中文系全距最小，外语系全距最大，这就是说中文系平均数最有代表性，外语系平均数最无代表性。

（4）标准差（standard deviation）和方差（variance）。标准差是分析定距变项离散情况最常用的方法。一般用 S 表示。方差的定义为标准差的平方。标准差有不同的计算方法。

一是用原始数量计算标准差。其计算公式如下：

$$S = \sqrt{\dfrac{\sum (X - \overline{X})^2}{n}}$$

公式的含义是，将各数值（X）与其均值（$\bar{X}$）之差的平方和，除以全部个案数（n），然后取其平方根，即为标准差。如果将上面三个系智力竞赛代表队的成绩数据代入这个公式，就可以得到：

S（中文系）＝1.414（分）

S（数学系）＝10.8（分）

S（外语系）＝23.8（分）

标准差说明了各队队员成绩之间的离散程度，也进一步说明了中文系代表队是平均成绩代表性最大，外语系队员平均成绩代表性最小，标准差越小，平均数越有代表性。

二是用单值分组资料计算标准差。其公式是：

$$S = \sqrt{\frac{\sum (X - \bar{X})^2 f}{n}}$$

其中，f 为 X 所对应的频数。

例如，调查 200 户家庭的规模，得到下列资料（见表 9 – 12），求其标准差。

表 9 – 12　200 户家庭规模资料

| 家庭规模 | 户数 | $X - \bar{X}$ | $(X - \bar{X})^2$ | $(X - \bar{X})^2 f$ |
|---|---|---|---|---|
| 2 人 | 10 | – 1.4 | 1.96 | 19.6 |
| 3 人 | 120 | – 0.4 | 0.16 | 19.2 |
| 4 人 | 50 | 0.6 | 0.36 | 18 |
| 5 人 | 20 | 1.6 | 2.56 | 51.2 |
| 合计 | 200 | — | — | 108 |

先求出平均数，由公式可得：

$$\bar{X} = \frac{\sum Xf}{n} = \frac{2 \times 10 + 3 \times 120 + 4 \times 50 + 5 \times 20}{200} = 3.4$$

将平均数及表 9 – 12 中的计算结果代入标准差公式得：

$$S = \sqrt{\frac{\sum (X - \bar{X})^2 f}{n}} = \sqrt{\frac{108}{200}} = 0.73$$

由组距分组资料计算标准差时，只需先计算出各组的组中值，然后按照单值分组资料计算标准差的公式和方法计算即可。

（5）离散系数（coefficient of variation），也称变差系数。所谓离散系数，就是标准差与平均数的比值，用百分比表示，记为 CV。它的作用是用来对同一总体中两种不同的离散系数的统计量进行比较，或者对两个总体中同一离散系数进行统计比较，用以反映不同数据差异程度的大小。它的计算公式是：

$$CV = \frac{S}{\overline{X}} \times 100\%$$

其中，CV 表示离散系数，S 表示标准差，$\overline{X}$ 表示算术平均数。下面是同一总体不同指标离散系数的比较实例。

例如，一项调查得到下列结果，某地区居民人均月收入为 920 元，标准差为 170 元；人均住房面积为 7.5 平方米，标准差为 1.8 平方米。试比较该地区居民人均月收入和人均住房情况，哪一个差异程度比较大。

根据公式，得出人均月收入的离散系数：

$$CV = \frac{170}{920} \times 100\% = 18.5\%$$

人均住房面积的离散系数：

$$CV = \frac{1.8}{7.5} \times 100\% = 24\%$$

可见，该地区居民人均住房面积的差异情况比人均月收入的差异情况要大，这是同一总体不同指标间的比较。下列则是属于同一指标不同总体间的比较。

例如，对某地区东、西部两地居民收入情况进行调查发现，该地区东部居民平均月收入为 1500 元，标准差为 300 元；该地区西部居民平均月收入为 800 元，标准差为 200 元。试比较该地区东部居民相互之间在收入上的差异程度，与西部居民相互之间在收入上的差异程度哪一个更大一些？

由公式得出东部居民平均月收入的离散系数：

$$CV = \frac{300}{1500} \times 100\% = 20\%$$

西部居民平均月收入的离散系数：

$$CV = \frac{200}{800} \times 100\% = 25\%$$

可见该地区西部居民相互之间在收入上的差异程度比东部居民相互之间在收入上的差异程度更大一些。

## （三）单变量推论统计

前面我们讲授的描述统计方法，是通过简化和描述变量资料分布，对变量之间关系和变量本身特征、规律的探寻。问题是，这些变量资料除普查性质的调查外，一般都是从调查对象总体中抽取的样本的调查数据。这些样本是否能代表总体的情况，是不确定的。任何一个社会学研究项目其最终目的显然不只是停留在对样本本身的简化和描述，而需要根据样本的分析结果来推测总体的情况，达到对调查对象总体特性及规律的认识。这一推测过程就叫统计推论。从样本中计算出来的数值，如平均数、百分比等，通常称为统计值，而总体数值，一般则称为参数值。统计推论就是运用样本统计值推测总体参数值的过程。统计推论的方法比统计描述的方法要复杂得多，不仅有单变量统计推论，也有双变量统计推论，本书只简要介绍两种单变量统计推论方法。

统计推论方法一般分为两大类，一类是参数估计法，一类是假设检验法。参数估计法是用随机样本的统计值来估算总体参数值的方法。例如，已知200户样本，平均每户有1.2辆自行车，通过参数估计法可推算出调查对象总体10000户人家平均每户有多少辆自行车。可见参数估计的特征是从样本推论总体。假设检验法不同，它的特征是先假设总体的情况，然后通过对样本资料的分析来证明先前的假设是否合理。例如，我们假设总体的均值是平均每户有1辆自行车，然后根据样本的均值来推估这一假设是否合理，或在多大程度上具有合理性。下面着重介绍参数估计中的区间估计以及假设检验方法。

1. 区间估计

参数估计可分点值估计和区间估计两类方法。点值估计就是由样本的统计值来估计总体参数值，由点推测面的方法。如根据样本200个职工的人均收入推测企业全体职工的人均收入。这种估计取决于样本可信度的高低，而抽样总是有误差的，误差大小也不容易准确估算，所以在社会调查中人们更多的是采用区间估计。

区间估计是指在一定的可信度下，用样本统计值的某个范围（置信区间）去估计总体参数时，成功的可能性有多大。例如，某一区间估计的结果是："我们有95%的把握认为，全市职工的月工资收入在1800～2100元。"或者说："全省人口中，女性占50%～52%，其可能性为99%"。区间值的大小体现的是估计的精确性，区间越大，精确度越低；区间越小，精确度越高。在社会统计中常用的置信度分别为90%、95%、99%。置信度常用"$1-\alpha$"表示。区间估计的步骤：一是确定置信水平；二是计算标准误差；三是根据样本统计值和标准误差确定置信区间。常用的区间估计方法有总体均值的区间估计和总体百分比的区间估计。

（1）总体均值的区间估计。

总体均值的置信区间可用下面的公式来计算：

$$\overline{X} \pm Z_{(1-\alpha)}SE \text{ 或 } \overline{X} \pm Z_{(1-\alpha)}\frac{S}{\sqrt{n}}$$

式中，$\overline{X}$ 表示样本均值；$Z_{(1-\alpha)}$ 表示置信度为 $1-\alpha$ 所对应的 Z 值；$\alpha$ 表

示显著性水平；SE 表示标准误差；S 表示样本标准差；n 表示样本容量。

$$SE = \frac{S}{\sqrt{n}}$$

例如，一次调查所得到的样本统计值如下：平均年龄为 43.51 岁，标准差为 12.427 岁，样本容量为 232 人。求置信度分别为 95% 和 99% 时总体平均年龄的置信区间。

当置信度为 95% 时，查标准正态分布左右两部分的累计概率表，得其所对应的 Z 值为 1.96，相应的置信区间为 $43.51 \pm 1.96 \times \frac{12.427}{\sqrt{232}} \approx 43.51 \pm$ 1.5991，即 41.9109 ~ 45.1091 岁。取两位小数，得到置信区间为 41.91 ~ 45.12 岁。换言之，总体平均年龄介于 41.91 岁和 45.12 岁之间，这个估计的置信度为 95%，即总体平均年龄不在 41.91 ~ 45.12 岁的可能性只有 5%。

当置信度为 99% 时，查标准正态分布左右两部分的累计概率表，得其所对应的 Z 值为 2.58，相应的置信区间为 $43.51 \pm 2.58 \times \frac{12.427}{\sqrt{232}} \approx 43.51 \pm$ 2.105，即 41.4051 ~ 45.6150 岁。取两位小数，得到置信区间为 41.40 ~ 45.62 岁。换言之，总体平均年龄介于 41.40 岁和 45.62，这个估计的置信度为 99%，即总体平均年龄不在 41.40 ~ 45.62 岁的可能性只有 1%。

（2）总体百分比的区间估计。

总体百分比的置信区间可用下面的公式来计算：

$$p \pm Z_{(1-\alpha)} SE，\text{或} p \pm Z_{(1-\alpha)} \sqrt{\frac{p(1-p)}{n}}$$

式中，p 表示样本中的百分比；$Z_{(1-\alpha)}$ 表示置信度为 $1-\alpha$ 所对应的 Z 值；$\alpha$ 表示显著性水平；SE 表示标准误差；n 表示样本容量。

$$SE = \sqrt{\frac{p(1-p)}{n}}$$

例如，一次调查所得到的样本统计值如下：男性占 47.8%，样本容量为 232 人。求置信度分别为 95% 和 99% 时总体中男性所占百分比的置信区间。

当置信度为 95% 时，查标准正态分布左右两部分的累计概率表，得其所对应的 Z 值为 1.96，相应的置信区间为 $0.478 \pm 1.96 \times \sqrt{\frac{0.478 \times (1-0.478)}{232}} \approx$ $0.478 \pm 0.06428$，即 0.4137 ~ 0.5423。换言之，总体中男性所占百分比的置信区间介于 41.37% 和 52.23% 之间，这个估计的置信度为 95%，即总体中男性所占百分比的置信区间不在 41.37% ~ 54.23% 的可能性只有 5%。

当置信度为 99% 时，查标准正态分布左右两部分的累计概率表，得其所对应的 Z 值为 2.58，相应的置信区间为 $0.478 \pm 2.58 \times \sqrt{\dfrac{0.478 \times (1 - 0.478)}{232}} \approx$

$0.478 \pm 0.08460$，即 $0.3934 \sim 0.5626$。换言之，总体中男性所占百分比的置信区间介于 39.34% 和 56.26% 之间，这个估计的置信度为 99%，即总体中男性所占百分比的置信区间不在 $39.34\% \sim 56.26\%$ 的可能性只有 1%。

2. 假设检验

（1）假设检验的原理。假设检验是社会学研究中常用的统计推论方法。这里的假设不是抽象层次的理论假设，而是指同抽样联系在一起、并且依靠抽样调查数据进行验证的经验层次的假设，即统计假设。它是对总体的某一参数作出假设，然后用样本的统计量进行验证的一种统计分析方法。它所依据的是概率论中的小概率原理。

在大量观察中频频出现的事件具有较大的概率，出现次数较小的事件具有小的概率。在日常生活中，人们习惯于把概率很小的事件当作在一次观察中是不可能出现的事件，这个原理称作小概率原理。例如，我们几乎每天从电视、报纸甚至街头广告牌上都能看到交通事故的统计，但人们绝不因此而放弃使用交通工具。可见在日常生活中，人们是在不自觉运用小概率原理。统计假设检验的基本原理，即小概率原理可以归纳为两个方面：一是可以认为小概率事件在一次观察中是不可能出现的；二是如果在一次观察中出现了小概率事件，那么，合理的想法是否定原有事件具有小概率的说法（或称假设）。

假设检验的思想可以描述如下：经过抽样获得一组数据，即一个来自总体的样本，如果根据样本计算的某个统计量（或几个统计量）表明在原假设 $H_0$ 成立的条件下几乎是不可能发生的，就拒绝或否定这个原假设，并继续接受它的对立面——研究假设；反之，如果在原假设 $H_0$ 成立的条件下，根据样本所计算的某个统计量，发生的可能性不是很小的话，那么就接受原假设。

（2）假设检验的几个基本概念。

1）研究假设和虚无假设。前者是研究者提出的假设，是研究者根据文献研究、初步调查研究以及利用其他方法研究后提出一种有待证实的可能性结论，一般用 $H_1$ 表示；后者是针对研究假设提出一种对立或相反的假设，也称原假设或零假设。一般假设检验所要证明的首先不是研究假设，而是虚无假设，只要证明虚无假设不能成立，实际上就证明了研究假设能够成立。这是一种反证法。虚无假设一般用 $H_0$ 表示。

2）否定域与显著水平。否定域是指在样本中分属两端的能否定虚无假设 $H_0$ 的小区域。否定域的大小是由显著水平决定的。显著水平指否定域的概率，常用 α 表示，指研究者根据抽样资料的统计假设作出不正确结论的冒险程度，其大小由研究者根据需要设定，常取 α = 0.05，α = 0.01，α = 0.001。当用抽样调查资料算出的概率 p 小于显著性水平 α 时，则进入否定域，应当否定虚无假设，接受研究假设；当概率 p 大于显著性水平 α 时，则没有进入否定域，不能否定虚无假设，而应当接受虚无假设。

3）单尾检验与双尾检验。当研究假设 $H_1$ 有明确方向时，应采用单尾检验。所谓单尾检验，是指否定域出现在抽样分布的一端，即一个方向。单尾检验用 >、≥或 <、≤表述。当研究假设没有指明方向，则应采用双尾检验。所谓双尾检验，是指否定域在抽样分布的两端。双尾检验用≠表示。

（3）假设检验步骤和方法。

1）建立虚无假设（即设定原假设，用 $H_0$ 表示）和研究假设（一般用 $H_1$ 表示）。

2）根据需要选择适当的显著水平 α（即概率大小，通常选用 α = 0.05、α = 0.01 等），并查 Z 检验表得到否定域的临界值 $Z_\alpha$ 或 $Z_{\alpha/2}$。

3）根据样本数据计算出统计值（即用于检验的 Z 统计量的值），并根据显著水平查出对应的临界值。

4）将临界值与统计值进行比较，判定是接受虚无假设，还是接受研究假设。当 $|Z| \geqslant Z_\alpha$ 或 $|Z| \geqslant Z_{\alpha/2}$ 时，进入否定域，此时，p ≤ α，拒绝原假设，接受研究假设；当 $|Z| < Z_\alpha$ 或 $|Z| < Z_{\alpha/2}$ 时，未进入否定域，此时 p > α，不能否定原假设，应当接受原假设。

假设检验有很多方法，对不同对象的假设，检验的方法各不相同。常见的有总体平均数的假设检验和总体百分比的假设检验。

总体平均数的假设检验，在大样本（n ≥ 30）情况下，用 Z 检验法；在小样本（n < 30）情况下，用 t 检验法。Z 统计量的计算公式是：

$$Z = \frac{\overline{X} - \mu_0}{\frac{S}{\sqrt{n}}}$$

式中，$\overline{X}$ 表示样本平均数；$\mu_0$ 表示虚无假设的平均数；S 表示样本标准差；n 表示样本容量。

T 统计量的计算公式与 Z 统计量的计算公式大同小异，只要将 Z 统计量计算公式中的 $\sqrt{n}$ 改为 $\sqrt{n-1}$ 即可。

总体百分比的假设检验的计算公式不同，以 Z 检验法为例，其计算公式是：

$$Z = \frac{p - P_0}{\sqrt{\frac{P_0 (1 - P_0)}{n}}}$$

式中，p 表示样本百分比；$P_0$ 表示虚无假设的总体百分比；n 表示样本容量。

平均数和百分比的假设检验实例，请看本章 ［案例 9.1］。

### （四）双变量统计分析

1. 概述

双变量统计分析，指运用统计分析方法计算两个变量之间关系的方法。双变量分析与单变量分析一样，也包括描述统计和推论统计两大部分。本章只讲授双变量描述统计方法。

（1）相关关系与因果关系的联系与区别。双变量描述统计就是统计分析两个变量之间相关性。所谓相关性，就是指一个变量 X 与另一个变量 Y 具有连带性，即一个变量 X 发生变化，另一个变量 Y 也有变化，反之，当 Y 发生变化时，X 也发生变化。这种相关关系一般表示为：X↔Y。必须注意，相关性只能描述两个变量具有相互影响关系，而不能说明它们之间必然具有因果关系。两个变量的因果关系通常表示为：X→Y。具有因果关系的两个变量间一定具有相关关系，而有相关关系的两个变量间不一定有因果关系。因果关系除了必须具有相关性外，还有两个条件：一是必须能确定自变量在前，因变量在后，即先有原因，后有结果；二是必须确定变量 X 和 Y 之间的关系不是由第三个变量的存在而呈现出的一种虚假的关系。

（2）相关关系的特性。两个变量间的相关关系有以下特性：一是有相关强度。即两变量之间联系的紧密程度，也就是一个变量变化导致另一个变量变化的程度大小。二是有相关方向。当一个变量的变化导致另一个变量向相同方向变化时，这两个变量之间为正相关关系，相关系数是正值；当一个变量的变化导致另一个变量向相反方向变化时，这两个变量之间关系为负相关关系，相关系数为负值。三是相关强度。一般用相关系数表达。根据变量层次的不同，有各种不同的相关系数。但是，这些相关系数的取值范围一般为 ［-1, 1］，或者为 ［0, 1］。这里的正负号表示的就是相关关系的方向，而数值表明的就是相关关系的强弱。相关系数为 1 时，表示两个变量完全正相关，相关性为 100%；相关系数为 -1 时，表示两个变量完全负相关，相关性为 -100%；相关系数越接近 -1 或 1 时，相关强度越大。四是相关关系的类型。从变量变化的表现形式上分，一般可分为直线相关和曲线相关两大类。直线相关，指当一个变量 x 发生变动时，变量 y 也发生大致均等的变动，在直角坐标图中，每对 x、y 的对应点呈直线状趋势分布。曲线相关，是指一个变量发生变动时，另一个变量发生不均匀的变动，在直角坐标图中呈曲线状态。

相关系数可以描述变量间关系的有无、大小和方向，但相关系数多大时两个变量间有必然的、规律性的联系是很难断定的。统计学中的相关系数一般需要大到 0.7 以上，才能说明两个变量有紧密的联系。相关系数多大才具有较强的相关性，我们只能根据社会调查的具体情况，综合各方面的结果作出判断。

2. 交互分类表与百分表

依据两个定类变量的值（或一个定类、一个定序变量）对研究的个案进行分类，称交互分类。这种分类通常用交互分类表（又称列联表）显示。这是叙述或简化两个变量之间关系的基本方法之一。交互分类表，具有显现不同数据之间关系的作用，是统计分析中运用广泛的一种揭示变量间关系的方法。主要用来探讨两个定类变量或一个定类变量与一个定序变量之间的关系。表 9 – 13 就是一个交互分类表。

表 9 – 13　100 名青年人教育水平与志愿

| 志愿 | 教育水平 | | |
|---|---|---|---|
| | 高 | 中 | 低 |
| 快乐家庭 | 5 | 30 | 5 |
| 理想工作 | 0 | 30 | 20 |
| 增广见闻 | 5 | 0 | 5 |
| 总　数 | 10 | 60 | 30 |

表 9 – 13 中的次数分布是同时根据教育水平和志愿两个变量确定的，如教育水平高而又以快乐家庭为最大志愿的有 5 名青年。从表 9 – 13 中，我们可以清楚地知道在每种教育条件下志愿的次数分布情况。因此，这样的表又称为条件次数表。在表的最下端是每级教育水平的总次数，称为边缘次数，它们的分布情况称为边缘分布。表中的其他次数，称为条件次数，表示在自变量的每个值（条件）的情况下因变量的各个值的个案数目（次数）。条件次数表有大小之分。计算方法通常是将因变量值的数目乘以自变量值的数目。如果我们将因变量放于表的旁边，自变量放于表的上端，则表的大小就是横行数目（r）乘以纵列数目（c），即表的大小为 r×c。这个先后次序的用意，是表示前者（因变量）是受后者（自变量）影响的。表 9 – 13 有 3 个横行和 3 个纵列，所以表的大小为 3 × 3。

条件次数表的缺点是难于比较不同条件下的次数分布，这是因为作为基数的边缘次数的值各不相同。如上表中高、中、低三列中的总数值分别是 10、60、30，就此很难判断教育水平对志愿的影响。因此，为便于相互比较，从而知道两个变项间的关系，就必须将各个基数标准化，即在相同的基础上作比较。最常用的标准化方法，是将所有基数变成100，各个条件次数就随之变为百分率，这样制成的表就是条件百分表，如表9－14所示。

表9－14　100名青年人的志愿与教育水平

| 志愿 | 教育水平 | | |
|---|---|---|---|
| | 高（%） | 中（%） | 低（%） |
| 快乐家庭 | 50.0 | 50.0 | 16.7 |
| 理想工作 | 0.0 | 50.0 | 66.7 |
| 增广见闻 | 50.0 | 0.0 | 16.7 |
| 总　数 | 100.0 | 100.0 | 100.0 |
| （n） | （10） | （60） | （30） |

将表9－14的各列条件百分率相互比较，就可以知道教育水平对志愿的影响：低等教育水平的青年比其他教育水平的青年更重视理想工作，高等教育与中等教育水平的青年更重视家庭快乐，但前者比后者更重视增广见闻，而后者比前者更重视理想工作。总的说来，如果青年人的教育水平不同，他们的最大志愿也会有分别。教育是决定青年人志愿的因素之一。

3. 简化相关与消灭误差比例

前面讲了简化两个变项的分布，可用条件百分表和条件次数表简化的方法。如果表小，个案数也少，百分比数比较小，看起来也一目了然；如果表大，个案数很多，这时候更重要的问题可能是"如果变量之间存在着关系，其强度有多大，作用方向是怎么样的呢"？这提示我们去计算两个变量之间的相关关系。进一步表明两个变项关系的方法是相关测量法。所谓相关测量法就是以一个统计值表示变项与变项之间的关系，这个值通常称为相关系数。相关测量法，即测量相关系数的方法因变量的测量层次不同，有不同的测量方法。我们将在下面讲述。

相关系数除了表示两个变量间相关的强弱程度以外，它还有一种意义，就是消灭误差比例意义。例如，我们要预测青年人的最大志愿（y）的情况，预测所产生的全部误差是 $E_1$；但当教育水平 x 与 y 有关系后，我们根据 x 值来预测 y 的值，即根据每个青年人的教育水平来估计其最大志愿时，就可以减少若干误差。设其误差总值为 $E_2$，那么以 x 值来预测 y 值时减少的误差就是 $E_1 - E_2$。这个值与原来全部误差（$E_1$）相比，就是消灭误差的比例，用 PRE 表示，公式如下：

$$PRE = \frac{E_1 - E_2}{E_1} = \frac{全部误差 - 相关误差}{全部误差}$$

公式说明，PRE 的数值越大，表示以 x 值预测 y 值时能减少的误差比例越大，即 x 与 y 的关系越相关。比如说，PRE = 0.8，表示以 x 预测 y 时能减少 80% 的误差，说明二者之间相关程度很高；而当 PRE = 0.06，则表示只能消减 6% 的误差，说明二者关系微弱。消灭误差比例适用于各种测量层次的变量，在社会研究中它是变量关系测量的基础。

4. 不同层次的相关测量与检验

在双变量分析中，由于变量的层次不同，计算两个变量相关系数的方法与检验方法也会有所不同。凡不分自变量和因变量的两个变量是对称关系；凡区分自变量与因变量的两个变量是不对称关系。根据层次性和对称性，可以将相关测量方法与检验方法列表如下（见表 9 – 15）。

表 9 – 15　双变量分析方法一览表

| 双变量测量层次 | 相关测量方法 | 假设检验方法 |
|---|---|---|
| 定类—定类<br>定类—定序 | $\lambda$, $Tau_{-Y}$ | $\chi^2$ 检验 |
| 定序—定序 | G, dy | Z 检验或 t 检验 |
| 定类—定距<br>定序—定距 | Eta | F 检验或 t 检验 |
| 定距—定距 | r, b | |

资料来源：李沛良：《社会研究的统计应用》，社会科学文献出版社，2001 年。

在实际统计分析中都会使用 SPSS 等统计软件进行相关测量和检验，不再需要用手工计算。因此，这里不全面介绍相关关系检验方法。为了帮助学习了解统计学原理，只简要介绍四种不同层次变量的相关测量的某些基本方法。这些方法的实际运用请看本章案例评析中［案例 9.2］。

（1）定类—定类、定类—定序变量相关测量方法。

1）$\lambda$（Lambda）相关测量法。它有两种基本形式：一种是对称形式计算公式，即不分自变量和因变量，用 $\lambda$ 表示；另一种是不对称的计算公式，是要求区分自变量（X）和因变量（Y）的计算方法，用 $\lambda_Y$ 表示，两个计算公式如下：

$$\lambda = \frac{\sum m_X + \sum m_Y - (M_X + M_Y)}{2n - (M_X + M_Y)} \quad （对称公式）$$

$$\lambda_Y = \frac{\sum m_Y - M_Y}{n - M_Y} \quad ［不对称公式（自变量 X，因变量 Y）］$$

式中，$\lambda$ 表示对称式相关系数；$\lambda_Y$ 表示非对称式相关系数；$m_X$ 表示变量 Y 的每个取值之下变量 X 的众数值；$m_Y$ 表示变量 X 的每个取值之下变量 Y 的众数值；$M_X$ 表示变量 X 的众数值；$M_Y$ 表示变量 Y 的众数值。

Lambda 相关测量具有以下几方面的性质：第一，系数的取值范围 [0，1]；第二，具有 PRE 意义；第三，对称与不对称的情况下，有不同的公式；第四，具有以众数作为预测的特点，不理会众数以外的分布；第五，当众数集中在一行或一列时，会使得 $\lambda = 0$，这是 $\lambda$ 的灵敏度有问题。所以可以严格区分因变量和自变量时，我们可以选用 $Tau_{-Y}$ 进行相关测量。

2）$Tau_{-Y}$（简记为 $\tau$）相关测量法。与 $\lambda_Y$ 性质一样，也是一种不对称相关测量法，要求明确区分自变量和因变量，系数的取值范围 [0，1]。其最大特点在于在计算系数时，把所有边缘次数和条件次数都包含进去了，且具有 PRE 特性，所以它的灵敏度比 $\lambda_Y$ 高。其计算公式为：

$$Tau_{-Y} = \frac{\sum\limits_{i=1}^{r}\sum\limits_{i=1}^{c}\frac{f_{ji}^2}{F_i} - \frac{\sum\limits_{i=1}^{r}F_j^2}{N}}{N - \frac{\sum\limits^{r}F_j^2}{N}}$$

式中，i 表示 X 变量值；j 表示 Y 变量值；$F_i$ 表示 X 变量的边缘次数；$F_j$ 表示 Y 变量的边缘次数；$f_{ji}$ 表示 X 第 i 列与 Y 第 j 行交叉项的频数；n 表示样本容量。

（2）定序—定序变量相关测量法。两个定序变量的相关测量，常用的是古德曼和古鲁斯卡的 Gamma 系数。Gamma 系数简称为 G，它属于级序相关计算法，就是在计算公式中使用各原始数据的等级次序而不是数据本身。G 又属于对称相关测量法（不区分自变量和因变量），取值范围为 [-1，1]，且具有 PRE 特性。

Gamma 的计算公式如下：

$$G = \frac{N_s - N_d}{N_s + N_d}$$

式中，G 表示 Gamma 系数；$N_s$ 表示同序对数；$N_d$ 表示异序对数。

同序对数是指两个数据或个案在两个变量上的相对等级相同的对数，不相同的便称为异序对数。

（3）定类（或定序）—定距变量相关测量法。在双变量中，当一个变量为定类或定序变量（定序变量作为定类变量处理），另一个变量为定距变量时，用 Eta 平方系数来测量两个变量的相关强度，Eta 平方系数简写成 $E^2$。基本含义是：在知道自变量 X 取值分布的情况下，预测因变量 y 的取值时能消灭的误差占总误差的比例。它是分析不对称关系的，自变量为定类或定序变量，因变量为定距变量，E 的取值范围为 [0，1]，$E^2$ 还具有 PRE 意义。

计算公式如下：

$$E^2 = \frac{\sum (Y - \bar{Y})^2 - \sum (Y - \bar{Y}_1)^2}{\sum (Y - \bar{Y})^2}$$

式中，Y 表示因变量的各个取值；$\bar{Y}$ 表示因变量的均值；$\bar{Y}_1$ 表示在自变量每个取值（$X_i$）上因变量的均值。

上述公式可以转化为如下形式（该形式运算相对方便一些）：

$$E^2 = \frac{\sum n_i \bar{Y}_i^2 - n\bar{Y}^2}{\sum Y^2 - n\bar{Y}^2}$$

式中，Y 表示因变量的各个取值；$\bar{Y}$ 表示因变量的均值；$\bar{Y}_1$ 表示在自变量每个取值（$X_i$）上因变量的均值；$n_i$ 表示自变量每个取值（$X_i$）的频数；n 表示样本容量。

（4）定距—定距变量相关测量法。两个定距变量的统计分析，包括相关分析方法和回归分析方法。这里只介绍相关分析方法。两个定距变量的相关系数，通常用皮尔逊积矩相关（或积差相关）求得。一般用 r 或 R 表示。统计值取值范围为 [-1, 1]，既表示相关方向，也表示相关程度。其含义是：两个变量以其平均数为基准的平均共变程度与共标准差之比。r 本身不具有消灭误差比例的意义，但 $r^2$（决定系数）具有消灭误差比例的意义。计算公式如下：

$$r = \frac{\sum (X_i - \bar{X})(Y_i - \bar{Y})}{nS_x S_Y}$$

式中，$X_i$ 表示变量 X 的各个取值；$\bar{X}$ 表示变量 X 的均值；$Y_i$ 表示变量 Y 的各个取值；$\bar{Y}$ 表示变量 Y 的均值；n 表示样本容量；$S_x$ 表示变量 X 的标准差；$S_Y$ 表示变量 Y 的标准差。

在原始资料中，由于 $S_x = \sqrt{\dfrac{\sum (X_i - \bar{X})^2}{n}}$，$S_Y = \sqrt{\dfrac{\sum (Y_i - \bar{Y})^2}{n}}$，所以上述公式可以转化为如下形式：

$$r = \frac{\sum (X_i - \bar{X})(Y_i - \bar{Y})}{\sqrt{\sum (X_i - \bar{X})^2 \sum (Y_i - \bar{Y})^2}}$$

## （五）SPSS 软件在统计分析中的运用

在第八章中我们已介绍了 SPSS 在问卷资料整理中运用的基本方法。本章将简要介绍 SPSS 软件在统计分析中的运用。需要说明的是，SPSS 的使用原理和方法已发展为一门学科，其内容十分丰富，专门的教材很多，本教材的适用对象是社会调查的初学者，只要求掌握一些初步的知识和方法。因此，我们只结合本章所学的统计分析知识，介绍统计分析中运用 SPSS 的基本步骤。

使用 SPSS 进行统计分析，一般可按以下步骤进行：

第一步：录入数据，建立数据文件。录入数据可在 SPSS 电子表格中进行，也可在 SPSS 规定的软件范围内借助其他软件（如 Foxbase、Excel 等）进行，然后转换为 SPSS 数据类型文件。

第二步：借助 SPSS 有关功能对数据进行清理，如通过做变量的频数分布（Frequency）发现问题，然后校正数据错、漏之处等。

第三步：通过执行有关命令如 Explore 等，对数据整理整体状况作出评估。

第四步：根据研究需要或数据分析要求，使用 SPSS 有关程序对数据进行加工处理，如变量转换、变量重新编码、制作新变量、对数据分组等。

第五步：根据研究目的，启动 SPSS 有关统计程序，对数据进行统计分析，包括单变量分析、双变量分析和多变量分析。单变量的描述统计，包括变量的频数分布、集中趋势与离散趋势分析；双变量统计分析，包括交互分类以及不同层次变量的相关测量与校验等。本书不介绍多变量统计分析，运用 SPSS 进行描述统计和统计分析的具体操作程序和方法请看本章案例评析中［案例 9.3］。

# 二、案例评析

## 【案例 9.1】

### 假设检验实例

在前面知识要点中已介绍过假设检验方法。这里结合案例说明两种假设检验的具体操作过程。

1. 总体平均数的假设检验

2009 年某校学生的月均生活费支出为 400 元，2010 年在该校抽取了 100 名学生进行调查，得到这 100 名学生的月均生活费支出为 450 元，标准差为 60 元。请问在 0.05 的显著性水平上，该校学生 2010 年的月均生活费支出与 2009 年相比有没有变化？

分析：此题中需要对总体平均数 $\mu_0$ 进行检验，但所问的是"有没有变化"，至于怎样变化，是"超过 400 元"，还是"低于 400 元"，题中并没有指明，因此，应当选用双尾检验。

解：设 $H_1$：$\mu_0 \neq 400$，即该校学生 2010 年的月均生活费支出与 2009 年相比有变化。

$H_0$：$\mu_0 = 400$，即该校学生 2010 年的月均生活费支出与 2009 年相比没有变化。

$$Z = \frac{\overline{X} - \mu_0}{\dfrac{S}{\sqrt{n}}} = \frac{450 - 400}{\dfrac{60}{\sqrt{100}}} = 8.33$$

此题没有指明如何变化，即 $H_1$ 的方向是不明确的，所以应当选用双尾检验。查 Z 检验表，得到 $Z_{\frac{0.05}{2}} = 1.96$，由于 $Z = 8.33 > Z_{\frac{0.05}{2}} = 1.96$，进入了虚无假设的否定域，所以应当拒绝虚无假设，接受研究假设，即该校学生 2010 年的月均生活费支出与 2009 年相比有变化。

需要注意的是：假设检验与区间估计只是从不同的方向进行统计推论，其所得到的结论应该是一致性的。例如，在 95% 的置信度下，上题中该校学生 2010 年月均生活费支出的置信区间是 $\overline{X} \pm Z_{(1-\alpha)} \dfrac{S}{\sqrt{n}} = 450 \pm 1.96 \times \dfrac{60}{\sqrt{100}} = 450 \pm 11.76$，即 438.24 ~ 461.76 元，400 元不在此置信区间内。据此，也可以得到"该校学生 2010 年的月均生活费支出与 2009 年相比有变化"这样的结论，这一结论判断失误的概率不超过 5%。

2. 总体百分比的假设检验

某市市民 2009 年参加过慈善捐款的比例为 65%，2010 年该市社情民意调查中心电话访问了 2000 个市民，发现其中 70% 在 2010 年参加过慈善捐款。请问：在 0.05 的显著性水平上，2010 年该市有慈善捐款行为的市民的比例是否比 2009 年有所提高？

分析：此题要做的是总体百分比的假设检验，且用"是否比 2009 年有所提高"指明了检验的方向，因此应当选用单尾检验。

解：设 $H_1$：$P_0 > 0.65$，即 2010 年该市有慈善捐款行为的市民的比例比 2009 年有所提高。

$H_0$：$P_0 \leq 0.65$，即 2010 年该市有慈善捐款行为的市民的比例与 2009 年相比没有提高。

$$Z = \frac{p - P_0}{\sqrt{\dfrac{P_0 \ (1 - P_0)}{n}}} = \frac{0.70 - 0.65}{\sqrt{\dfrac{0.65 \times \ (1 - 0.65)}{2000}}} \approx 4.69$$

查 Z 检验表，得到单尾检验时，$Z_{0.05} = 1.65$，由于 $Z = 4.69 > Z_{0.05} = 1.65$，进入了虚无假设的否定域，所以应当拒绝虚无假设，接受研究假设，即 2010 年该市有慈善捐款行为的市民的比例比 2009 年有所提高。

【案例 9.1 评析】

　　单变量描述统计方法，已在知识要点中用实例分析说明，这里只用实例补充说明单变量推论统计中的两种假设检验方法。假设检验也称显著性检验，与参数估计一样，目的是通过样本推断未知总体参数的取值范围和做出结论的可靠程度，不同的只是假设是预先对总体取值的假定。假设检验的方法很多，如 Z 检验、t 检验、F 检验、卡方检验等，不同方法适用不同的变量层次，有不同的要求。目前这些检验都可以通过 SPSS 软件完成。

# 【案例 9.2】

## 不同层次变量的相关测量实例[①]

1. 定类—定类、定类—定序变量相关测量

（1）λ（Lambda）相关测量法实例

根据表 9 - 16 的统计资料，求 λ。

表 9 - 16　青年人与其知心朋友的志愿

| 自己的志愿 | 知心朋友的志愿 | | | |
|---|---|---|---|---|
| | 快乐家庭 | 理想工作 | 增广见闻 | 总数 |
| 快乐家庭 | 28 | 9 | 3 | 40 |
| 理想工作 | 2 | 41 | 7 | 50 |
| 增广见闻 | 2 | 4 | 4 | 10 |
| 总　数 | 32 | 54 | 14 | 100 |

　　表 9 - 16 得到的是次数资料。由于青年人的志愿（Y）与知心朋友的志愿（X）可能是互想影响的，难以区分何者是自变项或因变项，故要应用 Lambda 相关测量法的对称形式，即 λ 系数，根据 λ 系数的公式和表中资料，可知 $M_Y = 50$，$M_x = 54$，$\Sigma m_Y = 28 + 41 + 7 = 76$，$\Sigma m_x = 28 + 41 + 4 = 73$，$n = 100$，所以：

$$\lambda = \frac{73 + 76 - (54 + 50)}{2(100) - (54 + 50)} = 0.47$$

　　这个统计值表示，青年人与其知心朋友的志愿是中等程度的相关，相关

---

　　①　李沛良：《社会研究的统计运用》，社会科学文献出版社，2002 年。

系数为 0.47，如果以两个变项互相预测，可以减少 47% 的误差。

根据表 9 – 17 的统计资料，求 $\lambda_Y$。

表 9 – 17　100 名青年人的性别与志愿

| 志　愿 | 性　别 | | 总　数 |
| --- | --- | --- | --- |
| | 男 | 女 | |
| 快乐家庭 | 10 | 30 | 40 |
| 理想工作 | 40 | 10 | 50 |
| 增广见闻 | 10 | 0 | 10 |
| 总　数 | 60 | 40 | 100 |

表 9 – 17 提供的资料说明，两个变量是不对称的，即性别（X）是自变量，志愿（Y）是因变量，都是定类变量，因此要用 $\lambda_Y$ 系数来简化相关的情况。根据 $\lambda_Y$ 系数的公式和表 9 – 17 的次数资料，可知 $M_Y = 50$，$\Sigma m_Y = 40 + 30 = 70$，$n = 100$，所以：

$$\lambda_Y = \frac{70 - 50}{100 - 50} = 0.40$$

这个统计值表示不同性别的青年人他（她）们的志愿是有一定区别的，以 X 预测 Y，可以减少 40% 的误差。

（2）$Tau_{-Y}$（简记为 $\tau$）相关测量法

以表 9 – 17 的 100 个人的性别与志愿资料为例，求 $Tau_{-Y}$ 系数。

$Tau_{-Y}$ 属于不对称相关测量法。表 9 – 17 的全部个案数（n）是 100。性别是自变项（X），边缘次数（$F_X$）分别是 60 和 40。志愿是因变量（Y），边缘次数（$F_Y$）分别是 40、50 和 10。表内有六个条件次数，每个都代表同属于某项 Y 值与某项 X 值的个案数目（f）。将这些数值代入 $Tau_{-Y}$ 公式，结果如下：

$$E_1 = \frac{40\ (100 - 40)}{100} + \frac{50\ (100 - 50)}{100} + \frac{10\ (100 - 10)}{100} = 58$$

$$E_2 = \frac{10\ (60 - 10)\ + 40\ (60 - 40)\ + 10\ (60 - 10)}{60} +$$

$$\frac{30\ (40 - 30)\ + 10\ (40 - 10)\ + 0\ (40 - 0)}{40} = 45$$

$$Tau_{-Y} = \frac{58 + 45}{58} = 0.224$$

这个数值不但表示性别与志愿的相关程度，而且可以解释为以性别来预测或估计志愿的话，能够减少 22.4% 的误差，$Tau_{-Y}$ 测量比 $\lambda_Y$ 测量灵敏度更高。

2. 定序—定序变量相关测量法

定序—定序变量相关测量法有多种，这里只举例说明求 Gamma 系数（简写 G）方法。

根据表 9−18 提供的资料，求 G。

表 9−18　5 所工厂的工人积极性与产量

| 工厂 | 积极性等级 | 产量等级 |
|------|-----------|----------|
| A | 5 | 5 |
| B | 3 | 3 |
| C | 4 | 1 |
| D | 1.5 | 3 |
| E | 1.5 | 3 |

从表 9−18 的 5 所工厂的资料中，可知同序对有 A 与 B、A 与 C、A 与 D 和 A 与 E，即 $N_s = 4$；异序对有 B 与 C、C 与 D、C 与 E，即 $N_d = 3$；根据公式：

$$G = \frac{4-3}{4+3} = 0.14$$

可见工人积极性与产量成正比。然而，二者的相关程度颇弱，以其中的一个变项来预测另一个变项，只可以减少 14% 的误差。

3. 定类（或定序）—定距变量相关测量法

定类（或定序）—定距变量相关测量法，称为 Eta 平方系数（简写为 $E^2$）法。它是以一个定类变量（X）为自变量，另一个定距变量（Y）为因变量，来估计或预测自变量不同取值情况下因变量的均值有没有差异。

请根据表 9−19 提供的资料，求 $E^2$。

表 9−19　20 名学生的家庭职业背景对英文水平的影响

| | 职业种类 | | |
|---|---|---|---|
| | 干部 | 工人 | 农民 |
| 英文水平（得分） | 78 | 52 | 83 |
| | 82 | 59 | 75 |
| | 91 | 73 | 82 |
| | 90 | 61 | 78 |
| | 85 | 80 | 80 |
| | 81 | 51 | |
| | 83 | 64 | |
| | | 54 | |

续表

| | 职业种类 | | |
|---|---|---|---|
| | 干部 | 工人 | 农民 |
| $n_i$ | 7 | 8 | 5 |
| $\overline{Y}_i$ | 84.29 | 61.75 | 79.60 |
| $S_i$ | 4.40 | 9.64 | 2.87 |

表 9 - 19 是研究 20 名学生的家庭职业背景（分为干部、工人和农民三类）对其英文能力（由 0 ~ 100 分）的影响。由于家庭的职业背景是自变量（X），且属于定类测量层次，而英文水平是因变量（Y），属于定距测量层次，我们要用 E 系数来测量两者的相关情况。从表的下端可知属于干部、工人和农民三类家庭的学生数目（$n_i$）和每类学生的英文成绩的平均得分（$\overline{Y}_i$）。根据每名学生的成绩，可以计算出全部学生（n = 20）的得分之平方总和是：

$$\sum Y^2 = (78)^2 + (82)^2 + \cdots + (80)^2 = 112834$$

把全部学生成绩相加，然后除以人数，可得平均成绩：

$$\overline{Y} = 74.1$$

将上述数值代入相关比率测量法的公式：

$$E^2 = \frac{7\ (84.29)^2 + 8\ (61.75)^2 + 5\ (79.60)^2 - 20\ (74.1)^2}{112834 - 20\ (74.1)^2} = 0.70$$

这 20 名学生的家庭职业背景对其英文水平有较大的影响，用家庭背景估计英文成绩，可以减少 70% 的误差；再者，从表 9 - 19 可见，这三类家庭背景的学生的平均英文成绩颇有分别。相对之下，以干部家庭的学生表现最好（平均是 84.29 分），次为农民家庭（平均是 79.60 分），最不好的是工人家庭的学生（平均是 61.75）分。表 9 - 19 的最下层是标准差（$S_i$），可见来自工人家庭的学生在英文水平上的相互差异最大（S = 9.64），其次是干部家庭学生的相互差异（S = 4.40），以农民家庭学生之间的英文差异最小（S = 2.87）。

4. 定距—定距变量相关测量法

测量两个定距变量间的相关强度，一般用积矩相关数（简写为 r）。

根据表 9 - 20 提供的资料，求 r。

表 9 - 20　9 名女青年的教育年期与家务劳动

| 妇女 | 教育年期（X） | 劳动小时（Y） | XY | $X^2$ | $Y^2$ |
|---|---|---|---|---|---|
| A | 2 | 5 | 10 | 4 | 25 |
| B | 2 | 4 | 8 | 4 | 16 |

续表

| 妇女 | 教育年期（X） | 劳动小时（Y） | XY | $X^2$ | $Y^2$ |
|---|---|---|---|---|---|
| C | 3 | 4 | 12 | 9 | 16 |
| D | 3 | 3 | 9 | 9 | 9 |
| E | 4 | 1 | 4 | 16 | 1 |
| F | 4 | 1 | 4 | 16 | 1 |
| G | 4 | 0 | 0 | 16 | 0 |
| H | 6 | 0 | 0 | 36 | 0 |
| I | 8 | 0 | 0 | 64 | 0 |
| 总数 | 36 | 18 | 47 | 174 | 68 |

根据表 9-20 的资料可以求得：

$$r = \frac{9（47）-（36）（18）}{\sqrt{9（174）-（36）^2}\sqrt{9（68）-（18）^2}} = -0.81$$

$$r^2 = （-0.81）^2 = 0.656$$

积矩相关系数（r）显示家务劳动数量与教育水平之间具有很强的负相关，即教育水平越低，参与家务劳动越多。至于决定系数（$r^2$），则显示以一个变项来预测另一个变项，能够减少 65.6% 的误差。

**【案例 9.2 评析】**

这里仅用实例说明了几种最基本的方法。运用 SPSS 软件，求解这些相关测量值都比较容易。因此，关键是掌握 SPSS 等软件的用法。理解这些实例，有利于我们从理论上认识各种测量方法的原理，加深我们对相关测量方法的认识。

## 【案例 9.3】

### SPSS 在统计分析中的应用实例

对于［案例 9.3］中演示的 "SPSS 在统计分析中的应用实例" 中所用的数据，我们选用的《2013 年××职业技术学院大学生兼职情况调查》数据是编者于 2013 年上半年所授课程《社会调查》学生实训作业所收集的数据。下面所有分析所用的数据都是在各个变量下排除了缺失值后进行的。

一、SPSS 在单变量描述统计中的运用

1. 利用 SPSS 生成频数分布和频率分布表

在《2013 年××职业技术学院大学生兼职情况调查》SPSS 数据文件中，

"性别、所在院系"等变量属于定类测量,"家庭所在地"这一变量属于定序测量。二者都属于离散型变量,适合做频数分布和频率分布表。

操作步骤如下:

(1) 依次单击"分析(<u>A</u>)"→"描述统计"→"频率(<u>F</u>)…",此时会出现"频率(F)"对话框,我们对"性别"这个变量进行单变量描述性统计分析。将变量"性别"从左边的变量列表中选入右边的"变量(<u>V</u>)"框中(见图9-3)。

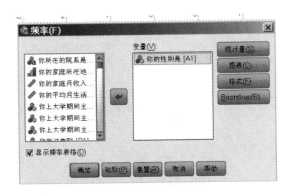

图9-3 "频率(F)"对话框

(2) 点击"显示频率表格(<u>D</u>)"前面的小方框,选中该选项。如果在生成统计表的同时需要生成统计图,则可以点击"图表(<u>C</u>)…",打开"频率:图表"对话框,其中有条形图、饼图和直方图3种图形可供选择,系统默认状态是无图表;图表值有频率和百分比两种选择。这里假定需要制作饼图,并要求在图中显示出相应的百分比,点击选中饼图(<u>P</u>)和百分比(<u>C</u>)(见图9-4)。

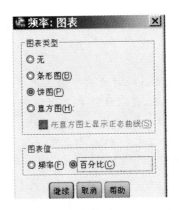

图9-4 "频率:图表"对话框

（3）点击"继续"按钮，返回"频率（F）"对话框，点击"确定"按钮，即可得到频数、频率分布表（见表9－21）和统计图（见图9－5），该结果显示在输出窗口。

表9－21　性别构成

| | | 频数 | 百分比（%） | 有效百分比（%） |
|---|---|---|---|---|
| 有效 | 男 | 45 | 48.9 | 48.9 |
| | 女 | 47 | 51.1 | 51.1 |
| | 合计 | 92 | 100.0 | 100.0 |

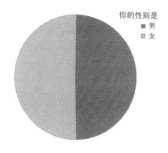

图9－5　性别百分比构成图

2. 利用SPSS求集中量数和离散量数

在《2013年××职业技术学院大学生兼职情况调查》SPSS数据文件中，"你的家庭月收入"这一变量属于定距测量层次。从理论上讲，众数、中位数、均值等集中量数，以及异众比率、四分位差、全距、标准差、离散系数等离散量数都可以求出。但在实际操作中，对于定距测量所得到的连续型数据，一般不选择求众数和异众比率，而选择求中位数和四分位差，或者求均值和标准差。因为连续型数据中每个值的频数一般都不多，求众数和异众比率没有多大的实际意义。

操作步骤如下：

（1）方法一

1）依次单击"分析（A）"→"描述统计"→"频率（F）…"，此时会出现"频率（F）"对话框，将变量"你的家庭月收入"从左边的变量列表中选入右边的"变量（V）"框中（见图9－6）。

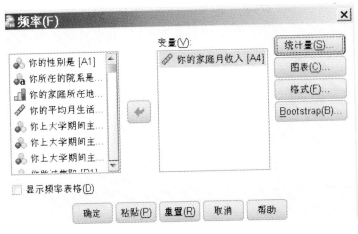

图9-6  "频率（F）"对话框

2）取消"显示频率表格（D）"选项，点击"统计量（S）…"按钮，打开"频率：统计量"对话框，在"百分位值"选项框中选中"四分位数（Q）"，在"集中趋势"选项框中选中"均值（M）"和"中位数"，在"离散"选项框中选中"标准差（T）"（见图9-7）。

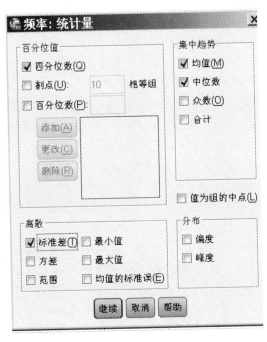

图9-7  "频率：统计量"对话框

3）点击"继续"按钮，返回"频率（F）"对话框，点击"确定"按钮，即可得到所选统计量的值（见表9－22）。

表9－22　家庭月收入统计量（n＝91）

| 统计量 | | 统计值（元） |
|---|---|---|
| 均值 | | 2043.41 |
| 中值（中位数） | | 2000.00 |
| 标准差 | | 1399.37 |
| 百分位数 | 25% | 1000.00 |
| | 50% | 2000.00 |
| | 75% | 3000.00 |

可见，你的家庭平均月收入是2043.41元，你的家庭平均月收入中位数是2000.00元，标准差是1399.37元，3个四分位值分别是1000.00元、2000.00元和3000.00元，四分位差为：3000.00－1000.00＝2000.00元。

（2）方法二

1）对于定距尺度以上的测量所得到的数据，如果需要快速获得描述统计量，则可以依次点击"分析（A）"→"描述统计"→"描述（D）…"，此时会出现"描述性"对话框，将变量"年龄"从左边的变量列表中选入右边的"变量（V）框"中（见图9－8）。

2）点击"选项（O）…"按钮，打开"描述：选项"对话框，系统默认选中均值、标准差、最小值和最大值（见图9－9）。

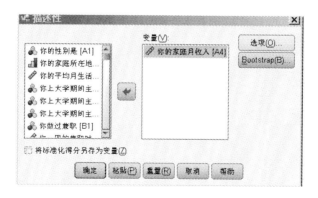

图9－8　"描述性"对话框

3）点击"继续"按钮，返回"描述性"对话框，点击"确定"按钮，

图 9 - 9　　"描述：选项"对话框

即可得到所选统计量的值。

二、SPSS 在双变量统计分析中的运用

1. 两个定类变量之间相关关系的测量与检测

以《2013 年××职业技术学院大学生兼职情况调查》SPSS 数据为例，选取"性别"与"您做过兼职吗"两个定类变量，利用 SPSS 求两个定类变量之间的相关关系并进行检验。

（1）打开"2013 年××职业技术学院大学生兼职情况调查. sav"，依次点击"分析（A）"→"描述统计"→"交叉表（C）…"（见图 9 - 10），此时会出现"交叉表"对话框，将变量"性别"从左边的变量列表中选入右边的"列（C）"框中，将变量"您做过兼职吗"选入右边的"行（S）"框中（见图 9 - 11）。

图 9 - 10　　"分析（A）"→"描述统计"→"交叉表（C）…"命令

图9-11　"交叉表"对话框

图9-12　"交叉表：统计量"对话框

（2）点击"统计量（S）…"按钮，在"交叉表：统计量"对话框中选中"卡方（H）"和"名义"虚框中的"Lambda"统计量，点击"继续"按钮（见图9-12）。

（3）在"交叉表"对话框中点击"确定"按钮，即可得到统计结果（见表9-23、表9-24）。

表9-23　方向度量

|  |  |  | 值 | 渐进标准误差[a] | 近似值 T[b] | 近似值 Siq. |
|---|---|---|---|---|---|---|
| 按标量标定 | Lambda | 对称的 | 0.123 | 0.062 | 1.821 | 0.069 |
|  |  | 您做过兼职吗？因变量 | 0.000 | 0.000 | 0.0 | 0.0 |
|  |  | 性别 因变量 | 0.178 | 0.090 | 1.821 | 0.069 |
|  | Goodman 和 Kruskal Tau | 您做过兼职吗？因变量 | 0.048 | 0.043 | —— | 0.039 |
|  |  | 性别 因变量 | 0.048 | 0.043 |  | 0.039 |

1）不假定零假设。

2）使用渐进标准误差假定零假设。

3）因为渐进标准误差等于零而无法计算。

4）基于卡方近似值。

表 9 - 24　卡方检验

|  | 值 | df | 渐进 Siq.（双侧） |
|---|---|---|---|
| Pearson 卡方 | 4.330ª | 2 | 0.137 |
| 似然比 | 4.424 | 2 | 0.065 |
| 线性和线性组合 | 4.283 | 1 | 0.039 |
| 有效案例中的 N | 91 | — | — |

（4）统计结果解读。对称的 $\lambda$ 和不对称的 $\lambda_Y$，如果性别是自变量，"您做过兼职吗？"是因变量，$\lambda_Y = 0$，Tau $_{-Y}$ 系数为 0.048，表明"您做过兼职吗"这一问题与性别不相关，即男性与女性在兼职情况上没有区别。卡方检验表明：df = 2，$\chi^2 = 4.330$，小于显著性水平为 0.05 时的临界值 5.991（查 $\chi^2$ 分布表即可得到不同自由度下 $\chi^2$ 的临界值）；也可直接比较 $\chi^2$ 值的相伴概率，此例中 $\chi^2$ 值的相伴概率为 0.137，大于显著性水平 0.05，所以应接受原假设，即两变量不相关。

2. 两个定序变量之间相关关系的测量与检验

以《2013 年××职业技术学院大学生兼职情况调查》SPSS 数据为例，选取"家庭所在地"与"您一周的兼职时间"两个定序变量，利用 SPSS 求两个定序变量之间的相关关系并进行检验。"家庭所在地"取值分别是"农村、乡镇、小城市、中等城市、大城市"，"您一周的兼职时间"取值分别是"5 小时以下、5~9 小时、10~14 小时、15~19 小时、20 小时及以上"。

（1）打开"2013 年××职业技术学院大学生兼职情况调查.sav"，依次点击"分析（A）"→"描述统计"→"交叉表（C）…"（见图 9 - 13），此时会出现"交叉表"对话框，将变量"家庭所在地"从左边的变量列表中选入右边的"列（C）"框中，将变量"您一周的兼职时间"选入右边的"行（S）"框中（见图 9 - 14）。

图 9 - 13　"分析（A）"→"描述统计"→"交叉表（C）…"命令

图9-14　"交叉表"对话框

图9-15　相关统计量 Gamma 的选择

（2）点击"统计量（S）…"按钮，在"交叉表：统计量"对话框中选中"有序"虚框中的"Gamma"统计量，点击"继续"按钮（见图9-15）。

（3）统计结果解读。如表9-25所示，Gamma = -0.105，表明"家庭出生地"与"一周内的兼职时间"两变量之间存在负向的非常弱的相关关系。由于在数据文件中，变量"家庭所在地"是按城市大小从低到高的顺序排列的，而"一周内的兼职时间"是按兼职时间从短到长排列的，所以这里的负向非常弱相关关系应该理解为：家庭所在地越是城市的孩子，他（她）们的兼职时间越短。检验结果表明：这种相关系数存在的错误概率为0.478，远大于显著性水平0.01，所以这种相关关系是不存在的。

表9-25　对称度量

|  | 值 | 渐进标准误差 | 近似值 T | 近似值 Sig. |
|---|---|---|---|---|
| Gamma | -0.105 | 0.147 | -0.709 | 0.478 |
| 有效案例中的 N 值 | 89 | — | — | — |

3．定类（或定序）变量与定距变量之间相关关系的测量与检验

以《2013年××职业技术学院大学生兼职情况调查》SPSS 数据为例，选取"性别"与"平均每月的兼职工资"两个变量，利用 SPSS 求定类变量与定距变量之间的相关关系并进行检验。

（1）相关关系的测量

1）打开"2013年××职业技术学院大学生兼职情况调查.sav"，依次点击"分析（A）"→"描述统计"→"交叉表（C）…"，在"交叉表"对话框中，将变量"性别"从左边的变量列表中选入右边的"列（C）"框中，将变量"平均每月的兼职工资"选入右边的"行（S）"框中（见图9-13）。

2) 点击"统计量（<u>S</u>）…"按钮，在"交叉表：统计量"对话框中选中"按区间标定"虚框中的"Eta（<u>E</u>）"统计量，点击"继续"按钮（见图9－16）。

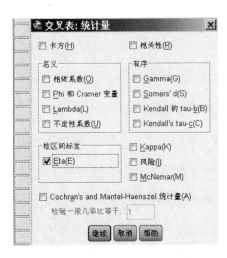

**图 9－16　相关统计量 Eta 的选择**

3) 在"交叉表"对话框中点击"确定"按钮，即可得到如表9－26所示的统计结果。

**表 9－26　方向度量**

| | | 值 |
| --- | --- | --- |
| 按间隔标定 η | 平均每月的兼职工资因变量 | 0.186 |
| | 性别因变量 | 0.296 |

4) 统计结果解读。Eta（η）统计量的值为0.186，Eta平方系数（$\eta^2$）为$0.186^2$，即0.035。Eta系数说明性别对每月兼职工资是有一定影响的，但这种影响比较弱。

（2）相关关系的检验

1) 打开"2013年××职业技术学院大学生兼职情况调查.sav"，依次点击"分析（<u>A</u>）"→"比较均值（<u>M</u>）"→"单因素ANOVA…"（见图9－17），此时会出现"单因素方差分析"对话框，将变量"性别"从左边的变量列表中选入右边的"因子（<u>F</u>）"框中，将变量"平均每月的兼职工资"选入"因变量列表（<u>E</u>)"框中（见图9－18）。

**图9-17** "分析（A）"→"比较均值（M）"→"单因素ANOVA…"命令

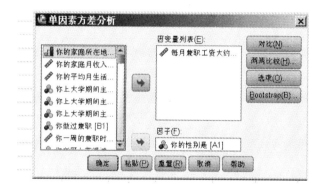

**图9-18** "单因素方差分析"对话框

2）点击"选项（O）…"按钮，进入"单因素ANOVA：选项"对话框，选中"描述性（D）"统计量（见图9-19）。

**图9-19** 选择单因素方差分析中的"描述性"统计量

3）点击"继续"按钮，返回"单因素方差分析"对话框，点击"确定"按钮，即可得到如表9-27、表9-28所示的统计结果。

表9-27　单因素方差分析中的描述性统计量

| | N | 均值 | 标准差 | 标准误 | 均值的95%置信区间 | | 极小值 | 极大值 |
| | | | | | 下限 | 上限 | | |
|---|---|---|---|---|---|---|---|---|
| 男 | 31 | 425.8065 | 305.19692 | 54.81499 | 313.8593 | 537.7536 | 150.00 | 950.00 |
| 女 | 40 | 332.5000 | 191.66945 | 30.30560 | 271.2011 | 393.7989 | 150.00 | 950.00 |
| 总数 | 71 | 373.2394 | 250.11868 | 29.68363 | 314.0373 | 432.4416 | 150.00 | 950.00 |

表9-28　单因素方差分析表（ANOVA）

| | 平方和 | df | 均方 | F | 显著性 |
|---|---|---|---|---|---|
| 组间 | 152050.091 | 1 | 152050.091 | 2.482 | 0.120 |
| 组内 | 4227104.839 | 69 | 61262.389 | — | — |
| 总数 | 4379154.930 | 70 | — | — | — |

注：分组变量（自变量）为"性别"，因变量为"平均每月的兼职工资"。

4）统计结果解读。在样本资料中，男性组与女性组在"平均每月的兼职工资"上的均值是不同的（男性组的均值为425.8065元，女性组的均值为332.5000元），也即两变量相关。但在方差分析表中，F = 2.482，F的相伴概率为0.120，大于显著性水平0.05，这表明两变量相关的统计结论不能推论到总体中去，即在总体中，"性别"与"平均每月的兼职工资"两变量不相关，换言之，男女两性在平均每月赚取的兼职工资上没有明显区别。

4. 两个定距变量之间相关关系的检验

以《2013年××职业技术学院大学生兼职情况调查》SPSS数据为例，选取"你的家庭月收入"与"平均每月的兼职工资"两个变量，利用SPSS求两个定距变量之间的相关关系并进行检验。

（1）相关关系的测量

1）打开"2013年××职业技术学院大学生兼职情况调查.sav"，依次点击"分析（A）"→"相关（C）"→"双变量（B）"（见图9-20），在"双变量相关"对话框中，将变量"家庭月收入"、"平均每月的兼职工资大约是"从左边的变量列表中选入右边的"变量（V）"框中，"相关系数"选择"Pearson"，"显著性检验"选择"双侧检验"（见图9-21）。

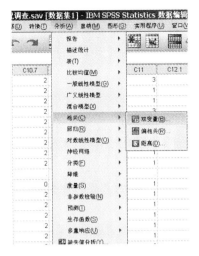

图 9 - 20　　"双变量相关分析"对话框

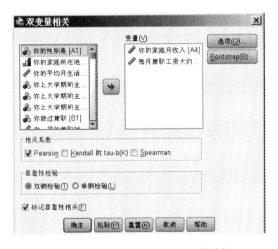

图 9 - 21　相关统计量 Pearson 的选择

2）点击"确定"按钮，即可得到如表 9 - 29 所示的统计结果。

表 9 - 29　相关性

|  |  | 你的家庭月收入 | 每月兼职工资 |
|---|---|---|---|
| 你的家庭月收入 | Pearson 相关性 | 1 | - 0.101 |
|  | 显著性（双侧） | — | 0.400 |
|  | N | 91 | 71 |

3）统计结果解读。r 统计量的值为 − 0.101，$r^2$ 平方决定系数为 $(-0.186)^2$，即 0.010。r 系数说明你的家庭月收入对每月兼职工资是有一定影响的，家庭月收入越高，兼职获得的收入越小，但这种影响比较弱。

（2）相关关系的检验

1）打开"2013 年××职业技术学院大学生兼职情况调查.sav"，依次点击"分析（A）"→"比较均值（M）"→"单因素 ANOVA…"，此时会出现"单因素方差分析"对话框，将变量"你的家庭月收入"从左边的变量列表中选入右边的"因子（F）"框中，将变量"平均每月的兼职工资"选入"因变量列表（E）"框中，点击确定，得到表 9 – 30 所示的分析结果。

表 9 – 30　单因素方差分析表（ANOVA）

| | 平方和 | df | 均方 | F | 显著性 |
|---|---|---|---|---|---|
| 组间 | 1087598.916 | 18 | 60422.162 | 0.955 | 0.522 |
| 组内 | 3291556.013 | 52 | 63299.154 | — | — |
| 总数 | 4379154.930 | 70 | — | — | — |

注：自变量为"你的家庭月收入"，因变量为"平均每月的兼职工资"。

2）统计结果解读。在方差分析表中，F = 0.955，F 的相伴概率为 0.522，大于显著性水平 0.05，这表明在总体中，"你的家庭月收入"与"平均每月的兼职工资"两个变量不相关。换言之，家庭月收入不同的学生，平均每月外出兼职获得的月工资没有明显区别。

【案例 9.3 评析】

在单变量描述统计实例中，只显示了定类测量和定序测量的频数和频率分布表，定距测量和定比测量一般不显示频数和频率分布表；离散系数不能在 SPSS 中直接求出，但可以利用 SPSS 求出均值和标准差，然后再计算离散系数。在双变量统计分析实例中只显示了定类、定序与定距三种测量方法，因为 SPSS 不对定距测量和定比测量进行区分；进行相关测量与检验时，要注意不同相关系数和检验方法对样本数据的不同要求，当数据不能满足统计要求时，显然也能得到一些统计结果，但这些统计结果没有实际意义。在实际调查中，要注意将定量分析与定性分析结合起来，当两者出现矛盾时，应进一步地探讨，不可迷信定量分析所得到的结果。

# 三、能力训练

## （一）单变量描述统计及其 SPSS 运用训练

（1）某班 40 个学生一次数学测验成绩如下：63，84，91，53，69，81，61，69，91，78，75，81，80，67，76，81，79，94，61，69，89，70，70，87，81，86，90，88，85，67，71，82，87，75，87，95，53，65，74，77。请制作频数分布表和直方图。

（2）下面是某高校 100 名大学生血清蛋白含量的原始调查数据。将这些数据输入计算机，运用 SPSS 软件制作频数分布表和直方图。

表 9 – 31　100 名大学生血清蛋白含量（g%）

| 7.43 | 7.88 | 6.88 | 7.8 | 7.04 | 8.05 | 6.97 | 7.12 | 7.35 | 7.05 |
| 7.2 | 7.12 | 7.43 | 7.2 | 7.2 | 7.2 | 7.88 | 7.56 | 7.95 | 7.35 |
| 6.73 | 6.73 | 6.88 | 7.72 | 7.04 | 7.27 | 7.65 | 6.72 | 7.27 | 7.27 |
| 6.8 | 6.97 | 7.12 | 7.43 | 6.5 | 7.58 | 7.43 | 7.88 | 7.35 | 7.5 |
| 7.35 | 7.35 | 7.43 | 6.97 | 8.03 | 7.58 | 6.43 | 7.2 | 7.5 | 7.35 |
| 7.2 | 7.04 | 6.8 | 7.04 | 7.5 | 8.12 | 7.12 | 7.04 | 7.65 | 6.88 |
| 7.54 | 8.16 | 7.65 | 6.5 | 7.47 | 7.35 | 7.95 | 7.35 | 7.43 | 7.5 |
| 8.16 | 7.27 | 7.35 | 7.35 | 7.27 | 7.5 | 7.35 | 7.58 | 7.27 | 6.73 |
| 7.5 | 7.04 | 7.65 | 7.5 | 8.43 | 7.72 | 7.27 | 7.65 | 7.04 | 7.95 |
| 7.35 | 7.13 | 7.03 | 7.2 | 6.73 | 7.76 | 7.65 | 7.65 | 7.58 | 7.58 |

（3）下面是 72 名离婚者婚龄的原始统计数据，根据这些数据制作频率统计表，并试求众值、中位值、均值、四分位差和标准差。

表 9 – 32　72 名离婚者婚龄

| 婚　龄 | 人　数 |
| --- | --- |
| 1 ~ 3 | 5 |
| 4 ~ 6 | 10 |
| 7 ~ 9 | 20 |
| 10 ~ 12 | 14 |
| 13 ~ 15 | 9 |
| 16 ~ 18 | 4 |

续表

| 婚　龄 | 人　数 |
|---|---|
| 19～21 | 3 |
| 22～24 | 2 |
| 25～27 | 4 |
| 28～30 | 1 |

（4）下面是 3 个班中 16 名学生的体检调查数据，运用 SPSS 软件对这些数据进行单变量描述统计，求出极差、最小值、最大值、均值、标准差，并列出统计表。

表 9-33　3 个班级的学生体检数据表

| 班　级 | 性　别 | 年　龄 | 体　重 | 身　高 |
|---|---|---|---|---|
| 1 | 2 | 15 | 46.00 | 156.00 |
| 1 | 1 | 15 | 50.00 | 160.00 |
| 1 | 1 | 14 | 38.00 | 150.00 |
| 2 | 1 | 16 | 60.00 | 170.00 |
| 2 | 2 | 16 | 60.00 | 165.00 |
| 1 | 2 | 14 | 41.00 | 149.00 |
| 1 | 1 | 13 | 48.00 | 155.00 |
| 2 | 1 | 16 | 55.00 | 165.00 |
| 2 | 2 | 17 | 50.00 | 160.00 |
| 2 | 1 | 17 | 65.00 | 175.00 |
| 3 | 2 | 18 | 65.00 | 165.00 |
| 3 | 1 | 18 | 70.00 | 180.00 |
| 3 | 1 | 17 | 68.00 | 176.00 |
| 3 | 2 | 17 | 58.00 | 160.00 |
| 3 | 2 | 18 | 61.00 | 162.00 |
| 3 | 1 | 16 | 55.00 | 171.00 |

（5）下面是调查获得的青年身高和体重的数据，据此求两者的离散系数。

|  | 平均数（$\overline{X}$） | 标准差（S） |
|---|---|---|
| 身高 | 170.28 厘米 | 5.62 厘米 |
| 体重 | 58.16 公斤 | 2.86 公斤 |

## （二）单变量推论统计训练

（6）调查某厂职工的工资状况，随机抽取 900 名工人作样本，调查得到他们的月平均工资为 186 元，标准差为 42 元。求 95% 的置信度下全厂职工的月平均工资的置信区间是多少？

（7）从某工厂随机抽取 400 名工人进行调查，结果表明女工的比例为 20%。现在要求在 90% 的置信度下，估计全厂工人中女工比例的置信区间。

（8）某个大学全体学生中抽烟者的比例为 35%，经过戒烟宣传后，随机抽取 100 名大学生进行调查，结果发现抽烟者为 25 名，问戒烟宣传是否收到了成效。

（9）根据居民区 100 户抽样调查，居民用于食品费用占总收入的比例平均为 75%，比例的标准差为 20%，分别求置信度 95%、99% 时，食品费用占居民总收入比例的区间估计，并说明其意义。

## （三）双变量统计分析及其 SPSS 的运用训练

（10）比较以下三个表（表 9 – 34、表 9 – 35、表 9 – 36），说明进行交互分类的意义与作用。

1）假设我们调查了解 500 名工人的工资收入情况，按照前面所介绍的单变量描述统计的方法，我们可以得到下列单项分组统计表（见表 9 – 34）。

表 9 – 34　500 名工人的工资收入分布表

| 工资收入水平 | 人数 | 比例（%） |
|---|---|---|
| 高 | 50 | 10 |
| 中 | 250 | 50 |
| 低 | 200 | 40 |
| 合 计 | 500 | 100 |

2）我们引进另外一个变量，比如说文化水平，对上述资料进行交互分类，看看能有什么新的发现（见表 9 – 35）。

表 9 – 35　500 名工人的文化水平与工资收入交互分类表

单位：人

| 工资收入 | 文化水平 | | | 合计 |
|---|---|---|---|---|
| | 大专以上 | 中学 | 小学及以下 | |
| 高 | 26 | 18 | 6 | 50 |

续表

| 工资收入 | 文化水平 | | | 合计 |
|---|---|---|---|---|
| | 大专以上 | 中学 | 小学及以下 | |
| 中 | 14 | 202 | 34 | 250 |
| 低 | 5 | 55 | 140 | 200 |
| 合计 | 45 | 275 | 180 | 500 |

3）我们将表9-35转化为按"文化水平"这一变量方向计算的百分比表（见表9-36）。

**表9-36　500名工人文化水平与工资收入的交互分类表**

单位:%

| 工资收入 | 文化水平 | | | 合计 |
|---|---|---|---|---|
| | 大专以上 | 中学 | 小学及以下 | |
| 高 | 58 | 7 | 3 | 10 |
| 中 | 31 | 73 | 19 | 50 |
| 低 | 11 | 20 | 78 | 40 |
| 合计 | 100 | 100 | 100 | 100 |
| (n) | (45) | (275) | (180) | (500) |

（11）根据表9-37提供的数据，求两个定类变量间的相关系数，并说明其意义。

**表9-37　千户家庭居住地与户主从事的产业**

单位：户

| 产业 | 地区 | | | 总数 |
|---|---|---|---|---|
| | 东部 | 中部 | 西部 | |
| 农业 | 28 | 30 | 14 | 72 |
| 工业 | 248 | 330 | 122 | 700 |
| 商业服务业 | 20 | 56 | 130 | 206 |
| 建筑业 | 4 | 3 | 7 | 14 |
| 运输业 | 0 | 1 | 7 | 8 |
| 总数 | 300 | 420 | 280 | 1000 |

（12）根据表9-38提供的数据，求两个定序变量间的 G 值，并说明其意义。

表9-38 四个企业的效益水平与人均收入水平等级

| 企业 | 企业效益等级 | 职工人均收入等级 |
| --- | --- | --- |
| A | 4 | 2 |
| B | 3 | 3 |
| C | 2 | 1 |
| D | 1 | 4 |

（13）根据表9-39提供的数据，求职业与收入水平间的相关程度。

表9-39 20名被调查者的职业与收入

| | 工人 | 教师 | 干部 | 总体 |
| --- | --- | --- | --- | --- |
| 收入（元） | 250 | 340 | 380 | |
| | 280 | 280 | 360 | |
| | 300 | 320 | 340 | |
| | 220 | 380 | 400 | |
| | 320 | 260 | 300 | |
| | 380 | 340 | 320 | |
| | 350 | | 350 | |
| 频数 $n_i$ | 7 | 6 | 7 | 20（n） |
| 均值 $Y_i$ | 300 | 320 | 350 | 323.5（Y） |

（14）对10名工人的调查获得如下数据，根据这些数据计算工人年龄与收入之间的相关程度。

表9-40 10名工人的年龄与收入统计表

| 工人代号 | 1 | 2 | 3 | 4 | 5 | 6 | 7 | 8 | 9 | 10 |
| --- | --- | --- | --- | --- | --- | --- | --- | --- | --- | --- |
| 年龄（岁） | 25 | 32 | 41 | 28 | 37 | 50 | 44 | 54 | 33 | 26 |
| 收入（元） | 280 | 300 | 350 | 300 | 380 | 360 | 400 | 420 | 260 | 250 |

（15）运用SPSS软件对本组承担课题的调查数据进行统计分析。

## （四）　资料统计分析工作测评训练

（16）讨论和制定测评标准并确定实际测评事项。

表9－41　资料统计分析工作成效测评标准

| 序号 | 测评项目与分值 | 测评指标与分值 | 实际测评事项 |
|---|---|---|---|
| 1 | 小组活动（10分） | （与选题相同） | |
| 2 | 单变量描述统计<br>（30分） | （1）掌握频数、频率、累加频数与累加频率的分析方法（10分）<br>（2）掌握集中趋势分析的基本方法（15分）<br>（3）掌握离散趋势分析的基本方法（15分） | |
| 3 | 单变量统计推论<br>（10分） | （1）掌握区间估计的基本方法（5分）<br>（2）掌握假设检验的基本方法（5分） | |
| 4 | 双变量统计分析<br>（20分） | （1）掌握制作交互分类表与百分表以及求消减误差比例方法（10分）<br>（2）掌握不同层次的相关测量与检验方法（10分） | |
| 5 | 运用SPSS进行统计分析（30分） | （1）运用SPSS进行单变量描述统计（15分）<br>（2）运用SPSS进行双变量统计分析（15分） | |

（17）根据上述标准对小组和个人在资料统计分析工作中的成效进行实评，并将评定成绩交任课老师。

# 第十章　工作过程十：撰写调查报告

**学习要点**：首先要弄清调查报告的特点和类型；其次要掌握这种文体的结构规范以及基本写作要求，着重学习提炼主题、理清思路、安排结构和起草修改方法；最后要通过实训，具备独立撰写具有中心思想明确、条理清楚、结构合理、表达通畅的调查报告的能力。

## 一、知识要点

### （一）调查报告的主要特点和类型

撰写调查报告是社会调查工作的最后一项任务。目的是通过对调查材料进行定量和定性分析，用大量第一手材料反映客观情况、经验、问题和规律，并针对问题提供建议和对策。它是现代社会工作、生活和学习经常采用的手段之一，所以受到社会各个方面的广泛重视。它具有以下作用：第一，通过它可以获得大量第一手材料。一份真实负责的调查报告，其最大价值在于它有很多直接来自作者观察和调查的客观、真实的材料，我们把这种材料称为第一手材料。它反映的是现实生活中的新事物、新思想、新问题。第二，它反映及时，具有一定的新闻性，所以在新闻写作中，调查报告也是一种重要文体。正因为如此，调查报告的写作一定要注重时效性。第三，它提出的一些观点和主张往往只具有初步探讨的性质。由于反映要及时，所以一般来说，它不可能对问题进行深入的研究。大多数调查报告的主要目的是为了及时反映情况，用以把握社会现象发生、发展和变化着的各种现象，因此，它主要用事实说话，而少用理论推导，即使是学术性的调查报告，也必须用事实说话，理论推导只能是辅助性的。第四，语言朴实、生动，表达通俗、自然。同论文相比，由于它是及时提供领导和各部门决策者参考的文献，大多数读者是非专业人员，因此，语言应朴实、通俗，有时可以适当运用口语，特别是群众生动、活泼的语言，切忌刻板化。

根据不同标准，调查报告可以划分为各种各样的类型。

1. 情况反映型、总结分析型、探讨研究型

这是以调查研究的深度划分的。它是调查报告最一般的分类方法。情况反映型调查报告，主要目的是反映真实情况，向读者客观地提供信息，材料翔实、丰富，极少议论。它既可用文章形式，也可用图表加说明的形式。总结分析型调查报告，主要目的是及时反映现实生活中的典型个案、经验和问题。它不仅有丰富的调查材料，还有从材料中提炼出的规律性东西，形成作者的认识和主张。但主要用事实说话。一般又可分为总结经验和揭示问题的调查报告两种。探讨研究型调查报告，主要目的是总结作者的调查和研究成果，有较强的学术性、理论性和创新性。它的特点：一是除有大量调查材料外，必须有研究获得的较新鲜的观点、主张、方法等成果；二是适当采用理论推导、数学模型等分析方法，也可用其他文献资料展开必要的论证。

2. 应用型、学术型、应用与学术混合型

这是以主要研究目的为标准划分的。应用型调查报告主要研究目的是了解和解决社会现实生活中的实际问题。凡是反映现实生活情况、总结社会活动典型经验与问题、探寻解决现实生活问题的对策都属于应用型调查报告。学术型调查报告的研究目的是为了探讨解决理论发展和理论研究问题，即通过对社会现象的调查研究，检验某种理论或建构、完善某种理论。应用型调查报告，更重视对调查结果的描述、总结，表达形式比较灵活，语言通俗、明了；学术型调查报告更重视对调查结果的理论分析和证明，表达形式规范，语言严谨、客观性强；也有一些调查报告介于这两者之间，称为应用与学术混合型，它们既是为了解决实际问题，也是为了验证、发展某种理论，这类调查报告写作要求更高。

3. 描述型、解释型、描述与解释混合型

这是以内容的基本特点为标准划分的。描述型调查报告的内容主要是对调查结果的陈述，重在反映社会现象基本状况和主要特点。是对社会调查成果所做的描述性的总结。解释型调查报告的内容主要对调查结果进行解释，重在弄清各种社会现象之间的相互关系、发展和变化的原因。如果一篇调查报告既有对调查结果的描述，又有对调查结果的各种因素更深入的分析，以求进一步弄清其原因、规律，这就是描述和解释混合型调查报告。

4. 定性分析型、定量分析型、定性分析与定量分析混合型

这是以研究方法为标准划分的。定性分析型调查报告是传统调查报告的一种主要类型，它主要采用定性分析法，即主要通过对具体事实的调查研究，分析事物的性质、特点、结构、变化和发展规律等，虽然也会有些数量关系的分析，但不是主要的；定量分析型调查报告，主要采用定量分析法，即通过对事物数量关系的调查研究，着重分析弄清事物的性质、特点、结构、变

化和发展规律。通常情况下，定性分析离不开一定的定量分析，而定量分析也离不开一定的定性分析。当这两种分析方法同时在一篇调查报告中都具有相同的重要性时，这类调查报告就是定性和定量混合型调查报告。大量反映问卷调查成果的报告是以定量分析为主的，它们都要运用统计分析方法，因此属于定量分析报告；反映访问调查、观察等方法进行研究获取成果的报告，一般都是以定性分析为主的，因此，属于定性型分析报告；只有将两种性质方法结合研究形成的调查报告，才是定性和定量混合型调查报告，重要的大型调查研究活动所形成的报告一般都是这种混合型的调查报告。

5. 文章型、图表型、文章与图表混合型

这是以表达形式为标准划分的。一般调查报告都是文章型的，即以篇章段落为表现方式的调查报告。它有开头、正文、结尾等结构形式。其中虽然也可能有图表，但整体由文章方式构成。图表型调查报告，主要用于目的单一、内容不多的小型调查报告，如简单的民意调查报告、用户对商品满意度调查报告、单项市场销售产品状况的调查报告。它们虽然也可能有前言和后记，但主体部分是由图表构成的。有些调查报告文字表述与图表并重，可称为文章与图表混合型调查报告。

此外根据调查内容的范围，还可以分为专题调查报告、综合调查报告；根据学科情况，还可以分为自然科学类调查报告、社会科学类调查报告；根据社会活动领域，还可以分为政治类、经济类、文化类、教育类、民生类等各种不同领域的调查报告。

## （二）调查报告的基本结构

调查报告一般由标题、摘要和关键词、引言、正文、结尾等部分组成。

1. 标题

用来标示调查对象和点明调查主题。其构成方式或只有正标题，或兼有正副标题，副标题一般用来表达调查的对象和范围。标题可以用"调查"、"调查报告"，也可不用。可以适当运用设问、反问、比喻等修辞性语句。显示调查对象和范围的标题，如《某校大学生学风状况的调查》；点明调研结果和主题的标题，如《留守儿童生存状况令人担忧》；采用正副标题，如《小学生的书包为何如此之重——关于某市 2000 名小学生书包内容的调查》；适当采用修辞手法的标题，如《棍棒底下未必出人才》、《她们为什么不结婚》等。

2. 摘要和关键词

用于发表和上报的重要的、篇幅较长的调查报告，特别是探索研究型和学术型调查报告，为了使读者阅读方便和有利于储存和检索，一般在标题下有摘要和关键词。摘要又称提要，它是文章内容的高度浓缩，是文章内容的概括性陈述。摘要的内容主要是高度简略地介绍报告的调查目的、主要结论和关键性的证据。必要时对研究对象、方法、意义和存在的问题也可择要略加介绍。中文摘要一般不超过 300 字，外文摘要一般不超过 250 个实词。

关键词也称主题词。它是反映文章核心思想观点的词和词组。主要是为计算机储存和检索服务的，以便文献的标引。一篇文章一般有 3 ~ 5 个关键词。

### 3. 引言

主要用来介绍调查研究和调查报告写作的基本情况，让读者对调查目的、调查对象、调查过程、调查分析方法、调查队伍组成情况、调查结果和结论、调查存在的问题等有初步的了解。选择介绍哪些基本情况应根据写作目的和主题确定。引言要简明扼要，不要面面俱到。引言的分量很重时，可作为正文的第一部分。有时也可不写引言，而将引言要介绍的情况分别放到正文的有关部分说明。

有些探索型和学术型调查报告的引言，分量较重，又称为导言。与一般调查报告的引言写法不同，除了要介绍一些开展调查研究和撰写调查报告的基本情况外，还要对与调查研究主题有关的现有国内外研究状况及其相关文献进行综述和评论，说明目前这方面研究已达到什么水平，还存在哪些问题，本项研究打算吸取哪些成果，在哪些方面有所创新。

### 4. 正文

用来反映调查研究的成果。这些成果可概括为两方面：一是通过调查获得的客观情况；二是通过研究获得的理性认识。客观情况中，尤其要注意反映变化、发展的新鲜、独特的情况。因为这些情况对读者最有价值和吸引力。调查报告在反映理性认识的成果方面，主要表现为：总结典型经验、做法、问题；对情况做理性的分析和判断；把客观事实上升到理性高度，并从中提炼出带普遍性、规律性的东西；提出对策和建议等。

不同类型的调查报告，正文的写法不同。或分项介绍调查的主要情况，或说明调查的经验与问题；或论述作者的想法与建议，视写作目的的不同而各异。正文常以提出问题——分析问题——解决问题，或现象——本质，或总说——分说、分说——总说等层次关系，来划分全文的层次结构，每个层次由一个或多个语段组成，层次间、语段间多用小标题、序号或段首撮要词句等形式，鲜明地显示出文本的条理。从语篇结构形式上看，调查报告正文常用的结构形式有三种：①纵式结构。按照事物发展的来龙去脉和时间顺序来反映情况，或按照调查研究的过程来组织内容。比较适合情况反映型调查报告。②横式结构。按照事物的特点、性质或类型，把正文分成几个部分。适用于总结分析型和探讨研究型调查报告，是用得最广泛的结构方式。③综合式结构，即综合纵式结构和横式结构的模式。学术型调查报告还有一种常用结构方式。它的正文由方法、结果、讨论三部分构成。方法部分着重说明两方面内容：一是说明重要概念、变量、假设及研究思路；二是说明研究对象、资料收集方式、抽样方法、样本构成、调查过程、资料分析方法以及研究的质量保证和局限性等。结果部分是对调查获取资料的综合整理，是调查资料的条理化和系统化。一般应紧紧围绕调研主题将调查资料进行去粗取精、由表及里的分析和归纳，然后按问题逐一说明。讨论部分是对调查材料之间关系的进一步分析，从中找出问题、揭示规律，说明提出的假设是否得到证明。通常还要说明存在的问题，并对解决问题提出意见和对策。

5. 结尾

调查报告的结尾，主要用来归结或总说全文，或对讨论结果作简要的说明；或说明存在的问题和改进的对策与建议，或补充说明未尽事项或事理。也有的调查报告不把结尾单独作为一个部分。有些调查报告，将开头的摘要移至结尾，作为全文小结。

6. 参考文献和附录

参考文献是作者在整个调查研究和撰写报告的过程借鉴、引用的一些主要文献，包括重要法规、论文、图书、报告、综述、会议讲话等。凡学术型和探索研究型调查报告，一般都应著录参考文献，这是研究工作科学性、严肃性的体现。著录格式应按照国家标准局《文后参考文献著录规则》（GB7714—87）的规定书写。图书的著录格式是：［序号］、作者、书名、出版者、出版地、版次、出版年月、起止页码；期刊文章的著录格式是：［序号］、作者、文章标题、刊名、卷期号、起止页码。

附录是放在参考文献之后，不宜在正文中说明，又需要读者了解的各种资料。它包括：对了解和认识正文内容有重要意义的补充材料；不宜或不便编入正文的具有重要参考价值的材料；满足某些特定读者需要的材料；重要的原始数据、公式推导、统计图表和计算机输出件等。

以上组成部分有些是每篇调查报告必须有的，有些则可根据实际情况有所取舍。

## （三）调查报告的写作过程与写作方法

如果说调查研究过程必须首先搜集大量材料，然后通过大量材料的分析研究提炼出有价值的思想、观点、主张；那么，调查报告写作过程则刚好相反，它必须首先提炼出全文的核心思想即主题，然后紧紧围绕主题精选材料，理清思路，编写大纲，最后起草并通过反复修改，使主题和材料融为一体，如自然天成。对研究过程和表述过程的不同，马克思有深刻的论述，他指出："在形式上，叙述方法必须与研究方法不同。研究必须充分地占有材料，分析它的各种发展形式，探寻这些形式的内在联系。只有这项工作完成以后，现实的运动才能适当地叙述出来。这一点一旦做到，材料的生命一旦观念地反映出来，呈现在我们面前的就好像是一个先验的结构了。"① 如何做到让"材料的生命""观念地反映出来"，即如何使材料和观点天衣无缝地融为一个整体，好像不是作者刻意写出来的，而是客观事物自然的本来面貌，这就是文章写作过程的中心任务，当然也是调查报告写作过程的中心任务。这一任务，要经过以下阶段才能完成。

1. 主题的提炼与深化

这里说的主题是指调查报告的主题，它是调查研究工作的最后阶段，通过对材料各种发展形式的分析，已探寻到的这些形式的内在联系。它与课题的主题既有联系也有区别。课题的主题体现为研究的目标，它或者只是研究的方向，或者只是一个假说，都还是未经证实的、模糊的观点和主张。调查报告的主题必须是调查研究工作的结论和最终成果的体现，是对课题主题的验证、阐发、深化和具体化，是客观事物本质和规律的真实、集中的反映，只有这样的主题才能构成调查报告的中心思想。对调查报告的中心思想或主题的要求是：第一，要为调查研究的目的服务，必须适应社会和读者的需要。第二，要反映客观事物的本质和规律，并富有创造性。鲜明集中，"扩大则为千万言，约之则为一言"。要通过不断地深化认识加以提炼。这种提炼过程称为"立主脑"或"立意"。立意要注意四点：一是客观事物的性质及其规律是复杂的，从不同角度看，其意义不同，因此，要选择恰当的角度。二是要从调查的结果出发，通过进一步的发散和收束思考，深入弄清这些结果的意义，探索各种结果的相互关系及其原因；找到解决问题的对策与建议。三是必要时还需继续搜集、输入新的材料及新的信息，进一步加工，从纷繁的客观事物的矛盾中把那些反映事物本质和特点的东西提炼出来作为中心。四是要注意调查报告这种文体的特点，根据文体的需要提炼主题，主题必须与调查获取的材料融为一体。

2. 思路的梳理与物化

我们曾经说过课题设计、问卷设计都要理清思路。作为课题研究成果的反映，调查报告的写作尤其要重视梳理思路。与课题研究阶段所讲的思路不同，调查报告的思路是指如何清晰、流畅地验证和说明它要表达的主题或中心思想。其中心任务是要排好结构。这里所说的结构指篇章结构，它是指写

---

① 马克思：《资本论》第 1 卷，人民出版社，1975 年。

作成品的"骨架"、"格局"。安排结构又称"布局"，是提高写作成品有序性的关键。结构有内在因素，如逻辑关系、线索、意脉、情感、气韵等；有外在因素，如层次、段落、过渡、照应、开头、结尾等。外在因素是内在因素的体现。安排结构就是指根据结构的内在因素对结构外在因素进行设计，弄清怎样确定大小标题及其关系、怎样开头、怎样结尾等。文章结构就是文章思路的体现。思路是写作成品的内在结构，是各种内容之间的内在联系。要安排好结构，必须理清思路。叶圣陶曾说，思路是一条路，这条路，好文章的作者是不乱走的。在研究阶段，即使获得了有价值的认识，思路却不一定是清晰的。陈景润在1965年就初步解决了难题"1＋2"，但是因思路不简明，写了200多页稿纸，"走远了，绕了点道"，所以没有发表，他又用了七年时间才找到了一条简明的思路，写成了著名论文。思路不清，安排的结构必然不清。因此在构思过程中，应把处理结构的重点放在理清思路上。着重弄清各种内容要素之间的联系，"驱万途于同归，贞百虑于一致；使众理虽繁，而无倒置之乖；群言虽多，而无棼丝之乱"（《文心雕龙》），使认识系统化、条理化。其要求主要有：必须充分体现调查目的和读者的需要；还应反映客观事物的变化发展规律，以及人的认识规律；围绕中心，突出重点；适应不同文体的要求；完整统一，严谨自然。理清思路必须运用发散与收束思考方法，对此已在前面章节介绍，不再重述。

　　思路的物化成果就是写作提纲，是构思成果的书面表达形式。编写提纲，把构思结果及时记录下来，不仅是起草的依据，而且有利于构思的进行和深化。最简单的提纲可以由几个单词构成，大多数提纲采用词组和短句，扼要概括出各层次、各部分、各段落的主旨，有时还注明所用材料的名称、出处。提纲编好后要不断调整和修改。

　　3. 材料的选择与定位

　　同研究过程不同，一般来说，写作过程应首先有明确的主要观点，然后将主要观点具体化，根据论证说明各观点的需要，选取材料，并把它们一一编织到写作大纲的各个部分中去。这就是材料的定位分析。调查过程我们已获得大量材料，研究过程也必然会利用大量材料，然而写作过程是在研究结果的基础上进行的工作，既然观点、主张已经明确，就必须围绕要表达的中心思想或主题，从大量材料中选择那些最能有效说明、论证中心思想的材料。其操作过程大体可以分解为三个步骤：

　　第一步，紧紧扣住主题，进一步学习和运用有关理论知识，分析并弄清多种材料的特性与价值，以及它们产生的原因、发展的趋势等。然后把与主题关系密切的材料一一列出，淘汰那些残缺不全、可靠性差、过时和与已确定的主题无关或关系不大的材料。这一步可以称为材料的"初选"。

　　第二步，从各个方面检查、核实材料，并从实际情况和文体特点、表达需要等多方面出发，选择那些科学性、适用性、典型性、易统计性更好的材料。有时往往还要进一步搜集和补充新材料。这一步可称为材料的"精选"。

　　第三步，对选择的材料进行适当的组织和加工。要确定哪些材料是主要的，要详写的；哪些材料是次要的，要略写的；哪些是综合性或主导性的材料，哪些是单项性的或对比性的材料；哪些是概括性的材料，哪些是典型的材料；哪些材料是"面"上用的，哪些材料是"点"上用的；哪些材料可用文字表达，哪些材料要用图表表达。根据这些分析可以对材料进行适当加工，如合并相关材料，安排材料的先后顺序，以及制作图表等。最后应将材料放在提纲中的有关部分，使写作大纲细化为更为具体的写作提纲。这个步骤可称为材料的"定位"。

　　以上是调查问题较多、内容较复杂的调查报告的构思过程。有些问题不多、内容简短的调查，其调查报告的结构也比较简短，甚至直接就是研究过程的反映。首先将结果整理出来，其次对结果包含的特性和意义进行分析，并探寻这些结果产生的原因或影响因素，最后提出解决问题的对策与建议。

　　4. 初稿的起草和修改

　　起草就是打草稿，是写作成品的初步定型阶段，它是指作者把自己的总体构思草创成文，把无形的思想变成有形的写作成品的过程。起草的方法因人而异、因文而异，但有些共同的问题需要注意：第一，起草时最好一气呵成，不重"小节"。有的人起草时左顾右盼，精雕细琢，这样容易中断思路，影响通畅，以致破坏写作的兴致。鲁迅称这种写法为"十步九回头的作文法"，他是极为反对的，他说，写文章应在"立定格局后，一直写下去，不管修辞，不要回头看"。这样写的好处是：思想连贯，语气顺畅，容易做到首尾一致，有整体感，尽管这样写出的初稿可能粗糙一些，但无关大局。语言或材料的某些缺陷，可等修改时再作补充加工。第二，写不出时不要硬写。写不出而又要硬写，费力又费时，这种语言表达的痛苦是很折磨人的，原因多种多样：有的是因为写作环境不好，写作时缺乏激情和灵感；有的是由于构思不成熟，思维混乱，不知从何写起；有的则是缺乏感受或材料，感到没什么可写；还有的为找不到合适的语言而犯愁。碰到这种情况时，最好的办法是停下笔放一放，重新做些必要的准备，等到时机成熟时再动笔。第三，适当运用大纲，但不要做大纲的奴隶。大纲是构思的成果，起草时，应尽量遵循大纲去写。但实际的起草过程中常常会突然冒出一些新的想法，有时还会发现大纲有诸多的不妥，需要进一步补充、深化和完善。这就说明起草往往能澄清我们的思想，深化我们的认识，千万不能过分依赖大纲，否则就会成为大纲的奴隶。第四，必要时可以化整为零，再拼装组接。长篇调查报告，有时要由多人撰写，共同完成，分开写时，首先要做好分工。其次要充分讨论，统一思想、统一格式、统一要求。再次分头起草时既要注重发挥自己所长，更要注意按统一要求写。如果有主笔或主编，要认真听取、理解他们的意见。最后要把好汇总通稿关。此外，还要注意，草稿要写得全面一些，材料多些无妨，这是因为修改删除要比增添容易得多。为了便于下一步的修改，起草时每行之间及页边要留出足够的空白。

修改是对初稿作进一步加工，是保证和提高写作成品质量的重要环节。文章是改出来的，这是古往今来写作的一条基本的经验。强调修改，首先因为修改是作者认识深化的需要。认识事物不可能一次完成，文章是作者认识事物的书面反映，当然也不可能一次完成，通过修改，作者对写作对象的认识才会由浅入深，由粗放到精细，由不全面到全面，直至完善。强调修改，也是对读者负责。写作成品最终是要给人看的，有的还要被应用，如果马马虎虎，不认真纠正文中的错误、纰漏和毛病，不仅不尊重读者，而且可能损害读者的利益，这是缺乏社会责任感的表现。强调修改，还因为改文章是提高写作能力的重要途径。

常用的修改方法有四种：①"热加工"法。即"趁热打铁"，写完就改。这种方法的好处是：能及时改正和弥补起草过程中已发现或已感觉到的毛病，避免过后遗忘。其缺点是：容易受思维定式的影响，跳不出原来的框框，难以发现问题。②"冷处理"法。即将草稿搁置一边，等一段时间再改。这种方法的好处是：情绪稳定，头脑冷静，不受当时写作思维的影响，能比较理智地审视草稿，发现存在的问题。③诵读法。即通过诵读发现语言的毛病，然后进行修改。读的时候，可以出声，也可以默念，遇到不通的语句和声调不和谐、别扭拗口的字词就可以随手改过来。这种方法简单易行，十分奏效。④求教法。为了更客观、全面地评价文章，取得比较理想的修改效果，可以把文章初稿给别人看，或读给别人听，请求别人对初稿提意见，然后认真综合各种意见，进行修改。有时甚至可以请专家或权威帮助修改。修改时应遵循从总体到局部、从内容到形式的原则逐步进行。首先要整体审视文章的中心是否正确，观点是否鲜明，材料是否真实充分；再看文章的总体结构是否清晰，重点是否突出，详略是否得当，格式是否规范。然后再作局部的修改，看各个部分的条理是否清楚，逻辑是否严谨，语言表达是否精确、鲜明、生动，图表制作是否科学、美观，并对字、词、句、段进行润色。最后再检查参考文献的引用是否正确。

5. 定稿的审核与完善

定稿是经过修改后上报或送出去发表的稿子。在一个写作集体中定稿是由主要负责人或者主要负责人指定的人来完成的。其主要任务是对文稿进行全面、统一的审核和修改。如果发现重大问题，或发回原作者再行修改或重写，或与原作者协商后修改。如果发现的是一般性问题，审核人有权不通过原作者直接进行修改。审核包括内容和形式两个方面。对内容的审核，一要看全文的重要概念及基本观点是否正确，是否有说服力，是否与现行的政策、法律矛盾，是否适应读者需要；二要看主要内容是否有针对性，是否对解决实际或理论方面的问题具有一定价值；三要看使用的材料是否翔实、可靠、典型、完整；四要看引用别的谈话、文字以及其他形式的资料是否准确和有出处。对形式的审核也有四个方面：一要看全文思路和条理是否清楚，标题与正文、开头与结尾、过渡与照应的处理是否恰当；二要看是否符合文体与语体要求，作为调查报告，是否体现了用事实说话、反映及时、语言朴素简明等特点，其格式是否规范、合理；三要看文字、图表是否符合要求；四要看参考文献的著录、标点符号的运用、数字的用法等是否符合国家标准的规定。

# 二、案例评析

## 【案例 10.1】

### 测试结果的整理与描述性分析方法实例

调查报告的核心部分是对经过整理后的调查结果进行分析。对问卷调查结果的分析有两种方法：一是描述性分析方法，目的是通过对调查结果的分析反映出研究对象的性质、特征以及构成状况等；二是解释性分析方法，目的是通过对调查结果分析揭示出研究对象内在和外在的各种关系，探寻对象的发展动力、原因，从而有针对性地提对策与建议。这里首先通过下面的案例介绍第一种方法，谈谈如何整理测试结果和进行描述性分析。

本书第5章［案例5.1］介绍过"××校大学毕业生就业质量及影响因素调查"课题的问卷设计过程，并节选了该课题问卷正文的一、二两个部分。通过对问卷调查材料回收、整理与研究后，课题组撰写的第一份报告，是对毕业生就业质量的描述性分析报告。标题是《2011年××职业技术学院毕业生就业质量调查报告》。该报告除引言外，正文共分五个部分：第一部分是介绍调查对象及抽样的基本情况；第二部分是对就业质量评价指标的测试结果与分析，进一步检验了指标体系的合理性、科学性，即信度和效度；第三、第四两部分分别是对毕业生就业质量核心评价指标和辅助性评价指标的测评结果与分析，这是全文最核心的两个部分；第五部分是对三届毕业生就业质量的比较分析，重在分析毕业生就业质量的变化、发展状况及其趋势。全文采用了描述性分析方法。因文章较长，这里节选其中的第三部分供参考。

**2011 年××职业技术学院毕业生就业质量调查报告**

**(节选第三部分)**

三、毕业生就业质量核心评价指标的测评结果与初步分析

1. 测评结果

表 10-1  毕业生就业质量核心指标 (一) 的测评结果

| 项目 | 特征 | 频数 | 百分比 (%) |
|---|---|---|---|
| 第一份工作的时间<br>(就业率) | 无答案 | 2 | 0.2 |
| | 毕业当年 6 月以前 | 683 | 69.9 |
| | 毕业当年 6 月至 8 月内 | 132 | 13.5 |
| | 毕业当年 9 月至年终 | 70 | 7.2 |
| | 毕业当年年终以后 | 36 | 3.7 |
| | 至今仍未找到工作 | 10 | 1.0 |
| | 其他 | 44 | 4.5 |
| 现在就业单位的层次 | 无答案 | 21 | 2.1 |
| | 较高层次单位 | 316 | 32.3 |
| | 其他 | 640 | 65.5 |
| 现在工作岗位的层次 | 无答案 | 27 | 2.8 |
| | 重要岗位 | 296 | 30.3 |
| | 其他 | 654 | 66.9 |
| 现在的工作岗位和所学<br>专业对口程度 | 无答案 | 19 | 1.9 |
| | 很对口 | 113 | 11.6 |
| | 比较对口 | 478 | 48.9 |
| | 不太对口 | 293 | 30.0 |
| | 完全不对口 | 74 | 7.6 |
| 初次就业起薪水平 | 无答案 | 48 | 4.9 |
| | 1000 元以内 | 291 | 29.8 |
| | 1000~2000 元 | 547 | 56.0 |
| | 2001~3000 元 | 77 | 7.9 |
| | 3001~5000 元 | 0.8 | 0.8 |
| | 5000 元以上 | 6 | 0.6 |
| 就业半年后的薪金水平 | …… | …… | …… |
| | …… | …… | …… |
| | …… | …… | …… |

| 项目 | 特征 | 频数 | 百分比（%） |
|---|---|---|---|
| 现今薪金水平 | …… | …… | …… |
| | …… | …… | …… |
| | …… | …… | …… |
| | …… | …… | …… |
| 就业单位的性质 | …… | …… | …… |
| | …… | …… | …… |
| | …… | …… | …… |
| | …… | …… | …… |
| | …… | …… | …… |
| | …… | …… | …… |
| 就业单位所在地区 | …… | …… | …… |
| | …… | …… | …… |
| | …… | …… | …… |
| | …… | …… | …… |
| 是不是到西部地区、基层和不发达地区工作的志愿者 | …… | …… | …… |
| | …… | …… | …… |
| | …… | …… | …… |

**表 10 - 2　毕业生就业质量核心指标（二）就业满意程度测评结果**

| 项目 | 特征 | 频数 | 累积频数（↑） | 百分比（%） | 累积百分比（%↑） |
|---|---|---|---|---|---|
| 您自己 | 无答案 | 13 | 13 | 1.3 | 1.3 |
| | 很不满意 | 11 | 24 | 1.1 | 2.5 |
| | 不够满意 | 68 | 92 | 7.0 | 9.4 |
| | 一般满意 | 288 | 380 | 29.5 | 38.9 |
| | 比较满意 | 427 | 807 | 43.7 | 82.6 |
| | 很满意 | 170 | 977 | 17.4 | 100.0 |
| 您家庭 | 无答案 | 14 | 14 | 1.4 | 1.4 |
| | 很不满意 | 9 | 23 | 0.9 | 2.4 |
| | 不够满意 | 76 | 99 | 7.8 | 10.1 |
| | 一般满意 | 314 | 413 | 32.1 | 42.3 |
| | 比较满意 | 423 | 836 | 43.3 | 85.6 |
| | 很满意 | 141 | 977 | 14.4 | 100.0 |

续表

| 项目 | 特征 | 频数 | 累积频数（↑） | 百分比（%） | 累积百分比（%↑） |
|------|------|------|----------------|--------------|--------------------|
| 就业单位 | 无答案 | 20 | 20 | 2.0 | 2.0 |
| | 很不满意 | 9 | 29 | 0.9 | 3.0 |
| | 不够满意 | 36 | 65 | 3.7 | 6.7 |
| | 一般满意 | 266 | 331 | 27.2 | 33.9 |
| | 比较满意 | 502 | 833 | 51.4 | 85.2 |
| | 很满意 | 144 | 977 | 14.8 | 100.0 |

2. 初步分析

（1）就业率分析

对什么是就业率有各种不同的看法，例如有毕业后半年的就业率，毕业后一年的就业率，还有毕业后二年、三年的就业率，等等。目前一般认为就业率是指学生从毕业到当年年终的就业率。为了更准确地把握就业率，该课题组按找到第一份工作的时间来统计不同时期的就业率，然后再按一般计算方法，计算出毕业至当年年终就业率。从2009年、2010年、2011年三届毕业生的综合情况看，按一般就业率的计算方法，××校毕业生从毕业至毕业年年终的就业率为90.6%，其中有69.9%的学生在毕业前已找到工作，7月、8月又有13.5%的学生找到工作；有7.2%学生在年终前找到工作。需要指出的是，这里统计出的就业率可能比实际的偏低一些。因为从收回问卷看，填写未找到工作的学生只有1.0%；有3.7%的学生在毕业当年以后才找到了工作，还有4.5%填写了"其他"，其中有毕业生认为自主创业不算找到工作。按此计算三届毕业生平均实际就业率在94%以上，至少不低于91%。按专家和就业质量评价模型，××校近三年毕业生就业率等级达到优秀，属于就业效果好的单位。高于2010年湖北省大学生平均就业率。根据湖北省人力资源和社会保障厅对2010年7月底湖北省大学毕业生的调查，就业率为77%（2010年7月1日，《湖北日报》）。同时也高于全国高职高专毕业生的就业率。根据麦可思2011年公布的调查报告，全国2007届高职大学毕业生三年后受雇全职工作的就业率为89.7%（2011年第21期，《职业技术教育》）。

（2）毕业生供需状况或满足社会需求状况分析

此项共设计三个指标。一是就业单位的层次，较高层次（指在国际或国内知名企业、机关事业单位工作）占32.3%，其他占65.5%；二是工作岗位的层次，重要工作岗位（包括部门主管、从事研究、高级管理人员）占30.3%，其他占66.9%；三是专业对口情况，对口和比较对口占60.5%，不太对口和完全不对口的占 37.6%，其中只有 7.6% 的学生认为完全不对口。据 2011 年麦可思专业调查的数据，2007 届高职大学生半年后的专业对口率为 62%，三年后的专业对口率为 58%。与我们的调查结果基本一致。从总体情况看，我们认为上述本项调查结果符合实际情况，××校毕业生供需情况良好。

（3）薪金水平分析

此大项设计了三个指标。一是初次就业起薪水平，56.0% 的学生在 1000～2000 元；29.8% 的学生在 1000 元以内；7.9% 学生达到 2001～3000 元；3000 元以上学生占 14%，其中有 6% 的学生在 5000 元以上。二是就业半年后的薪金水平，42.3% 的学生为 1000～2000 元，37.8% 的学生为 2001～3000 元；3000 元以上占 8.1%。三是现在的薪金水平。调查结果与就业半年后没有明显差异，可能统计有误，与上一项同。仅从前两个指标看，调查的情况属实。有一点值得注意，即现在毕业生的实际薪金水平，与他们的期望值比较接近。据对现在未工作的大学生对薪金要求的调查，大部分学生要求是 1000～2000 元。这一数值低于前两年调查的数值。说明学生对薪金水平的要求更趋务实和理性。麦可思 2011 年的调查 2007 届高职高专毕业生就业半年后的月均收入为 1735 元，与我们调查的结果大体一致。但麦可思调查结果显示三年后高职高专毕业生月均收入达到 3480 元，而我们的调查现今薪金水平与半年后的薪金水平都没有变化，这是要进一步搞清楚的问题。

（4）就业结构分析

该结构分析设计了三个指标。一是就业单位性质。总的特点：第一是大部分毕业生都在民营企业就业，比例为 41.5%。第二是在国有独资和股份制企业就业，共占 17.6%。第三是在国家事业单位就业，占 12.9%。以下四、五、六、七位的排名顺序是：外资企业占 7.7%；自主创业占 6.74%；军队占 5%；党政机关占 1.4%。××校毕业生自主创业的学生指标明显高于全国高职大学毕业生和湖北本科大学毕业生的平均水平。据麦可思 2011 年调查，2007 届高职高专毕业生毕业半年后的自主创业者只有 1.6%，普通高校本科生只有 0.7%。这项指标比例，与湖北省 2010 年对高校大学生（包括高职大学生）的调查结果相比，2010 年湖北高校大学毕业生在非国有企业就业的占 63.08%；在事业单位就业的占 11.75%；在国有企业就业的占 9.83%；升学或出国的占 10.79%。除后一指标外，××校毕业生的其他三项指标的情况均好于湖北高校的情况。二是就业单位所在地。三届毕业生大都在中西部大中城市，占 47.4%。其次是在东部发达地区，占 27.7%。在欠发达的中西部地区就业的学生仅占 7.5%。三是到西部地区、基层和不发达地区的自愿者比例低，非自愿者占 90.4%。同前几年相比，到东部沿海发达地区学生占主导地位的情况相比，学生的去向明显向中西部地区较发达的大中城市转移。大多数学生不愿到西部地区、基层和不发达地区去工作。这从某一方面反映了学生就业思想存在的问题。从三个指标的综合情况看，××校毕业生就业结构基本上是合理的。在自主创业等方面比全国高职生平均水平和湖北省大学生平均水平要高。但毕业生不愿到西部地区、基层和边远地区去的问题比较突出。

（5）就业满意度（或称社会认可度）分析

此大项设计了三个调查指标。一是毕业生自己的满意度。总满意率为90.6%，其中比较满意和很满意为61.1%，一般满意为29.5%。二是家庭满意度。总满意度为89.8%，其中比较满意和很满意为57.7%，一般满意为32.1%。三是就业单位满意度。总满意为93.3%，其中比较满意和很满意为66.1%，一般满意为27.2%。由于上述三个指标都是由学生填写的，主要反映的是学生自己以及他们对家庭和就业单位态度的了解情况，因此主观性较强。但仍能从大体上反映出学生自己和社会对××校毕业生就业状况是满意的。

由于这是一份供学校领导和学校有关部门了解情况、总结和研究就业工作用的调查报告，而不是用于发表的，因此，对调查结果进行了比较全面的介绍和分析。其写作过程如下：

第一步，对计算机统计结果进行了检验、整理。检验的办法之一是看相关数据与科学的理论认识是否相悖。如果相差很大时，就可能有问题，就要检查问题出在哪里，及时更正；办法之二是与同类性质的调查结果比较，如果相差很大，又无特殊原因，也可能存在问题，也要及时检查、更正。有时是录入时出现的差错，有时也可能是问卷填答有问题。

第二步，通过认真检查后，如无问题，应将结果制成图或表。如果用于发表，还要抓住最主要的问题，对数据进行精选，切不可面面俱到。

第三步，对数据进行分析。所谓分析，就是做好三件事：一是研究每项测试结果之间的比例关系，对该项目的性质、特点、分布情况作出判断。有些项目难以作出判断时，应给予理论上的分析或与同类性质的调查结果比较。例如，当我们分析"就业单位的层次"、"工作岗位的层次"、"专业对口程度"后，发现"其他"的比例相当高。这时便与当年麦可思对全国高职毕业生质量的调查数据比较，发现这三项指标中高层次单位、重要岗位、专业对口率该校的调查结果是高于全国平均数的，所以可以由此推断，这三项指标所反映的该校毕业生的供需状况是可信的、良好的。二是对多个测试项目之间的关系进行分析，通过比较、归纳，集中说明一些关键性问题。例如，就业单位的性质、就业单位的所在地、毕业生到西部地区、不发达地区的比例，这三项指标共同反映了毕业生的就业结构问题，这是在设计方案和问卷时已发现的反映毕业生就业质量的一项重要内容，因此就应将它们合并一起分析说明。三是将多项分析结果与相关的、同质的调查结果、结论比较，以检验、深化其认识，必要时也应从理论上审视结论的科学性，以判断认识的准确性。本文不仅同在全国有影响的调查公司麦可思的相类似的调查进行了比较，还同湖北省相类似的调查等进行了比较。

　　第四步，将上述分析结果用文字表述出来。表达要条理清晰，什么先说，什么后说，要根据表达内容需要来决定。例如，关于就业率的分析，首先从理论上和实践上对如何判定就业率进行了分析说明，这是很必要的，因为对这个问题的看法存在分歧，不先说清楚就无法对结果进行分析；其次对连续三年的就业率进行了分析；最后指出统计的就业率可能比实际就业率低一些。为证明这一点作者分别同全省、全国的有关调查进行了比较。这样得出的结论就更为可靠，也较有说服力。

---

**【案例 10.1 评析】**

　　本案例提供了进行描述分析的一些方法。有几点值得重视：一是一切要以调查结果为依据，要用事实和反映事实的数据说话。切不可作长篇大论进行理论推导，更不能无话找话，大发议论。二是尊重并维护分析结果的客观性，不要回避问题，无论是研究对象本身的问题，还是研究者的研究工作、研究方法方面的问题，都应如实反映，例如本例中对薪金水平的分析结果就与麦可思调查分析结果不太一致，又如毕业生越来越不愿到西部地区、基层和边远地区去的问题等，报告都如实反映，这是完全正确的。三是要适当运用有关的其他参考文献、理论知识来验证、深化分析结果，以提高分析结果的可信度。

---

**【案例 10.2】**

计算结果的整理与解释性定量分析方法实例

　　对问卷结果进行分析的另一种方法是解析性分析方法。其目的在于探寻研究对象内在和外在的各种因素的相互关系，弄清问题产生、存在和发展的动力、原因、影响因素等，为推进发展提出对策和建议。解释性分析又分两种：一种是以定性分析为主，着重用具体的事例说明问题，当然也要会运用一些数据；另一种是以定量分析为主，着重数理分析，运用统计分析中单变量分析、双变量分析以及多变量分析来探寻事物发展变化的原因，揭示各种事物间的相互关系。下面的引例就是节选自一篇以定量分析为主的解释性调查报告。

　　这篇文章曾发表于《统计与决策》。它只是一项调查研究课题总结报告的一部分，原报告兼有描述性分析和解释性分析。受刊物篇幅的限制，这篇文章只是从总报告中截取了讨论影响因素的部分，并有删改。它是完全采用数据分析法对影响因素进行的实证研究。原文除引言外共分三个部分：第一部分是"高职院校大学生德行素质状况与影响因素的一元方差分析"，分别讨论了性别、专业、家庭所在地、家庭收入等因素与学生德行素质的关系；第二部分是"对高职院校大学生德行素质状况与学校有关因素的回归分析"；第三部分是"主要结论"。本案例只节选了引言和第一部分。

　　这类调查报告的写法仍必须体现用事实说话的特点。但是这里的事实主要指体现事实数量关系的数据。同描述性分析不同，由于它的目的在于揭示事物各种因素之间的关系，探寻事物发展、变化的原因，因此，无法从调查结果的简短分析就直接找到这种关系和原因，必须运用特定的计算工具，通过数据分析，才能得出相应结果和结论。所以撰写这类调查报告，必须遵循数理分析的基本原则和要求。对此，我们已在前面有关章节作了介绍，不再重复。在写作方法上，它同描述性分析报告大体相同。首先要检验、校核相关数据是否可靠；其次通过表格或文字表达出计算机结果；最后则是对计算结果进行的讨论或得出结论。为验证、提升结论的准确性，同样可以做适当的理论评述，或引进相关文献研究结果作以佐证，但要少而精。

　　下面节选自该文的引言和第一部分全文，并保留了部分参考文献，供学习参考。

### 湖北高职院校大学生德行素质状况影响因素的实证研究①

　　本文采取问卷调查和现代统计学方法，对影响湖北高职院校大学生德行素质现状的因素进行了实证研究。调查问卷的设计参考国家教育部组织的对普通高校大学生的类似调查制定。但根据高职院校特点和当前的实际情况，问卷从内容到形式都有较大改进。调查以 2008 年湖北省高职院校在校大学生为对象。在湖北省共抽取 10 所高职院校，每校随机抽取 5 个系，每个系随机抽取 2 个班级进行调查。共发放问卷 3000 份，回收有效问卷 2473 份，回收率达到 82.4%。

---

　　① 王秋梅、许承光、罗清萍：《湖北高职院校大学生德行素质状况影响因素的实证研究》，《统计与决策》2009 年第 24 期。

对调查获得的数据，运用统计软件进行了分析，弄清了高职院校大学生德行素质的影响因素，在此基础上提出并实施了一些改进的对策。

1. 高职院校大学生德行素质状况与影响因素的一元方差分析

为了弄清高职院校学生个人和家庭因素与德行素质状况的关系，首先对学生德行素质状况进行因子分析。因子分析方法采用主轴法抽取因子和四分变异法转轴，因子选取的标准为特征值大于1，并在输出结果后进行 KMO 抽样适当性和 Bartlett 球形检验以及保留因子的陡坡检验，最后一共提取了 10 个德行素质状况公共因子，这 10 个公共因子分别是：①对中国教育战线大事的关注；②对国外时事的关注；③对国内时事的关注；④对国内民生相关问题的关注；⑤对中国未来趋势评价；⑥对政府一年工作评价；⑦思想问题态度1（对政体国体看法）；⑧思想问题态度2（对重大方针政策的看法）；⑨大学生的人生态度1（品行表现）；⑩大学生的人生态度2（思想表现）。它们可以较好代表高职院校大学生的德行素质状况。这 10 个因子又可归为四个方面：Ⅰ. 对国内国外大事的关注；Ⅱ. 对政府 1 年及今后工作的评价；Ⅲ. 对思想理论问题态度的测量；Ⅳ. 对人生态度的测量（以下表中均用代码表示）。

一元方差分析，即单因方差分析适用于自变量只有一个定类变量，因变量为定距变量，通过分析和检验来确定总体间的均值有没有差异。常用 F 值检定公式来计算检定值，$F = \dfrac{BSS}{WSS}\left(\dfrac{N-K}{K-1}\right)$，BSS 代表被消减方差，WSS 代表剩余方差，N 代表全部个案数，K 代表分组数。

1.1 个人因素对高职大学生德行素质状况的一元方差分析

（1）性别对大学生德行素质状况影响的一元方差分析

表 10 - 3　性别对大学生德行素质状况影响的一元方差分析

| | | 男性 | | 女性 | | | |
| --- | --- | --- | --- | --- | --- | --- | --- |
| | | 均值 | 标准差 | 均值 | 标准差 | F | 显著度 |
| Ⅰ | a | 3.771 | 0.734 | 3.731 | 0.658 | 1.887 | 0.170 |
| | b | 3.702 | 0.820 | 3.361 | 0.751 | 108.016 | 0.000 |
| | c | 4.374 | 0.566 | 4.359 | 0.533 | 0.432 | 0.511 |
| | d | 3.805 | 0.700 | 3.648 | 0.683 | 30.126 | 0.000 |
| Ⅱ | e | 4.046 | 0.679 | 3.920 | 0.644 | 21.095 | 0.000 |
| | f | 3.743 | 0.702 | 3.624 | 0.671 | 17.389 | 0.000 |

续表

| | | 男性 | | 女性 | | | |
|---|---|---|---|---|---|---|---|
| | | 均值 | 标准差 | 均值 | 标准差 | F | 显著度 |
| Ⅲ | g | 4.088 | 0.673 | 4.124 | 0.569 | 1.882 | 0.170 |
| | H | 4.232 | 0.648 | 4.199 | 0.613 | 1.619 | 0.203 |
| Ⅳ | i | 1.670 | 0.872 | 2.060 | 0.672 | 139.298 | 0.000 |
| | j | 4.290 | 0.568 | 4.347 | 0.543 | 6.054 | 0.014 |

从表 10-3 可以看出，高职院校男女大学生的部分思想表现和品行表现状况存在显著性差异。①男生对国外时事的关注度、国内民生问题的关注度都高于女生；②对政府一年来及至今后的工作的评价，男生明显比女生的评价分要高；③对"只要考试能通过迟到旷课无所谓、及时行乐和追求安逸、考试作弊抄袭行为、自我为中心、拖欠学费、能拖就拖、能赖就赖、婚前性行为、利用网络和手机发布不负责任的信息、自杀行为、公共场合中异性间过于亲昵的行为"等项的测量结果显示，男生比女生更不赞成。从总体看，男生对政治的关注度要高于女生；对一些不良品行女生比男生更多持无所谓的态度。

（2）专业对大学生德行素质状况影响的一元方差分析

表 10-4　专业对大学生德行素质状况影响的一元方差分析

| | | 人文社科类 | | 理工农医类 | | 艺术体育类 | | 其他 | | | |
|---|---|---|---|---|---|---|---|---|---|---|---|
| | | 均值 | 标准差 | 均值 | 标准差 | 均值 | 标准差 | 均值 | 标准差 | F 值 | 显著度 |
| Ⅰ | a | 3.785 | 0.6530 | 3.751 | 0.727 | 3.853 | 0.644 | 3.737 | 0.700 | 1.502 | 0.212 |
| | b | 3.498 | 0.800 | 3.632 | 0.833 | 3.564 | 0.761 | 3.512 | 0.792 | 4.415 | 0.004 |
| | c | 4.358 | 0.579 | 4.400 | 0.551 | 4.406 | 0.510 | 4.325 | 0.556 | 3.574 | 0.013 |
| | d | 3.738 | 0.758 | 3.781 | 0.681 | 3.839 | 0.595 | 3.683 | 0.718 | 4.570 | 0.003 |
| Ⅱ | e | 3.879 | 0.645 | 4.014 | 0.683 | 4.116 | 0.599 | 3.981 | 0.663 | 4.472 | 0.004 |
| | f | 3.565 | 0.715 | 3.713 | 0.690 | 3.806 | 0.599 | 3.685 | 0.703 | 4.282 | 0.005 |
| Ⅲ | g | 4.047 | 0.687 | 4.080 | 0.654 | 4.206 | 0.556 | 4.120 | 0.611 | 2.813 | 0.038 |
| | h | 4.218 | 0.692 | 4.233 | 0.626 | 4.317 | 0.600 | 4.183 | 0.636 | 2.630 | 0.049 |
| Ⅳ | i | 1.908 | 0.857 | 1.906 | 0.805 | 1.803 | 0.746 | 1.932 | 0.848 | 1.238 | 0.294 |
| | j | 4.208 | 0.635 | 4.314 | 0.548 | 4.424 | 0.528 | 4.311 | 0.558 | 4.775 | 0.003 |

表 10-4 显示，①高职院校大学生在国内外时事、国内民生问题的关注度上，理工农医类的学生比艺术体育类的学生关注度大，而这两类学生的关注度

又都大于人文社科类学生。②对政府 1 年来及今后工作评价不同专业的学生存在显著性差异，艺术体育类的学生对政府 1 年来及今后的工作评价明显高于理工农医类的学生，理工农医类的又高于人文社科类的学生。③对思想理论问题态度的测量和对人生态度的测量，也是艺术体育类学生高于理工农医类的，理工农医类的又高于人文社科类的。主要原因可能有两个：一是人文社科类学生比理工类学生就业压力更大，这可能是导致他们政治热情低的重要原因；二是人文社科类专业学生所学专业知识同政治联系很紧密，他们见多不怪，反而对政治关注度低。

1.2 家庭因素对高职大学生德行素质状况影响的一元方差分析

（1）家庭所在地对大学生德行素质状况影响的一元方差分析

表 10 - 5　家庭所在地对大学生德行素质状况影响的一元方差分析

| | | 大城市 | | 中等城市 | | 小城市 | | 乡镇 | | 农村 | | F 值 | 显著度 |
|---|---|---|---|---|---|---|---|---|---|---|---|---|---|
| | | 均值 | 标准差 | 均值 | 标准差 | 均值 | 标准差 | 均值 | 标准差 | 均值 | 标准差 | | |
| I | a | 3.649 | 0.741 | 3.657 | 0.747 | 3.748 | 0.6840 | 3.762 | 0.687 | 3.788 | 0.704 | 2.734 | 0.028 |
| | b | 3.609 | 0.845 | 3.548 | 0.851 | 3.601 | 0.7912 | 3.598 | 0.789 | 3.545 | 0.813 | 0.710 | 0.585 |
| | c | 4.305 | 0.657 | 4.351 | 0.619 | 4.353 | 0.5495 | 4.443 | 0.500 | 4.369 | 0.543 | 5.400 | 0.000 |
| | d | 3.665 | 0.750 | 3.671 | 0.686 | 3.690 | 0.7146 | 3.738 | 0.673 | 3.785 | 0.696 | 2.732 | 0.028 |
| II | e | 3.962 | 0.700 | 3.939 | 0.668 | 3.979 | 0.7022 | 3.988 | 0.663 | 4.022 | 0.655 | 1.378 | 0.239 |
| | f | 3.752 | 0.798 | 3.607 | 0.668 | 3.685 | 0.7102 | 3.685 | 0.677 | 3.712 | 0.681 | 1.017 | 0.397 |
| III | g | 4.064 | 0.688 | 4.020 | 0.664 | 4.111 | 0.6459 | 4.120 | 0.598 | 4.111 | 0.6327 | 1.248 | 0.289 |
| | h | 4.190 | 0.675 | 4.191 | 0.688 | 4.227 | 0.6740 | 4.245 | 0.592 | 4.236 | 0.681 | 3.486 | 0.008 |
| IV | i | 2.258 | 0.975 | 2.108 | 0.893 | 1.971 | 0.8406 | 1.911 | 0.785 | 1.803 | 0.772 | 17.319 | 0.000 |
| | j | 4.189 | 0.645 | 4.251 | 0.571 | 4.277 | 0.6042 | 4.309 | 0.546 | 4.352 | 0.532 | 4.768 | 0.001 |

表 10 - 5 显示，①对国外时事的关注不同家庭所在地不存在显著性差异，其他三项存在显著性差异。通过均值的比较发现，不管是对教育战线大事还是国内时事以及民生问题的关注，来自农村家庭的孩子一般比城市家庭的孩子关注度大。②对政府 1 年来及今后工作的评价上，不同家庭的所在地学生不存在显著性差异。③农村家庭学生对消极人生态度的评价普遍比城市家庭的学生低，农村家庭的学生更相信通过自身的努力奋斗达到自己的人生目标，城市家庭出身的学生在吃苦、耐劳等方面普遍低于农村学生。另外，农村家庭的学生在集体主义观、奉献观、价值观比城市家庭的学生更积极向上。

（2）家庭收入对高职学生德行素质状况的一元方差分析

表 10-6  家庭收入对高职学生德行素质状况的一元方差分析

| | | 大城市 | | 中等城市 | | 小城市 | | 乡镇 | | 农村 | | F 值 | 显著度 |
|---|---|---|---|---|---|---|---|---|---|---|---|---|---|
| | | 均值 | 标准差 | 均值 | 标准差 | 均值 | 标准差 | 均值 | 标准差 | 均值 | 标准差 | | |
| I | a | 3.840 | 0.704 | 3.729 | 0.697 | 3.709 | 0.700 | 3.701 | 0.6450 | 3.640 | 0.672 | 3.513 | 0.985 | 5.149 | 0.00 |
| | b | 3.543 | 0.814 | 3.527 | 0.809 | 3.657 | 0.787 | 3.543 | 0.8150 | 3.527 | 0.809 | 3.657 | 0.787 | 2.049 | 0.07 |
| | c | 4.368 | 0.569 | 4.361 | 0.542 | 4.403 | 0.514 | 4.350 | 0.5740 | 4.306 | 0.611 | 4.393 | 0.513 | 0.628 | 0.66 |
| | d | 3.776 | 0.711 | 3.736 | 0.682 | 3.720 | 0.680 | 3.720 | 0.6811 | 3.706 | 0.736 | 3.694 | 0.832 | 0.663 | 0.65 |
| II | e | 3.994 | 0.691 | 3.987 | 0.6492 | 4.016 | 0.661 | 3.986 | 0.6660 | 4.038 | 0.578 | 4.049 | 0.795 | 0.859 | 0.51 |
| | f | 3.679 | 0.706 | 3.691 | 0.666 | 3.720 | 0.718 | 3.727 | 0.6471 | 3.789 | 0.704 | 3.619 | 0.864 | 0.273 | 0.93 |
| III | g | 4.106 | 0.653 | 4.127 | 0.619 | 4.069 | 0.630 | 4.069 | 0.6391 | 4.097 | 0.541 | 4.031 | 0.741 | 13.649 | 0.08 |
| | h | 4.243 | 0.636 | 4.234 | 0.627 | 4.198 | 0.602 | 4.195 | 0.6600 | 4.131 | 0.576 | 4.051 | 0.836 | 2.836 | 0.02 |
| IV | i | 1.853 | 0.818 | 1.831 | 0.765 | 1.926 | 0.735 | 2.048 | 0.8872 | 2.226 | 0.929 | 2.481 | 1.129 | 13.649 | 0.00 |
| | j | 4.342 | 0.538 | 4.321 | 0.558 | 4.297 | 0.559 | 4.280 | 0.5521 | 4.263 | 0.537 | 4.097 | 0.827 | 2.836 | 0.02 |

表 10-6 的统计分析结果说明：①家庭月均总收入对大学生德行素质状况的大多数因素影响不大，只在对中国教育战线大事的关注上，收入水平越低的家庭更关注国家出台的有关对贫困家庭的补贴政策。②在思想理论问题的态度上，低收入家庭的学生对思想方法论的认识比高收入家庭的学生得分要高。③对人生态度问题，低收入家庭的学生在消极人生态度上得分低于高收入家庭的学生，低收入家庭学生集体主义观点、诚实性、人生观上比高收入家庭的学生得分要高。这一项目同学生家庭所在地有明显的互证关系。

**参考文献：**

［1］风笑天. 现代社会调查方法［M］. 武汉：华中科技大学出版社，2005.

［2］王志强，沈文华. 对当前大学生思想道德状况的研究与对策［J］. 内蒙古师范大学学报（教育科学版），2004（7）.

**【案例 10.2 评析】**

数理分析的文章有时会有计算繁复、令人眼花缭乱的毛病。本文中心明确、主题突出、结构清晰、表达简明，具有较强的可读性。可能是受篇幅的限制，对计算结果的分析略嫌不够。对有些不甚明朗或特性鲜明的分析结果，似应从理论上适当作些解释性说明，或与其他相关文献资料的研究结果进行对比，以检验、提升其可靠性与深度。

# 【案例10.3】

## 如何保证思路清晰与文脉流畅
### ——两篇同质性调查报告的比较

前面各章中我们都反复强调要牢牢把握调查研究的目的、对象，首先必须弄清调查研究什么，对涉及调查研究目的主要概念的内涵、外延一定要在认真学习和研究的基础上，有准确、全面、科学的理解和认识。在撰写调查报告时，更要进一步弄清一些主要概念的含义，否则不可能使报告的思路清晰，文脉流畅。下面两篇调查报告是同性质的，都是调查研究"××校的学风状况"。但是，前一篇思路不清，文脉不畅；后一篇思路清晰，文脉流畅。是什么原因造成这种差别？下面列出两篇文章的大小标题，并节选了引言和部分正文供比较分析。

**例文一：**

### 关于××校学风的调查报告①

学风建设是衡量一所高校办学思想、教育质量和管理水平的重要指标，是全面推进素质教育，为社会培养高素质人才的关键。因此加强学风建设历来是许多高校工作的重中之重。自合校以来，××校已经走过了五个年头，学校在学风建设方面取得了怎样的效果，学校目前的学风状况怎样？《××青年》杂志社于11月下旬采取随机抽取的方法，在××校东西校区14个院系及团校自习室的部分同学，共500名学生开展了一次关于××校学风状况的调查，调查范围主要集中在大二、大三年级。

本次调查以问卷的形式进行，共发放调查问卷500份，回收有效问卷460份，我们对收集到的资料进行了分析。

一、××校学风现状

（一）总体评价

调查结果显示，19.77%的同学认为自己周围的学风好，57.31%的同学认为一般。有66.92%的同学认为学习动力不足、自律性、自觉性差是影响学风的主要因素，也有28.53%的同学认为主要因素在于缺少学习、学术氛围。但问及"你认为学习风气好或者差的主要原因在于什么？"22.99%的同学选择学校管理，8.82%的同学选择教师的教风，44.65%的同学选择学生自身，15.51%的同学选择学校周边的环境，还有8.03%的同学认为是其他原因。从这些统计数据来看，目前××校学生对学校的学风状况持基本肯定的态度，与此同时，有22.93%的同学认为学风状况不好。大部分同学将学风

① 引自 http://edqu.yangtzeu.edu.cn/xiaoyuan-xinxianshi/2012-3-28。

好坏归因于自己，也有一部分同学认为学风状况与学校管理、周边环境等有着相当的关系，这说明加强××校的学风建设还有相当大的施展空间。

学习目标：有60.05%的同学希望在大学阶段能够全面提高自身素质，为实现人生理想做好准备，31.84%的同学希望在大学可以掌握一技之长，为就业打好基础。在毕业的选择方面有32.5%的同学选择考研，7.5%的同学选择考公务员，46.39%的同学选择找工作、自主创业，还有13.61%的同学根本不清楚如何选择。有一部分同学在大学阶段有比较模糊而美好的愿望，但在具体实现怎样的愿望和怎样实现自己的愿望上面存在着"知行"无法统一的问题。

学习动力：在努力学习的最大动力方面，有80.22%的同学选择自己的前途和未来，11.38%的同学选择家庭压力，3.25%的同学选择数目不菲的奖学金，还有5.15%的同学选择其他。与此同时，有29.2%的同学对专业很感兴趣，50.54%的同学对专业比较感兴趣，16.22%的同学对专业不太感兴趣，4.04%的同学对专业不感兴趣，兴趣在无形中也影响了学生学习的态度和动力。

（二）影响因素

学风建设：老师和学生都要参与到整个教学过程中，学风的状况也是在教与学之间才得以彰显。我们又在学习态度、时间支配、考风考纪等方面的问题做了调查和统计。

学习态度：调查结果显示，26.5%的同学上课状态良好，可以认真听讲做笔记，51.93%的同学基本能集中精力，18.78%的同学经常心不在焉，还有2.77%的同学选择其他；当老师课堂教学不吸引被调查者时，有28.2%的同学"加倍集中精力，尽量和老师思路保持一致"，33.9%的同学"心不在焉"，32.76%的同学"不理，自学或看其他书籍"，还有5.14%的同学干脆"逃课"；而在问"逃课"的主要原因时，42.45%的同学选择厌学、缺乏学习动力，31.77%的同学选择不喜欢老师的授课方式，10.21%的同学选择社团工作忙，13.54%的同学选择沉迷于网络等。大家对学习态度的随意性很大程度上导致了一部分人学习状态不佳，同时也影响了学风整体状况。

时间支配：在学习时间的安排上，12.29%的同学每天花在学习上的时间为3~5小时，16.39%的同学为2~3小时，27.32%的同学在1小时以内，还有15.31%的同学竟然是0小时；然而问及课余时间经常做什么时，有21.35%的同学选择自习和科研，17.45%的同学选择参加社团活动，24.48%的同学则选择逛街、上网，7.55%的同学做兼职；在问及学习时间是否充足时，有26.8%的同学认为充足，45.86%的同学认为一般，27.34%的同学认为不足。调查结果显示：大部分同学课余时间充足，但是将这些时间用在学习上的同学并不是大多数，甚至有 15.31% 的同学每天用在学习上的课外时间是 0，还有 24.48% 的同学通过逛街、上网打发大部分的时间。这进一步证明了部分大学生的"知行"不统一。

考风考纪：在接受调查的同学中，有 39.5% 的同学认为考试可以检查学生对知识的掌握程度，30.81% 的同学认为考试可以促使学生用功学习，28.01% 的同学认为考试只是讲形式，并无实际意义，还有 1.68% 的同学认为考试是在检查教师讲课效果；在如何看待考试舞弊的问题上，59% 的同学认为很不好，不公平，也不利于真正掌握知识，另外有 28.25% 的同学认为考试舞弊可以接受，12.75% 的同学觉得考试舞弊是无所谓的。学风与考风考纪是相辅相成的关系，而相当一部分同学对考试不正确的观点和态度，在一定程度上也影响了学风的状况，其中对作弊的态度发人深省。

二、学风现状的分析

学生因素（略）

学校因素（略）

社会因素（略）

三、建议和措施

1. 加强引导，帮助学生端正学习态度。（略）

2. 加强管理，营造良好的学习环境。（略）

3. 增进老师和学生间的交流。（略）

4. 以好的班风和寝室风气影响学风。（略）

例文二：

### 关于××校学风状况的调查分析与研究①

为了真实了解××校学风状况，有针对性加强××校学风建设，我们于 2002 年上半年对××校学风状况进行了一次比较全面的问卷调查，在问卷调查结果的基础上，对××校学风状况进行了分析研究，现报告如下：

一、学风问卷调查的基本情况

本次调查共发出问卷 3000 份，回收问卷 1692 份，回收率为 56.4%，回收的问卷全部为有效，即有效回收率为 100%，参加问卷的 1692 人中，男生 1036 人，占 61.2%，女生 656 人，占 38.8%；一、二、三年级学生分别为 955 人、535 人和 202 人，所占比例分别为 56.4%、31.7% 和 11.9%。由于调查期间正值毕业实习和毕业设计开始阶段，四年级毕业生未能参加调查，但从调查结果看，这对整个调查没有多大的影响，因此，可以认为调查的结

① 西南科技大学课题组：《关于××校学风状况的调查分析与研究》，西南科技大学《高教研究》2003 年第 1 期。

果是客观有效的。与此同时，我们还分别召开了有一定层次、一定规模、一定专题的学生座谈会，还个别采访了部分任课教师、辅导员和学生，多渠道、多层次对××校学风状况进行了一次较为全面深入的调查和分析。

二、关于学风状况调查结果的分析研究

调查结果表明：××校学生学风状况的主流是好的，大多数学生有正确的学习态度和动机，能认真学习，刻苦钻研，成绩突出，如当前各种读书热、考研热、竞赛热、辅修热就是例证……这些成绩既反映了学校在快速发展的同时加强内涵发展，深化教育教学改革，推进素质教育取得的成果，也反映××校学风状况的主流。下面就调查结果进行一些分析研究。

1. 对学风的认识和理解

××校学生普遍认同学风是学校领导对办学思想、人才培养目标和模式的反映，是教师在执教过程中的治学理念、执教态度、责任心和敬业精神以及具体工作作风的表现，是学生在学习目的、学习态度、学习目标、学习方法上表现出的一种风气；它是学校领导、教师和学生长期努力奋斗的结果，是一所学校文化积淀形成的特有的育人文化环境，同时又受时代和社会环境变化的影响，因而学风建设在不同时期有不同的要求。在学风建设上学校领导、教师起主导作用，学生起主体作用，学风状况对学生的学习、生活和成长有积极的影响，应切实加强学风建设。基于上述的认识和理解，认为××校学风是好的和比较好的占 20.8%；有 45.4% 的学生认为学校学风状况一般；有 28.4% 的学生认为学校学风状况较差；还有 5.4% 的学生认为说不清楚。

2. 大学生学风状况

（1）大学生的学习态度

大学生对自己的学习态度如何评价，是学风状况的一个基本方面。我们的调查结果是：只有 16.7% 的人选择"刻苦学习，精益求精"；有 43.4% 的人选择"认真学习"；有 17.7% 的人选择"只求及格"；有 16.6% 的人选择"随便混混"；还有 5.6% 的人选择"体验大学生活，尽情享乐"。这表明大学生学习态度基本端正，也有相当一部分态度不明确。

（2）大学生的学习动机

在大学生学习动机上，认为"实现个人理想抱负"占 58.2%；"丰富知识，完善自我"占 57.7%；"提高能力，更好胜任今后的工作"占 52.2%；"为将在社会竞争中站稳脚跟"占 44.1%；"为出国深造作准备"占 35.3%；"为父母争光，报答父母"占 27.2%；"为祖国现代化建设作出更大的贡献"占 24.6%；"为了获得奖学金"占 21.4%；"为了考取研究生"占 19.7%。由此可见，大学生学习动机中掺杂的功利因素、个人因素较多，理想信念目标均不够明确。

（3）大学生的学习表现

大学生的学习表现主流是好的，也不同程度地存在一些问题，主要表现有以下几个方面。

第一，学生上课出勤率不高，学习纪律松懈。调查表明，有41.5%的学生认为自己所在班级学生出勤率在90%以上；有46.3%的学生认为自己所在班级学生出勤率在80%~90%；有12.2%的学生认为自己所在班级学生出勤率在80%以下。调查中，只有40.7%的学生表示自己"从不缺课"；有51.3%的学生说"自己偶尔缺课"；有8%的学生坦率承认自己是"经常缺课"，同时调查表明：在学生学习纪律上，只有7.4%的学生没有迟到早退；有35%的学生基本上按时上下课；有42.7%的学生偶尔迟到早退；有14.9%的学生经常迟到早退。在课堂上，30.7%的学生认为大都认真听课；50.4%的学生认为有人讲话或做其他事情；18.9%的学生认为讲话或做其他事情的很普遍。

第二，学生学习动力不足（正文略）。

第三，学生完成作业状况不容乐观（正文略）。

第四，学生对考试要达到的目标期望不高（正文略）。

第五，学生违反考试纪律的现象时有发生（正文略）。

第六，对学生作弊及其对学风影响的认识比较模糊（正文略）。

第七，学习自觉性差，自我控制能力较弱，业余时间利用不当（正文略）。

第八，学习方法欠佳，学习条件不会利用（正文略）。

上述分析说明，我们在肯定学风建设成绩的同时，要充分认识到由于受多种不良因素影响，××校学生学风状况不容乐观。尽管以上这些情况不是主流，在学生中的比例也不高，但它对学风影响不小，应引起我们足够的重视，并采取切实有力措施，建设良好学风。

三、影响学风的因素分析

1. 内在因素（正文略）

2. 外部原因（正文略）

四、加强学风建设的几点认识和建议

学风是学校领导、教师和学生整体精神面貌的综合反映，其内在本质是学校育人的软环境，是一所高校重要的无形精神力量，是构成高校核心竞争力的重要组成，其外在的反映是影响高校校园文化的风气和习惯，加强学风建设不仅是高校自身发展的必然要求，而且是一项长期复杂艰巨的系统工程。建设高水平的一流高校，必然要有优良的学风作为保障，结合我们的调查和进行学风建设的实际，我们对加强高校学风建设有以下几点认识和建议。

1. 把学风问题当成当前思想政治工作的重点来抓实抓好（正文略）
2. 进一步完善教育教学管理体系（正文略）
3. 充分发挥教师的教书育人职责（正文略）
4. 着力营造良好的育人环境（正文略）

比较两篇调查报告，例文一思路不清，突出表现在以下三个方面：一是从总的思路看，第一、第二两部分的内容混杂不清。第一部分谈"××校学风现状"，可是实际上既有学风状况的调查内容，又有影响学风状况的内容，这叫文不对题；第二部分谈"学风现状的分析"，其实不是"现状分析"，而是专谈对学风现状的影响因素，这也是文不对题。二是从每个部分内部结构看，如第一部分讲了两个方面的问题，即总体评价和影响因素。"总体评价"一开始说的是"影响学风的主要因素"，而"影响因素"实际说的又是学风状况的各种表现，概念混淆了。三是从每段的内容看，其思路也相当混乱。如"总体评价"部分的第一自然段，既有关于学风状况的内容，也有关于影响因素的内容，还有学生对学风状况的评价以及学风建设等内容。各种调查结果混杂一起，完全没有条理。产生这样问题的原因主要有：第一，作者没有弄清什么是学风、学风现状、学风影响因素，也就是说作者不明白自己要研究哪些问题，这些问题包含哪些内容；第二，课题方案和问卷设计不到位，可能设计方案时就没有把思路理清楚；第三，作者对各种材料，即调查统计结果的意义没有认真地进行发散和收束思考，归纳和整理不够。

例文二则不同，全文思路明晰，文脉流畅。从文中就可以看出，作者非常重视对"学风"的认识和理解。正因为如此，文章对"学风状况"八个方面问题的概括，既准确，又清楚。对每个问题的描述也很有条理。如讲"上课出勤率不高，学习纪律松懈"时，首先讲出勤率；然后讲缺课、迟到、早退情况；最后讲课堂听课是否认真或是否做其他事情的情况。不枝、不蔓、不乱。能做到这一点，除了重视弄清主要概念的内涵与外延外，同问卷设计的问题是否有条理也密切相关。这篇调查报告除了思路、条理清楚外，还有一个优点就是重点突出。作者对学风的好的方面描述较简略，而是着重分析说明了存在的问题。因此，它提出的建议也比较有针对性、有分量；而例文一，对到底学风存在哪些问题不甚了了，建议和措施也就只能是一般化的了。

【案例10.3评析】

　　我国古代写作理论巨著《文心雕龙》曾指出，写文章一定要总揽全局，安排好结构，要善于"总文理，统首尾，定与夺，合涯际，弥纶一篇，使杂而不越者也"。就是说要使文章的文理前后统一，自然天成。材料虽然很多，却能各得其所，与主题融为一体。所以写文章，包括撰写调查报告，理清思路，安排结构是一项十分重要的任务。然而要做到这一点，必须以充分的研究为前提，在开展课题研究之初就应弄清为什么研究、研究什么、如何研究这些基本问题。设计问卷时，问题的设计就应紧紧围绕中心，将各种问题"弥纶一篇"、"杂而不越"。本案例的两篇调查报告的差异，说到底是研究工作是否深入、到位的差异。

# 三、能力训练

## （一）提炼主题或中心思想训练

（1）请认真阅读下面一段话，完成以下练习：

1）分析这段话分几个层次，每层的中心思想是什么；

2）用一句话归纳出这段话的主题，并填在括号内。

（　　　　　　　　　　　）

　　今年以来，钢铁行业产销两旺，主要产品产量高速增长，经济效益大幅度提高，其主要特点如下：①主要产品产量高速增长。1～6月。全国产钢4342.4万吨，比去年同期增产446.9万吨。钢铁产量增长的主要原因：一是市场需求强劲，价格上扬；二是生产外部条件较好；三是新项目和技改项目投产，增加了生产能力。②产品结构得到调整。③产品质量提高，能耗下降。④经济效益大幅度提高，全行业实现销售收入和利税都比去年同期有明显增长。上半年的钢铁行业生产形势虽然很好，但也存在一些具体问题：一是进口矿石受港口及铁路转运能力不足的影响，仅比去年同期增加11万吨；二是废钢进口仍受配额限制，特钢企业开工不足；三是重油供应不足，影响正常生产；四是现有部分轧钢设备被闲置。为了更好地满足市场需求，增加有效供给，建议尽快废除进口许可证，调整产品进口结构，充分发掘现有轧材能力；增加重油进口，缓解供需矛盾，保障生产正常进行。

　　（2）下面是一项对小学三年级学生音乐课听课情况调查课题的调查结果。现将问卷设计的六个问题的统计数据列表如表10-7所示。请认真阅读、研究后，完成以下练习。

1）分析六个问题的调查结果说明了什么，将分析结果用简明文字填在"分析"栏中；

2）对六个问题的分析结果进行收束思考，说明它们共同反映了什么问题？这些问题对改进音乐课堂教学有什么启示？

表 10 -7　调查结果分析

| 题目 | 回答 | 人数 | 所占百分比 | 分析 |
|---|---|---|---|---|
| 1. 老师说话时，你是否能看着老师有意识地坚持听、认真听？ | 是 | 187 | 64.9 | |
| | 否 | 101 | 35.1 | |
| 2.①同学发言时，你是否认真听？ | 是 | 172 | 59.7 | |
| | 否 | 116 | 40.3 | |
| ②是否打断别人说话？ | 是 | 83 | 28.8 | |
| | 否 | 205 | 71.2 | |
| 3.①聆听音乐作品时，你是否听一会儿，就不专心了？ | 是 | 97 | 33.7 | |
| | 否 | 191 | 66.3 | |
| ②是否有自己的想法？ | 是 | 151 | 52.4 | |
| | 否 | 137 | 47.6 | |
| 4. 音乐表演和活动中，你是否按节奏和旋律进行有序的表演？ | 是 | 216 | 75.0 | |
| | 否 | 72 | 25.0 | |
| 5.①你是否喜欢倾听同学在集体中的讲话？ | 是 | 148 | 51.4 | |
| | 否 | 140 | 48.6 | |
| ②是否有交流的欲望？ | 是 | 123 | 42.7 | |
| | 否 | 165 | 57.3 | |
| 6.①听老师和同学讲话后的发言，你是否顺着自己感兴趣的话题讨论下去？ | 是 | 202 | 70.1 | |
| | 否 | 86 | 29.9 | |
| ②是否有自己的见解？ | 是 | 125 | 43.4 | |
| | 否 | 163 | 56.6 | |

（3）认真阅读表 10 -8 所载调查结果，根据这些结果提炼出主题或中心思想，说明中学生对不同传播媒介的利用有何特点。

表 10 - 8　　四种大众传媒中最受中学生欢迎的内容

单位:%

| 阅读得最多的课外书籍 | 思想教育类 | 人物传记故事类 | 小说类 | 科技知识类 | 中学课程辅导类 | 其他类 |
|---|---|---|---|---|---|---|
| | 13.1 | 37.2 | 17.5 | 12.4 | 15.5 | 4.3 |
| 最喜欢看的报刊 | 政治时事类 | 中学课程辅导类 | 文摘、科普读物类 | 娱乐欣赏类 | 青少年报刊类 | |
| | 11.0 | 9.9 | 19.4 | 40.8 | 18.9 | |
| 最喜欢看的电视节目 | 教学节目 | 少儿节目 | 体育节目 | 文艺节目电视剧 | 其他 | |
| | 24.0 | 7.6 | 22.2 | 43.8 | 2.8 | |
| 听得最多的广播节目 | 新闻 | 外语教学 | 音乐 | 广播剧 | 其他 | |
| | 23.8 | 17.1 | 49.8 | 5.8 | 3.5 | |

（4）认真阅读和思考本章［案例 10.3］的例文二，提炼出该文的主题，指出它说明的主要问题是什么，写出它的提要和关键词。

## （二）理清思路和编写提纲训练

（5）理清下面三段话的思路，分析各句话之间的关系，然后重新合理地安排每句话的顺序。

①a. 那么，究竟社会主义市场经济要求形成何种新的价值观念？b. 它与社会主义价值理想目标是否相悖？c. 社会主义市场经济的实施，要求有新的价值观念与之相适应。d. 在它确立初期，孕育和生成了哪些新的价值观念？e. 这些问题是当前人们热切关注的焦点，也是我们着重需要解决的问题。f. 我们应该如何看待新生长起来的价值观念？

合理的顺序是：_____。

②a. 中国当前农业生态环境问题很严重，不幸的是并不是每个人都了解和承认这些问题。b. 我们担心这种过时的策略会把生态环境条件推向崩溃的边缘。c. 与城市环境问题有所控制相反，农业生态环境质量正在继续恶化。d. 因此，真正认识和实施可持续发展策略，将对中国的农业发展产生意义深远的影响。e. 他们把发展农业的最大精力仍然单纯地放在强化开发利用自然资源上。

合理的顺序是：_____。

③a. 学生校外租房由于管理难度加大，旷课、迟到、早退成了家常便

饭，学习效果难以保证。b. 对于一部分学生来说，校外租房是为了创造更好的学习环境，提高学习水平。c. 大学生校外租房现在成了一个普遍现象。d. 在这个借口下，躲避人际交往与恋人同居、单纯享受舒适的生活成了众人皆知的秘密。e. 但是对大多数学生来说，为了创造好的学习环境只是校外租房的一个借口。f. 这在很大程度上造成了学生纪律观念淡薄、集体荣誉感缺失，对学校的归宿感降低。

合理的顺序是：＿＿＿＿＿＿＿＿＿＿。

（6）一篇题为《五个专业村》的调查报告，在分析和说明五个专业村形成和发展的社会经济原因时，指出其中的第一个原因用了如下一些材料，阅读这些材料后，完成以下练习。

1）将这些材料按一定的逻辑顺序组织成一段话（只需排出正确顺序），并且在开头用撮要的方法，即用一句话概括说明第一个原因；

2）分析说明这些材料中哪些是全面概貌情况、哪些是典型情况、哪些是具体的材料、哪些是概括的材料、哪些是统计数据、哪些是对比材料，它们各有什么作用。

**材料：**

①实行责任制之前，五个村的 3100 名劳动力基本捆在有限的耕地上，路子越走越窄。

②五个村共有 9000 亩耕地，每人平均 1.3 亩。

③现在由于实现了由农业向非农业的转移，这些村已不存在劳动力过剩问题，有的还劳动力不足。

④实行责任制以后，2000 多名劳动力转向非耕地经营。

⑤张寨村有 18 户农民组成的联合体，共有劳动力 41 人，他们承包的 105 亩耕地仅由 11 名劳动力耕种，其余的都投入筛网的专业生产。

⑥在这里，农民不靠国家，自己解决了务工人员的口粮问题。

⑦筛网厂每年拿出 1 万元支持农业，农民则按国家牌价向从事工业的人提供口粮。

（7）下面是一项财政支持农业科技发展调研工作报告的两个提纲。第一个提纲是原提纲，思路不清，内容混杂；第二个提纲是经过发散和收束思考后，对原提纲进行修改后的大纲，它重点突出，条理清楚。请阅读和思考两个提纲，完成下面的训练：

1）比较分析两个标题，说明修改的原因；

2）指出原大纲具体存在什么问题；

3）说明修改后的提纲，是怎样在原提纲基础上进行收束思考的，用连线将两个大纲的相关内容连起来，谈谈理清思路的基本方法。

[原提纲]

支持农业科技推广，促进农业生产发展

一、建立农业科研基地，抓好技术成果推广样板

二、支持技术承包制，加速技术推广

三、加强对珍稀野生动物的繁殖和保护工作

四、支持区乡畜牧兽医站，开展综合办站，改善经济管理

第一，扭亏增盈，成绩显著

第二，推动了畜牧生产发展

第三，加强了疫病防治和检疫工作

五、支持科技服务和网点建设，为农业生产服务

六、支持良种繁育推广工作

七、存在的问题和努力的方向

1. 建立科技推广周转基金

2. 适应科技管理体制改革需要，逐步完善农村科技服务体系

3. 搞好普及性技术培训

4. 大力开发智力、普遍提高劳动力素质

[修改后的提纲]

一、支持农业科研管理体制的改革

1. 支持推行技术承包制

2. 协助改善区乡一级农业技术站的管理

3. 帮助加速农业科技服务网点建设

二、扶持农业科学技术的研究和推广

1. 扶持建立农业科研基地

2. 扶持良种的繁育和推广

三、重视野生资源的保护与开发

1. 支持保护珍稀野生资源

2. 支持开发野生资源

四、今后的打算

1. 进一步支持农业科技管理体制的改革

2. 建立科技推广周转基金

3. 大力提高农村劳动者素质

（8）下面是一篇有关学风的调查报告中谈推进学风建设对策的一段话。请阅读思考后完成以下练习。

1）分析说明这段话有几层意思；并用一句简洁的话概括出每层大意；

2）写出这段话的标题和提纲。

兴趣是学习的动力，如果学生对专业不感兴趣，学习就会缺乏动力。据调查，林业院校只有45.57%的学生喜欢所学专业，这必然会影响到学生的学习热情和学校的学习风气。目前，有些林业院校推行入学后专业调剂政策，尝试给学生提供一个重新选择专业的机会、激发学生的专业学习兴趣，如北京林业大学规定，"一年级学习成绩名列本专业前1/3者有资格转专业"，这在很大程度上促进了学生的学习动力。林业院校还应该继续加大入学后转专业的比例，借鉴西方高校的成功经验，不断探索适应中国高校特点的专业调剂办法，积极引导学生端正学习态度，激发学习动力。

（9）认真组织1～2次小组讨论，共同分析研究小组选择的课题经调查后获取的材料，利用群体的发散和收束思考法，提炼出拟撰写的调查报告的主题，列出写作提纲。

## （三）用事实和数据说话训练

（10）下面是两篇反映农村农民在减免农业税后经济生活发生重大变化的调查报告中，带有同质性的两段话。它们的内容都是反映农村农民生活的变化，并且都在段首用段落中心句概括出了全段要表达的中心思想。阅读思考后请回答以下问题。

1）哪一段是用事实和数据说话，哪一段不是？

2）用或不用事实和数据说话对表达主题和说服读者有什么影响？

3）应该如何用事实和数据说话？

[例一]

农民负担明显减轻。新安镇二队村民××是我的二姨舅舅，我去他们家拜年时，他给我算了一笔账：税费改革以前他们家得上缴公粮1600斤，折价合计1200元。2005年开始，国家免除农业税，农业税不用交了，他们家人均减少负担200元；而且各种摊派也少了很多。他说，村里人都称赞中央的政策好，给农民带来了实惠。据旗财政局工作人员介绍，在农村税费改革和综合改革中，全旗共裁撤乡镇9个，减少财政供养人员300多人；两年来，通过减免农业税、发放各种补贴等措施，累计为全旗农民减负7000万元，人均减负290多元。

[例二]

村民眼中的变化。大多数农民都感觉到了自己生活发生的巨大变化，政策好，生活水平提高了，物质生活越来越丰富，村里在生产上都已实现了机械化。村里随处可见刚刚盖好的新房，电视、电话也都非常普及。但同时，很多人也谈到了农民生活的艰辛和不易。因为文化程度的关系，村民出去大都只能做点小生意，赚的也都是辛苦钱。同有限的收入相比，家庭支出却越来越像无底洞。除去每年的基本支出，家里的钱大都用在了孩子上学、老人看病上，压力非常大。虽然农村实行义务教育，不用缴纳学杂费了，但学校依然以各种名义收费。小学一年级的孩子，发几十本书，大部分都用不上。到了初中、高中，一个学生一年的花费成了家庭开支的重头，更不要说供个大学生了。由于农村的教育资源有限，接受的教育不正规，到了初中、高中，课程又跟不上，村里的孩子就辍学回家，和家里人一起出去打工赚钱。

（11）下面是一篇调查报告中对农作物秸秆还田的意义和作用的分析说明。它在材料的选择和运用方面存在什么毛病？原因何在？试从这段话中选择材料，重新组织，论述和证明段前第一句提出的中心思想。

一是农作物秸秆还田，不仅有明显的经济效益、社会效益，而且可以产生明显的生态效益。我国每年生产 4 亿多吨粮食，同时也生产 5 亿多吨农作物秸秆，其数量差不多等于北方草原每年打草量的 50 倍之多。由于大量养牛，有机肥料从 1980 年的 61 亿公斤，增加到 1990 年的 183.7 亿公斤，使土壤有机质含量上升为 1.19%，提高 0.11 个百分点。"八五"期间，如果每年青贮饲料 6000 万吨（折风干秸秆 1500 万吨），氨化秸秆 3500 万吨，两项合计，占农作物秸秆总量的 100%，那么，每年相当于节约饲料用粮 2000 多万吨。如果将这个比例提高到 20%，那么，相当于从秸秆利用中夺回 4000 多万吨粮食，其意义是很大的。全国很多地方的秸秆大部分烧掉了，现在很多地方还在烧，既浪费又造成环境污染，有些地方甚至把处理秸秆当作一大难题。××地区 1980 年土壤有机质含量为 1.08%。土壤有机质的增加，增强了耕地的抗灾能力，又可以减少化肥用量，降低成本。此外，农区还有大量棉籽饼、菜籽饼、糠麸等农作物副产品，可以用作草食家畜的饲料。但目前利用得很不够，作物秸秆经过青贮、氨化用作草食家畜饲料的仅占 2.8%。养牛业发展比较快的周口地区年产秸秆 50 亿公斤，青贮、氨化的也只有 6 亿公斤左右，只占 12%。如果把牛羊等草食家畜发展起来，这种状况可以大大改善。

（12）请用具体事例或数据说明以下观点：

观点一：校外租房弊大于利；

观点二：学生逃课是多种原因造成的。

## （四）起草与修改训练

（13）一项课题对某高校 30 名学生对学生食堂的满意度进行了调查，所得资料如表 10 - 9 所示。请运用所学知识对这些数据资料进行分析，并以"××大学学生对食堂满意度调查"为题，起草一篇 500 字以上的调查报告。要求全文结构完整，有标题、摘要、关键词、引言、正文、结尾等部分。

表 10 - 9　30 名学生对食堂的满意度调查数据

| 个案号 | 性别 | 生源地 | 月均生活费 | 满意度 | 个案号 | 性别 | 生源地 | 月均生活费 | 满意度 |
|---|---|---|---|---|---|---|---|---|---|
| 1 | 男 | 城市 | 500 | 很不满意 | 16 | 男 | 农村 | 300 | 比较满意 |
| 2 | 女 | 城市 | 300 | 不太满意 | 17 | 女 | 城市 | 300 | 不太满意 |
| 3 | 女 | 农村 | 400 | 一般 | 18 | 女 | 农村 | 500 | 很不满意 |
| 4 | 女 | 农村 | 350 | 不太满意 | 19 | 女 | 城市 | 400 | 一般 |
| 5 | 男 | 城市 | 300 | 比较满意 | 20 | 男 | 农村 | 350 | 不太满意 |
| 6 | 男 | 农村 | 400 | 比较满意 | 21 | 女 | 城市 | 550 | 不太满意 |
| 7 | 女 | 城市 | 250 | 比较满意 | 22 | 女 | 农村 | 600 | 很不满意 |
| 8 | 女 | 农村 | 550 | 不太满意 | 23 | 女 | 城市 | 250 | 比较满意 |
| 9 | 女 | 城市 | 600 | 很不满意 | 24 | 女 | 农村 | 550 | 不太满意 |
| 10 | 女 | 农村 | 600 | 不太满意 | 25 | 男 | 城市 | 300 | 一般 |
| 11 | 女 | 城市 | 300 | 很满意 | 26 | 女 | 农村 | 600 | 不太满意 |
| 12 | 男 | 农村 | 550 | 不太满意 | 27 | 男 | 城市 | 300 | 很满意 |
| 13 | 男 | 城市 | 550 | 不太满意 | 28 | 男 | 农村 | 450 | 比较满意 |
| 14 | 女 | 农村 | 300 | 一般 | 29 | 女 | 城市 | 550 | 不太满意 |
| 15 | 男 | 城市 | 450 | 比较满意 | 30 | 男 | 农村 | 400 | 比较满意 |

（14）下面一段话的内容、结构、语言表达等方面都存在问题，分析并找出问题，然后进行修改。

近年来，随着中国近几年的改革开放，温州的流通体制已经发生了深刻的变化，即由封锁式、多环节、少渠道的流通向少环节、开放式、多渠道的流通体制转化，加上温州人商品意识强烈，善于处理各种矛盾，农村各地资金横向通融，人员流动合理，市场双重价格出现，商业上的公平竞争，城乡市场的进一步拓展，所有这些都为横向联合提供了可能性。温州是一个典型的小商品经济社会，家家开工厂，人人跑买卖，人民生活水平提高很快，文化、科技和教育也有很大的发展。有充分自主权的商品生产者和经营者，随着商品经济的发展，这些家庭工厂可以自主支配的生产资料及其他生产要素日益增长，这就为在温州大地上如火如荼的家庭工业企业横向联合，起到了提供丰厚的物质基础。温州农村家庭工业企业横向联合的趋势，发展迅速，并产生了巨大的作用，这是改革开放的胜利成果。绝不是偶然的，而是有着现实基础的。此外，温州的农村家庭企业横向联合，有自己充分的经济条件和依据，应该说这是农村经济发展的必然产物。必然会给乡企业带来巨大的活力，并促进联产承包制的发展，对农村的稳定与发展必将起到意义深远的影响。

（15）学习《出版物上数字用法的规定》和《校对符号及其用法》，用正确的校对符号，并根据出版物上数字用法的规定，校改下面两段话。

①全县山地面积广袤，资源万公丰富，草场范围广阔，林特品种颇多，为尽力发展畜牧和林困类提供了充分的保证资源。全县共有草场面积2460000亩，据1989年统计，可利用面积占百分之三十二左右。草种达0.14千余种，且草质优良，品种繁多，有无法估量的广阔潜力。

例如，有西山明珠美谈的河弯草场，便是这样一个代表的典型例子。

②1993～1994年间，上半年工业总产值月均增加加额为34000万元，而今年上半，月均增加额达886000万元，超过产值增加额的百分之一百二十八倍。

（16）在收集整理问卷调查数据的基础上，完成小组选定课题调查报告的写作任务。可分工写出初稿，也可以委托一位或两位同学写出初稿，还可以要求每个人都写出一份初稿。然后将写出的初稿发给小组每个成员，通过小组讨论，提出修改意见。认真组织修改后，最后将修改后的定稿交老师审阅。

## （五）调查报告撰写工作成效测评训练

（17）讨论和制定测评标准和实际测评事项。

表 10－10　撰写调查报告工作成效测评标准

| 序号 | 测评项目与分值 | 测评指标与分值 | 实际测评项 |
|------|----------------|----------------|------------|
| 1 | 小组活动（10分） | （与选题同） | |
| 2 | 基本方法（30分） | 1. 提炼主题方法（10分）<br>2. 理清思路、安排结构方法（10分）<br>3. 起草和修改方法（10分） | |

续表

| 序号 | 测评项目与分值 | 测评指标与分值 | 实际测评项 |
|------|----------------|----------------|------------|
| 3 | 调查报告（60分） | 1. 主题正确、集中、鲜明（10分）<br>2. 思路清楚，结构完整<br>　　① 标题（5分）<br>　　③ 调查结果整理（10分）<br>　　④ 分析说明（10分）<br>　　⑤ 结尾（5分）<br>3. 语言准确、简明、规范（10分） | |

　　（18）根据以上标准组织小组讨论，对小组本阶段的工作进行全面评价。最后将测评结果交任课老师。

# 附录　常用数表

表1　随机数表

| | | | | |
|---|---|---|---|---|
| 10 09 73 25 33 | 76 52 01 35 86 | 34 67 35 48 76 | 80 95 90 91 17 | 39 29 27 49 45 |
| 37 54 20 48 05 | 64 89 47 42 96 | 24 80 52 40 37 | 20 63 61 04 02 | 00 82 29 16 65 |
| 08 42 26 89 53 | 19 64 50 93 03 | 23 20 90 25 60 | 15 95 33 47 64 | 35 08 03 36 06 |
| 99 01 90 25 29 | 09 37 67 07 15 | 38 31 13 11 65 | 88 67 67 43 97 | 04 43 62 76 59 |
| 12 80 79 99 70 | 80 15 73 61 47 | 64 03 23 66 53 | 98 95 11 68 77 | 12 17 17 68 33 |
| | | | | |
| 66 06 57 47 17 | 34 07 27 68 50 | 36 69 73 61 70 | 65 81 33 98 85 | 11 19 92 91 70 |
| 31 06 01 08 05 | 45 57 18 24 06 | 35 30 34 26 14 | 86 79 99 74 39 | 23 40 30 97 32 |
| 85 26 97 76 02 | 02 05 16 56 92 | 68 66 57 48 18 | 73 05 38 52 47 | 18 62 38 85 79 |
| 63 57 33 21 35 | 05 32 54 70 48 | 90 55 35 75 48 | 28 46 82 87 09 | 83 49 12 56 24 |
| 73 79 64 57 53 | 03 52 96 47 78 | 35 80 83 42 82 | 60 93 52 03 44 | 35 27 38 84 35 |
| | | | | |
| 98 52 01 77 67 | 14 90 56 86 07 | 22 10 94 05 58 | 60 97 09 34 33 | 50 50 07 39 98 |
| 11 80 50 54 31 | 39 80 82 77 32 | 50 72 56 32 48 | 29 40 52 42 01 | 52 77 56 78 51 |
| 83 45 29 96 34 | 06 28 89 80 83 | 13 74 67 00 78 | 18 47 54 06 10 | 68 71 17 78 17 |
| 88 68 54 02 00 | 86 50 75 34 01 | 36 76 66 79 51 | 90 36 47 64 93 | 29 60 91 10 62 |
| 99 59 46 73 48 | 37 51 76 49 69 | 91 82 60 89 28 | 93 78 56 13 68 | 23 47 83 41 13 |
| | | | | |
| 65 48 11 76 74 | 17 46 85 09 50 | 58 04 77 69 74 | 73 03 95 71 86 | 40 21 81 65 44 |
| 80 12 43 56 35 | 17 72 70 80 15 | 45 31 32 23 74 | 21 11 57 82 53 | 14 38 55 37 63 |
| 74 35 09 98 17 | 77 40 27 72 14 | 43 23 60 02 10 | 45 52 16 42 37 | 96 28 60 26 55 |
| 69 91 62 68 03 | 66 25 22 91 48 | 36 93 68 72 03 | 76 62 11 39 90 | 94 40 05 64 18 |
| 09 89 32 05 05 | 14 22 56 85 14 | 46 42 75 67 88 | 96 29 77 88 22 | 54 38 21 45 98 |
| | | | | |
| 91 49 91 45 23 | 68 47 92 76 86 | 46 16 23 35 54 | 94 75 08 99 23 | 37 03 92 00 48 |
| 80 33 69 45 98 | 26 94 03 63 58 | 70 29 73 41 35 | 53 14 03 33 40 | 42 05 08 23 41 |
| 44 10 48 19 49 | 85 15 74 79 54 | 32 97 92 65 75 | 57 60 04 08 81 | 22 22 20 64 13 |
| 12 55 07 37 42 | 11 10 00 20 40 | 12 86 07 46 97 | 96 64 48 94 39 | 28 70 72 58 15 |
| 63 60 64 93 29 | 16 50 53 44 84 | 40 21 95 25 63 | 43 65 17 70 82 | 07 20 73 17 90 |

| | | | | |
|---|---|---|---|---|
| 07 63 87 79 29 | 03 06 11 80 72 | 96 20 74 41 56 | 23 32 19 95 38 | 04 71 36 69 94 |
| 60 52 88 34 41 | 07 95 41 98 14 | 59 17 52 06 95 | 05 53 35 21 39 | 61 21 20 64 55 |
| 83 59 63 56 55 | 06 95 89 29 83 | 05 12 80 97 19 | 77 43 35 37 83 | 92 30 15 04 98 |
| 10 85 06 27 46 | 99 59 91 05 07 | 13 49 90 63 19 | 53 07 57 18 39 | 06 41 01 93 62 |
| 39 82 09 89 52 | 43 62 26 31 47 | 64 42 18 08 14 | 43 80 00 93 51 | 31 02 47 31 67 |
| | | | | |
| 59 58 00 64 78 | 75 56 97 88 00 | 88 83 55 44 86 | 23 76 80 61 56 | 04 11 10 84 08 |
| 38 50 80 73 41 | 23 79 34 87 63 | 90 82 29 70 22 | 17 71 90 42 07 | 95 95 44 99 53 |
| 30 69 27 06 68 | 94 68 81 61 27 | 56 19 68 00 91 | 82 06 76 34 00 | 05 46 26 92 00 |
| 65 44 39 56 59 | 18 28 82 74 37 | 49 63 22 40 41 | 08 33 76 56 76 | 96 29 99 08 36 |
| 27 26 75 02 64 | 13 19 27 22 94 | 07 47 74 45 06 | 17 98 54 89 11 | 97 34 13 03 58 |
| | | | | |
| 91 30 70 69 91 | 19 07 22 42 10 | 36 69 95 37 28 | 28 82 53 57 93 | 28 97 66 62 52 |
| 68 43 49 46 88 | 84 47 31 36 22 | 62 12 69 84 08 | 12 84 38 25 90 | 09 81 59 31 46 |
| 48 90 81 58 77 | 54 74 52 45 91 | 35 70 00 47 54 | 83 82 45 26 92 | 54 13 05 51 60 |
| 06 91 34 51 97 | 42 67 27 86 01 | 11 88 30 95 28 | 63 01 19 89 01 | 14 97 44 03 44 |
| 10 45 51 60 19 | 14 21 03 37 12 | 91 34 23 78 21 | 88 32 58 08 51 | 43 66 77 08 83 |
| | | | | |
| 12 88 39 73 43 | 65 02 76 11 84 | 04 28 50 13 92 | 17 97 41 50 77 | 90 71 22 67 69 |
| 21 77 83 09 76 | 38 80 73 69 61 | 31 64 94 20 96 | 63 28 10 20 23 | 08 81 64 74 49 |
| 19 52 35 95 15 | 65 12 25 96 59 | 86 28 36 82 58 | 69 57 21 37 98 | 16 43 59 15 29 |
| 67 24 55 26 70 | 35 58 31 65 63 | 79 24 68 66 86 | 76 46 33 42 22 | 26 65 59 08 02 |
| 60 58 44 73 77 | 07 50 03 79 92 | 45 13 42 65 29 | 26 76 08 36 37 | 41 32 64 43 44 |
| | | | | |
| 53 85 34 13 77 | 36 06 69 48 50 | 58 83 87 38 59 | 49 36 47 33 31 | 96 24 04 36 42 |
| 24 63 73 87 36 | 74 38 48 93 42 | 52 62 30 79 92 | 12 36 91 86 01 | 03 74 28 38 73 |
| 83 08 01 24 51 | 38 99 22 28 15 | 07 75 95 17 77 | 97 37 72 75 85 | 51 97 23 78 67 |
| 16 44 42 43 34 | 36 15 19 90 73 | 27 49 37 09 39 | 85 13 03 25 52 | 54 84 65 47 59 |
| 60 79 01 81 57 | 57 17 86 57 62 | 11 16 17 85 76 | 45 81 95 29 79 | 65 13 00 48 60 |
| | | | | |
| 03 99 11 04 61 | 93 71 61 68 94 | 66 08 32 46 53 | 84 60 95 82 32 | 88 61 81 91 61 |
| 38 55 59 55 54 | 32 88 65 97 80 | 08 35 56 08 60 | 29 73 54 77 62 | 71 29 92 38 53 |
| 17 54 67 37 04 | 92 05 24 62 15 | 55 12 12 92 81 | 59 07 60 79 36 | 27 95 45 89 09 |
| 32 64 35 28 61 | 95 81 90 68 31 | 00 91 19 89 36 | 76 35 59 37 79 | 80 86 30 05 14 |
| 69 57 26 87 77 | 39 51 03 59 05 | 14 06 04 06 19 | 29 54 96 96 16 | 33 56 46 07 80 |
| | | | | |
| 24 12 26 65 91 | 27 69 90 64 94 | 14 84 54 66 72 | 61 95 87 71 00 | 90 89 97 57 54 |
| 61 19 63 02 31 | 92 96 26 17 73 | 41 83 95 53 82 | 17 26 77 09 43 | 78 03 87 02 67 |

| | | | | |
|---|---|---|---|---|
| 30 53 22 17 04 | 10 27 41 22 02 | 39 68 52 03 09 | 10 06 16 88 29 | 55 98 66 64 85 |
| 03 78 89 75 99 | 75 86 72 07 17 | 74 41 65 31 66 | 35 20 83 33 74 | 87 53 90 88 23 |
| 48 22 86 33 79 | 85 78 34 76 19 | 53 15 26 74 33 | 35 66 35 29 72 | 16 81 86 03 11 |
| | | | | |
| 60 36 59 46 53 | 35 07 53 39 49 | 42 61 42 92 97 | 01 91 82 83 16 | 98 95 37 32 31 |
| 83 79 94 24 02 | 56 62 33 44 42 | 34 99 44 13 74 | 70 07 11 47 36 | 09 95 81 80 65 |
| 32 96 00 74 05 | 36 40 98 32 32 | 99 38 54 16 00 | 11 13 30 75 86 | 15 91 70 62 53 |
| 19 32 25 38 45 | 57 62 05 26 06 | 66 49 76 86 46 | 78 13 86 65 59 | 19 64 09 94 13 |
| 11 22 09 47 47 | 07 39 93 74 08 | 48 50 92 39 29 | 27 48 24 54 76 | 85 24 43 51 59 |
| | | | | |
| 31 75 15 72 60 | 68 98 00 53 39 | 15 47 04 83 55 | 88 65 12 25 96 | 03 15 21 92 21 |
| 88 49 29 93 82 | 14 45 40 45 04 | 20 09 49 89 77 | 74 84 39 34 13 | 22 10 97 85 08 |
| 30 93 44 77 44 | 07 48 18 38 28 | 73 78 80 65 33 | 28 59 72 04 05 | 94 20 52 03 80 |
| 22 88 84 88 93 | 27 49 99 87 48 | 60 53 04 51 28 | 74 02 28 46 17 | 82 03 71 02 68 |
| 78 21 21 69 93 | 35 90 29 13 86 | 44 37 21 54 86 | 65 74 11 40 14 | 87 48 13 72 20 |
| | | | | |
| 41 84 98 45 47 | 46 85 05 23 26 | 34 67 75 83 00 | 74 91 06 43 45 | 19 32 58 15 49 |
| 46 35 23 30 49 | 69 24 89 34 60 | 45 30 50 75 21 | 61 31 83 18 55 | 14 41 34 09 51 |
| 11 08 79 62 94 | 14 01 33 17 92 | 59 74 76 72 77 | 76 50 33 45 13 | 39 66 37 75 44 |
| 52 70 10 83 37 | 56 30 38 73 15 | 16 52 06 96 76 | 11 65 49 98 93 | 02 18 16 81 61 |
| 57 27 53 68 98 | 81 30 44 85 85 | 68 65 22 73 76 | 92 85 25 58 66 | 88 44 80 35 84 |
| | | | | |
| 20 85 77 31 56 | 70 28 42 43 26 | 79 37 59 52 20 | 01 15 96 32 67 | 10 62 24 83 91 |
| 15 63 38 49 24 | 90 41 59 36 14 | 33 52 12 66 65 | 55 82 34 76 41 | 86 22 53 17 04 |
| 92 69 44 82 97 | 39 90 40 21 15 | 59 58 94 90 67 | 66 82 14 15 75 | 49 76 70 40 37 |
| 77 61 31 90 19 | 88 15 20 00 80 | 20 55 49 14 09 | 96 27 74 82 57 | 50 81 69 76 16 |
| 38 68 83 24 86 | 45 13 46 35 45 | 59 40 47 20 59 | 43 94 75 16 80 | 43 85 25 96 93 |
| | | | | |
| 25 16 30 18 89 | 70 01 41 50 21 | 41 29 06 73 12 | 71 85 71 59 57 | 68 97 11 14 03 |
| 65 25 10 76 29 | 37 23 93 32 95 | 05 87 00 11 19 | 92 78 42 63 40 | 18 47 76 56 22 |
| 36 81 54 36 25 | 18 63 73 75 09 | 82 44 49 90 05 | 04 92 17 37 01 | 14 70 79 39 97 |
| 64 39 71 16 92 | 05 32 78 21 62 | 20 24 78 17 59 | 45 19 72 53 32 | 83 74 52 25 67 |
| 04 51 52 56 24 | 95 09 66 79 46 | 48 46 08 55 58 | 15 19 11 87 82 | 16 93 03 33 61 |
| | | | | |
| 83 76 16 08 73 | 43 25 38 41 45 | 60 83 32 59 83 | 01 29 14 13 49 | 20 36 80 71 26 |
| 14 38 70 63 45 | 80 85 40 92 79 | 43 52 90 63 18 | 38 38 47 47 61 | 41 19 63 74 80 |
| 51 32 19 22 46 | 80 08 87 70 74 | 88 72 25 67 36 | 66 16 44 94 31 | 66 91 93 16 78 |
| 72 47 20 00 08 | 80 89 01 80 02 | 94 81 33 19 00 | 54 15 58 34 36 | 35 35 25 41 31 |
| 05 46 65 53 06 | 93 12 81 84 64 | 74 45 79 05 61 | 72 84 81 18 34 | 79 98 26 84 16 |

| | | | |
|---|---|---|---|
| 39 52 87 24 84 | 82 47 42 55 93 | 48 54 53 52 47 | 18 61 91 36 74 | 18 61 11 92 41 |
| 81 61 61 87 11 | 53 34 24 42 76 | 75 12 21 17 24 | 74 62 77 37 07 | 58 31 91 59 97 |
| 07 58 61 61 20 | 82 64 12 28 20 | 92 90 41 31 41 | 32 39 21 97 63 | 61 19 96 79 40 |
| 90 76 70 42 35 | 13 57 41 72 00 | 69 90 26 37 42 | 78 26 42 25 01 | 18 62 79 08 72 |
| 40 18 82 81 93 | 29 59 38 86 27 | 94 97 21 15 98 | 62 09 53 67 87 | 00 44 15 89 97 |
| | | | | |
| 34 41 48 21 57 | 86 88 75 50 87 | 19 15 20 00 23 | 12 30 28 07 83 | 32 62 46 86 91 |
| 63 43 97 53 63 | 44 98 91 68 22 | 36 02 40 09 67 | 76 37 84 16 05 | 65 96 17 34 88 |
| 67 04 90 90 70 | 93 39 94 55 47 | 94 45 87 42 84 | 05 04 14 98 07 | 20 28 83 40 60 |
| 79 49 50 41 46 | 52 16 29 02 86 | 54 15 83 42 43 | 46 97 83 54 82 | 59 36 29 59 38 |
| 91 70 43 05 52 | 04 73 72 10 31 | 75 05 19 30 29 | 47 66 56 43 82 | 99 78 29 34 78 |

资料来源：The RAND Corporation. A Million Random Digits. Glencoe：Free Press，1955.

## 表2　$\chi^2$ 分布表

| df | p = 0.30 | 0.20 | 0.10 | 0.05 | 0.02 | 0.01 | 0.001 |
|---|---|---|---|---|---|---|---|
| 1 | 1.074 | 1.642 | 2.706 | 3.841 | 5.412 | 6.635 | 10.827 |
| 2 | 2.408 | 3.219 | 4.605 | 5.991 | 7.824 | 9.210 | 13.815 |
| 3 | 3.665 | 4.642 | 6.251 | 7.815 | 9.837 | 11.345 | 16.268 |
| 4 | 4.878 | 5.989 | 7.779 | 9.488 | 11.668 | 13.277 | 18.465 |
| 5 | 6.064 | 7.289 | 9.236 | 11.070 | 13.388 | 15.086 | 20.517 |
| 6 | 7.231 | 8.558 | 10.645 | 12.592 | 15.033 | 16.812 | 22.457 |
| 7 | 8.383 | 9.803 | 12.017 | 14.067 | 16.622 | 18.475 | 24.322 |
| 8 | 9.524 | 11.030 | 13.362 | 15.507 | 18.168 | 20.090 | 26.125 |
| 9 | 10.656 | 12.242 | 14.684 | 16.919 | 19.679 | 21.666 | 27.877 |
| 10 | 11.781 | 13.442 | 15.987 | 18.307 | 21.161 | 23.209 | 29.588 |
| 11 | 12.899 | 14.631 | 17.275 | 19.675 | 22.618 | 24.725 | 31.264 |
| 12 | 14.011 | 15.812 | 18.549 | 21.026 | 24.054 | 26.217 | 32.909 |
| 13 | 15.119 | 16.985 | 19.812 | 22.362 | 25.472 | 27.688 | 34.528 |
| 14 | 16.222 | 18.151 | 21.064 | 23.685 | 26.873 | 29.141 | 36.123 |
| 15 | 17.322 | 19.311 | 22.307 | 24.996 | 28.259 | 30.578 | 37.697 |
| 16 | 18.418 | 20.465 | 23.542 | 26.296 | 29.633 | 32.000 | 39.252 |

续表

| df | p = 0.30 | 0.20 | 0.10 | 0.05 | 0.02 | 0.01 | 0.001 |
|----|----------|------|------|------|------|------|-------|
| 17 | 19.511 | 21.615 | 24.769 | 27.587 | 30.995 | 33.409 | 40.790 |
| 18 | 20.601 | 22.760 | 25.989 | 28.869 | 32.346 | 34.805 | 42.312 |
| 19 | 21.689 | 23.900 | 27.204 | 30.144 | 33.687 | 36.191 | 43.820 |
| 20 | 22.775 | 25.038 | 28.412 | 31.410 | 35.020 | 37.566 | 45.315 |
| 21 | 23.858 | 26.171 | 29.615 | 32.671 | 36.343 | 38.932 | 46.797 |
| 22 | 24.939 | 27.301 | 30.813 | 33.924 | 37.659 | 40.289 | 48.268 |
| 23 | 26.018 | 28.429 | 32.007 | 35.172 | 38.968 | 41.638 | 49.728 |
| 24 | 27.096 | 29.553 | 33.196 | 36.415 | 40.270 | 42.980 | 51.179 |
| 25 | 28.172 | 30.675 | 34.382 | 37.652 | 41.566 | 44.314 | 52.620 |
| 26 | 29.246 | 31.795 | 35.563 | 38.885 | 42.856 | 45.642 | 54.052 |
| 27 | 30.319 | 32.912 | 36.741 | 40.113 | 44.140 | 46.963 | 55.476 |
| 28 | 31.391 | 34.027 | 37.916 | 41.337 | 45.419 | 48.278 | 56.893 |
| 29 | 32.461 | 35.139 | 39.087 | 42.557 | 46.693 | 49.588 | 58.302 |
| 30 | 33.530 | 36.250 | 40.256 | 43.773 | 47.962 | 50.892 | 59.703 |

资料来源：Fisher R. A., Yates F. Statistical Tables for Biological. Agricultural and Medical Research. Edinburgh: Oliver and Boyd, 1948.

## 表3　Z检验表

| p≤ | \| Z \| ≥ | |
|----|------|------|
|  | 一端 | 二端 |
| 0.10 | 1.29 | 1.65 |
| 0.05 | 1.65 | 1.96 |
| 0.02 | 2.06 | 2.33 |
| 0.01 | 2.33 | 2.58 |
| 0.005 | 2.58 | 2.81 |
| 0.001 | 3.09 | 3.30 |

资料来源：李沛良：《社会研究的统计分析》，湖北人民出版社，1987年。

## 表4　F分布表

p = 0.05

| df₁ / df₂ | 1 | 2 | 3 | 4 | 5 | 6 | 8 | 12 | 24 | ∞ |
|---|---|---|---|---|---|---|---|---|---|---|
| 1 | 161.4 | 199.5 | 215.7 | 224.6 | 230.2 | 234.0 | 238.9 | 243.9 | 249.0 | 254.3 |
| 2 | 18.51 | 19.00 | 19.16 | 19.25 | 19.30 | 19.33 | 19.37 | 19.41 | 19.45 | 19.50 |
| 3 | 10.13 | 9.55 | 9.28 | 9.12 | 9.01 | 8.94 | 8.84 | 8.74 | 8.64 | 8.53 |
| 4 | 7.71 | 6.94 | 6.59 | 6.39 | 6.26 | 6.16 | 6.04 | 5.91 | 5.77 | 5.63 |
| 5 | 6.61 | 5.79 | 5.41 | 5.19 | 5.05 | 4.95 | 4.82 | 4.68 | 4.53 | 4.36 |
| 6 | 5.99 | 5.14 | 4.76 | 4.53 | 4.39 | 4.28 | 4.15 | 4.00 | 3.84 | 3.67 |
| 7 | 5.59 | 4.74 | 4.35 | 4.12 | 3.97 | 3.87 | 3.73 | 3.57 | 3.41 | 3.23 |
| 8 | 5.32 | 4.46 | 4.07 | 3.84 | 3.69 | 3.58 | 3.44 | 3.28 | 3.12 | 2.93 |
| 9 | 5.12 | 4.26 | 3.86 | 3.63 | 3.48 | 3.37 | 3.23 | 3.07 | 2.90 | 2.71 |
| 10 | 4.96 | 4.10 | 3.71 | 3.48 | 3.33 | 3.22 | 3.07 | 2.91 | 2.74 | 2.54 |
| 11 | 4.84 | 3.98 | 3.59 | 3.36 | 3.20 | 3.09 | 2.95 | 2.79 | 2.61 | 2.40 |
| 12 | 4.75 | 3.88 | 3.49 | 3.26 | 3.11 | 3.00 | 2.85 | 2.69 | 2.50 | 2.30 |
| 13 | 4.67 | 3.80 | 3.41 | 3.18 | 3.02 | 2.92 | 2.77 | 2.60 | 2.42 | 2.21 |
| 14 | 4.60 | 3.74 | 3.34 | 3.11 | 2.96 | 2.85 | 2.70 | 2.53 | 2.35 | 2.13 |
| 15 | 4.54 | 3.68 | 3.29 | 3.06 | 2.90 | 2.79 | 2.64 | 2.48 | 2.29 | 2.07 |
| 16 | 4.49 | 3.63 | 3.24 | 3.01 | 2.85 | 2.74 | 2.59 | 2.42 | 2.24 | 2.01 |
| 17 | 4.45 | 3.59 | 3.20 | 2.96 | 2.81 | 2.70 | 2.55 | 2.38 | 2.19 | 1.96 |
| 18 | 4.41 | 3.55 | 3.16 | 2.93 | 2.77 | 2.66 | 2.51 | 2.34 | 2.15 | 1.92 |
| 19 | 4.38 | 3.52 | 3.13 | 2.90 | 2.74 | 2.63 | 2.48 | 2.31 | 2.11 | 1.88 |
| 20 | 4.35 | 3.49 | 3.10 | 2.87 | 2.71 | 2.60 | 2.45 | 2.28 | 2.08 | 1.84 |
| 21 | 4.32 | 3.47 | 3.07 | 2.84 | 2.68 | 2.57 | 2.42 | 2.25 | 2.05 | 1.81 |
| 22 | 4.30 | 3.44 | 3.05 | 2.82 | 2.66 | 2.55 | 2.40 | 2.23 | 2.03 | 1.78 |
| 23 | 4.28 | 3.42 | 3.03 | 2.80 | 2.64 | 2.53 | 2.38 | 2.20 | 2.00 | 1.76 |
| 24 | 4.26 | 3.40 | 3.01 | 2.78 | 2.62 | 2.51 | 2.36 | 2.18 | 1.98 | 1.73 |
| 25 | 4.24 | 3.38 | 2.99 | 2.76 | 2.60 | 2.49 | 2.34 | 2.16 | 1.96 | 1.71 |
| 26 | 4.22 | 3.37 | 2.98 | 2.74 | 2.59 | 2.47 | 2.32 | 2.15 | 1.95 | 1.69 |
| 27 | 4.21 | 3.35 | 2.96 | 2.73 | 2.57 | 2.46 | 2.30 | 2.13 | 1.93 | 1.67 |
| 28 | 4.20 | 3.34 | 2.95 | 2.71 | 2.56 | 2.44 | 2.29 | 2.12 | 1.91 | 1.65 |
| 29 | 4.18 | 3.33 | 2.93 | 2.70 | 2.54 | 2.43 | 2.28 | 2.10 | 1.90 | 1.64 |
| 30 | 4.17 | 3.32 | 2.92 | 2.69 | 2.53 | 2.42 | 2.27 | 2.09 | 1.89 | 1.62 |
| 40 | 4.08 | 3.23 | 2.84 | 2.61 | 2.45 | 2.34 | 2.18 | 2.00 | 1.79 | 1.51 |
| 60 | 4.00 | 3.15 | 2.76 | 2.52 | 2.37 | 2.25 | 2.10 | 1.92 | 1.70 | 1.39 |
| 120 | 3.92 | 3.07 | 2.68 | 2.45 | 2.29 | 2.17 | 2.02 | 1.83 | 1.61 | 1.25 |
| ∞ | 3.84 | 2.99 | 2.60 | 2.37 | 2.21 | 2.09 | 1.94 | 1.75 | 1.52 | 1.00 |

p = 0.01　　　　　　　　　　　　　　　　　　　　　　　　　　　　　　续表

| df₂ \ df₁ | 1 | 2 | 3 | 4 | 5 | 6 | 8 | 12 | 24 | ∞ |
|---|---|---|---|---|---|---|---|---|---|---|
| 1 | 4 052 | 4 999 | 5 403 | 5 625 | 5 764 | 5 859 | 5 981 | 6 106 | 6 234 | 6 366 |
| 2 | 98.49 | 99.01 | 99.17 | 99.25 | 99.30 | 99.33 | 99.36 | 99.42 | 99.46 | 99.50 |
| 3 | 34.12 | 30.81 | 29.46 | 28.71 | 28.24 | 27.91 | 27.49 | 27.05 | 26.60 | 26.12 |
| 4 | 21.20 | 18.00 | 16.69 | 15.98 | 15.52 | 15.21 | 14.80 | 14.37 | 13.93 | 13.46 |
| 5 | 16.26 | 13.27 | 12.06 | 11.39 | 10.97 | 10.67 | 10.27 | 9.89 | 9.47 | 9.02 |
| 6 | 13.74 | 10.92 | 9.78 | 9.15 | 8.75 | 8.47 | 8.10 | 7.72 | 7.31 | 6.88 |
| 7 | 12.25 | 9.55 | 8.45 | 7.85 | 7.46 | 7.19 | 6.84 | 6.47 | 6.07 | 5.65 |
| 8 | 11.26 | 8.65 | 7.59 | 7.01 | 6.63 | 6.37 | 6.03 | 5.67 | 5.28 | 4.86 |
| 9 | 10.56 | 8.02 | 6.99 | 6.42 | 6.06 | 5.80 | 5.47 | 5.11 | 4.73 | 4.31 |
| 10 | 10.04 | 7.56 | 6.55 | 5.99 | 5.64 | 5.39 | 5.06 | 4.71 | 4.33 | 3.91 |
| 11 | 9.65 | 7.20 | 6.22 | 5.67 | 5.32 | 5.07 | 4.74 | 4.40 | 4.02 | 3.60 |
| 12 | 9.33 | 6.93 | 5.95 | 5.41 | 5.06 | 4.82 | 4.50 | 4.16 | 3.78 | 3.36 |
| 13 | 9.07 | 6.70 | 5.74 | 5.20 | 4.86 | 4.62 | 4.30 | 3.96 | 3.59 | 3.16 |
| 14 | 8.86 | 6.51 | 5.56 | 5.03 | 4.69 | 4.46 | 4.14 | 3.80 | 3.43 | 3.00 |
| 15 | 8.68 | 6.36 | 5.42 | 4.89 | 4.56 | 4.32 | 4.00 | 3.67 | 3.29 | 2.87 |
| 16 | 8.53 | 6.23 | 5.29 | 4.77 | 4.44 | 4.20 | 3.89 | 3.55 | 3.18 | 2.75 |
| 17 | 8.40 | 6.11 | 5.18 | 4.67 | 4.34 | 4.10 | 3.79 | 3.45 | 3.08 | 2.65 |
| 18 | 8.28 | 6.01 | 5.09 | 4.58 | 4.25 | 4.01 | 3.71 | 3.37 | 3.00 | 2.57 |
| 19 | 8.18 | 5.93 | 5.01 | 4.50 | 4.17 | 3.94 | 3.63 | 3.30 | 2.92 | 2.49 |
| 20 | 8.10 | 5.85 | 4.94 | 4.43 | 4.10 | 3.87 | 3.56 | 3.23 | 2.86 | 2.42 |
| 21 | 8.02 | 5.78 | 4.87 | 4.37 | 4.04 | 3.81 | 3.51 | 3.17 | 2.80 | 2.36 |
| 22 | 7.94 | 5.72 | 4.82 | 4.31 | 3.99 | 3.76 | 3.45 | 3.12 | 2.75 | 2.31 |
| 23 | 7.88 | 5.66 | 4.76 | 4.26 | 3.94 | 3.71 | 3.41 | 3.07 | 2.70 | 2.26 |
| 24 | 7.82 | 5.61 | 4.72 | 4.22 | 3.90 | 3.67 | 3.36 | 3.03 | 2.66 | 2.21 |
| 25 | 7.77 | 5.57 | 4.68 | 4.18 | 3.86 | 3.63 | 3.32 | 2.99 | 2.62 | 2.17 |
| 26 | 7.72 | 5.53 | 4.64 | 4.14 | 3.82 | 3.59 | 3.29 | 2.96 | 2.58 | 2.13 |
| 27 | 7.68 | 5.49 | 4.60 | 4.11 | 3.78 | 3.56 | 3.26 | 2.93 | 2.55 | 2.10 |
| 28 | 7.64 | 5.45 | 4.57 | 4.07 | 3.75 | 3.53 | 3.23 | 2.90 | 2.52 | 2.06 |
| 29 | 7.60 | 5.42 | 4.54 | 4.04 | 3.73 | 3.50 | 3.20 | 2.87 | 2.49 | 2.03 |
| 30 | 7.56 | 5.39 | 4.51 | 4.02 | 3.70 | 3.47 | 3.17 | 2.84 | 2.47 | 2.01 |
| 40 | 7.31 | 5.18 | 4.31 | 3.83 | 3.51 | 3.29 | 2.99 | 2.66 | 2.29 | 1.80 |
| 60 | 7.08 | 4.98 | 4.13 | 3.65 | 3.34 | 3.12 | 2.82 | 2.50 | 2.12 | 1.60 |
| 120 | 6.85 | 4.79 | 3.95 | 3.48 | 3.17 | 2.96 | 2.66 | 2.34 | 1.95 | 1.38 |
| ∞ | 6.64 | 4.60 | 3.78 | 3.32 | 3.02 | 2.80 | 2.51 | 2.18 | 1.79 | 1.00 |

p = 0.001 续表

| df₁<br>df₂ | 1 | 2 | 3 | 4 | 5 | 6 | 8 | 12 | 24 | ∞ |
|---|---|---|---|---|---|---|---|---|---|---|
| 1 | 405 284 | 500 000 | 540 379 | 562 500 | 576 405 | 585 937 | 598 144 | 610 667 | 623 497 | 636 619 |
| 2 | 998.5 | 999.0 | 999.2 | 999.2 | 999.3 | 999.3 | 999.4 | 999.4 | 999.5 | 999.5 |
| 3 | 167.5 | 148.5 | 141.1 | 137.1 | 134.6 | 132.8 | 130.6 | 128.3 | 125.9 | 123.5 |
| 4 | 74.14 | 61.25 | 56.18 | 53.44 | 51.71 | 50.53 | 49.00 | 47.41 | 45.77 | 44.05 |
| 5 | 47.04 | 36.61 | 33.20 | 31.09 | 29.75 | 28.84 | 27.64 | 26.42 | 25.14 | 23.78 |
| 6 | 35.51 | 27.00 | 23.70 | 21.90 | 20.81 | 20.03 | 19.03 | 17.99 | 16.89 | 15.75 |
| 7 | 29.22 | 21.69 | 18.77 | 17.19 | 16.21 | 15.52 | 14.63 | 13.71 | 12.73 | 11.69 |
| 8 | 25.42 | 18.49 | 15.83 | 14.39 | 13.49 | 12.86 | 12.04 | 11.19 | 10.30 | 9.34 |
| 9 | 22.86 | 16.39 | 13.90 | 12.56 | 11.71 | 11.13 | 10.37 | 9.57 | 8.72 | 7.81 |
| 10 | 21.04 | 14.91 | 12.55 | 11.28 | 10.48 | 9.92 | 9.20 | 8.45 | 7.64 | 6.76 |
| 11 | 19.69 | 13.81 | 11.56 | 10.35 | 9.58 | 9.05 | 8.35 | 7.63 | 6.85 | 6.00 |
| 12 | 18.64 | 12.97 | 10.80 | 9.63 | 8.89 | 8.38 | 7.71 | 7.00 | 6.25 | 5.42 |
| 13 | 17.81 | 12.31 | 10.21 | 9.07 | 8.35 | 7.86 | 7.21 | 6.52 | 5.78 | 4.97 |
| 14 | 17.14 | 11.78 | 9.73 | 8.62 | 7.92 | 7.43 | 6.80 | 6.13 | 5.41 | 4.60 |
| 15 | 16.59 | 11.34 | 9.34 | 8.25 | 7.57 | 7.09 | 6.47 | 5.81 | 5.10 | 4.31 |
| 16 | 16.12 | 10.97 | 9.00 | 7.94 | 7.27 | 6.81 | 6.19 | 5.55 | 4.85 | 4.06 |
| 17 | 15.72 | 10.66 | 8.73 | 7.68 | 7.02 | 6.56 | 5.96 | 5.32 | 4.63 | 3.85 |
| 18 | 15.38 | 10.39 | 8.49 | 7.46 | 6.81 | 6.35 | 5.76 | 5.13 | 4.45 | 3.67 |
| 19 | 15.08 | 10.16 | 8.28 | 7.26 | 6.61 | 6.18 | 5.59 | 4.97 | 4.29 | 3.52 |
| 20 | 14.82 | 9.95 | 8.10 | 7.10 | 6.46 | 6.02 | 5.44 | 4.82 | 4.15 | 3.38 |
| 21 | 14.59 | 9.77 | 7.94 | 6.95 | 6.32 | 5.88 | 5.31 | 4.70 | 4.03 | 3.26 |
| 22 | 14.38 | 9.61 | 7.80 | 6.81 | 6.19 | 5.76 | 5.19 | 4.58 | 3.92 | 3.15 |
| 23 | 14.19 | 9.47 | 7.67 | 6.69 | 6.08 | 5.65 | 5.09 | 4.48 | 3.82 | 3.05 |
| 24 | 14.03 | 9.34 | 7.55 | 6.59 | 5.98 | 5.55 | 4.99 | 4.39 | 3.74 | 2.97 |
| 25 | 13.88 | 9.22 | 7.45 | 6.49 | 5.88 | 5.46 | 4.91 | 4.31 | 3.66 | 2.89 |
| 26 | 13.74 | 9.12 | 7.36 | 6.41 | 5.80 | 5.38 | 4.83 | 4.24 | 3.59 | 2.82 |
| 27 | 13.61 | 9.02 | 7.27 | 6.33 | 5.73 | 5.31 | 4.76 | 4.17 | 3.52 | 2.75 |
| 28 | 13.50 | 8.93 | 7.19 | 6.25 | 5.66 | 5.24 | 4.69 | 4.11 | 3.46 | 2.70 |
| 29 | 13.39 | 8.85 | 7.12 | 6.19 | 5.59 | 5.18 | 4.64 | 4.05 | 3.41 | 2.64 |
| 30 | 13.29 | 8.77 | 7.05 | 6.12 | 5.58 | 5.12 | 4.58 | 4.00 | 3.36 | 2.59 |
| 40 | 12.61 | 8.25 | 6.60 | 5.70 | 5.13 | 4.73 | 4.21 | 3.64 | 3.01 | 2.23 |
| 60 | 11.97 | 7.76 | 6.17 | 5.31 | 4.76 | 4.37 | 3.87 | 3.31 | 2.69 | 1.90 |
| 120 | 11.38 | 7.31 | 5.79 | 4.95 | 4.42 | 4.04 | 3.55 | 3.02 | 2.40 | 1.56 |
| ∞ | 10.83 | 6.91 | 5.42 | 4.62 | 4.10 | 3.74 | 3.27 | 2.74 | 2.13 | 1.00 |

资料来源：Fisher R. A., Yates F. Statistical Tables for Biological. Agricultural and Medical Research. Edinburgh：Oliver and Boyd, 1948.

# 参考文献

［1］风笑天：《现代社会调查方法》（第三版），华中科技大学出版社，2005年。

［2］风笑天：《社会学研究方法》，中国人民大学出版社，2009年。

［3］赵淑兰：《社会调查方法》，机械工业出版社，2011年。

［4］袁方：《社会研究方法教程》，北京大学出版社，1997年。

［5］水延凯等：《社会调查教程》（第五版），中国人民大学出版社，2010年。

［6］水延凯：《社会调查案例教程》，中国人民大学出版社，2008年。

［7］水延凯等：《社会调查教程》（修订本），中国人民大学出版社，1996年。

［8］李沛良：《社会研究的统计运用》，社会科学文献出版社，2002年。

［9］卢淑华：《社会统计学》，北京大学出版社，1989年。

［10］范伟达、范冰：《社会调查研究方法》，复旦大学出版社，2010年。

［11］董海军：《社会调查与统计》，武汉大学出版社，2009年。

［12］郝大海：《社会调查研究方法》（第二版），中国人民大学出版社，2009年。

［13］刑占军、衣芳：《社会调查研究方法》，人民出版社，2010年。

［14］胡宝坤：《统计学基础》，中国农业大学出版社，首都经济贸易大学出版社，2008年。

［15］张晓琼：《社会调查研究方法教程》，山东人民出版社，2011年。

［16］刘大海等：《SPSS 15.0统计分析——从入门到精通》，清华大学出版社，2008年。

［17］李洪成：《SPSS 18 数据分析基础与实践》，电子工业出版社，2010年。

［18］［美］艾尔·巴比：《社会研究方法》，邱泽奇译，华夏出版社，2009年。

［19］［美］布莱洛克：《社会统计学》，沈崇麟译，重庆大学出版社，2010年。

　　［20］劳伦斯·纽曼：《社会研究方法——定性和定量的取向》（第5版），郝大海译，中国人民大学出版社，2007年。

　　［21］［英］迪姆·梅：《社会研究：问题、方法与过程》，北京大学出版社，2009年。

　　［22］［法］E. 迪尔凯：《社会学方法的准则》，狄玉明译，商务印书馆，1989年。

　　［23］郑杭生等：《社会指标理论研究》，中国人民大学出版社，1989年。

　　［24］仇立平：《社会研究方法》，重庆大学出版社，2008年。

　　［25］张彦、吴淑凤：《社会调查研究方法》，上海财经大学出版社，2006年。

　　［26］杜子芳：《抽样技术及其应用》，清华大学出版社，2006年。

　　［27］阮桂海等：《数据统计与分析——SPSS 应用教程》，北京大学出版社，2005年。

　　［28］谢宇：《社会学方法与定量研究》，社会科学文献出版社，2006年。

　　［29］苏驼：《社会调查研究方法》，吉林人民出版社，1989年。

　　［30］邱皓政：《量化研究与统计分析》，重庆大学出版社，2009年。

# 后　记

本书编写历时两年多。初稿完成后，曾试用过一届。此后又对试用情况进行了总结，对初稿进行了较大修改，在送出版社以前还进行了一次小的调整与改动。出版后，我们将根据使用本书的老师、同学以及广大读者的意见，不断进行完善，使它真正成为一门精品课程的教材。

本书在编写过程中参考了不少著作和教材，主要参考文献已有说明。在此，向所有本书引用和参考过的文献作者致谢。同时，也向对本书出版给予大力支持的出版社和责任编辑表示诚挚的谢意。

本书由罗清萍、余芳任主编，王春艳、余戎任副主编。导论和第一章、第五章、第六章、第七章、第八章、第九章由罗清萍执笔；第二章由余芳执笔；第三章、第四章由王春艳执笔；第十章由余戎执笔；最后由罗清萍完成全书的统稿工作。

编　者

2013 年 7 月